BESTSELLER

Olga Watkins nació en la antigua Yugoslavia en 1923. Vivió en Zagreb y en Hungría antes de instalarse en Inglaterra en 1954. Trabajó como *nanny*, cocinera, encargada en el Club Devonshire en St. James's y modista para Hardy Amies, Liberty y Jaeger.

Biblioteca

OLGA WATKINS

con la colaboración de
JAMES GILLESPIE

El amor más grande

Traducción de
Ana Momplet

DEBOLS!LLO

Papel certificado por el Forest Stewardship Council®

MIXTO
Papel | Apoyando la
silvicultura responsable
FSC® C117695

Penguin
Random House
Grupo Editorial

Título original: *A greater Love*

Primera edición en Debolsillo: febrero de 2025

© 2011, Splendid Books Ltd
Primera edición publicada por Splendid Books representada
por Cathy Miller Foreign Rights Agency, Londres (Inglaterra)
Escrito por Olga Watkins y James Gillespie
© 2013, 2025, Penguin Random House Grupo Editorial, S. A. U.
Travessera de Gràcia, 47-49. 08021 Barcelona
© 2013, Ana Momplet, por la traducción
Diseño de la cubierta: Penguin Random House Grupo Editorial basado
en el diseño original de OpalWorks

Printed in Spain – Impreso en España

ISBN: 978-84-663-8044-7
Depósito legal: B-21.119-2024

Impreso en Black Print CPI Ibérica
Sant Andreu de la Barca (Barcelona)

P 380447

El viaje de Olga

1. Zagreb – Osijek (278 km)
2. Osijek – Budapest (251 km)
3. Budapest – Osijek (251 km)
4. Osijek – Zagreb (278 km)
5. Zagreb – Viena (360 km)
6. Viena – Budapest vía Veszprem (315 km)
7. Budapest – Komarom (96 km)
8. Komarom – Viena (167 km)
9. Viena – Núremberg (500 km)
10. Núremberg – Múnich vía Passau (420 km)
11. Múnich – Dachau (16 km)
12. Dachau – Erfurt (389 km)
13. Erfurt – Buchenwald (24 km)

Total: **3.349 kilómetros**

1

Miré alrededor con los ojos como platos por el asombro. Había agua por todas partes. Ésta cubría toda la planta baja de nuestra pequeña casa y subía hasta el primer escalón de la escalera. Con cuidado metí un pie en el agua: estaba helada. Volví a subir unos escalones.

—¡Hay agua en la casa! —grité emocionada.

—¿Olga?, ¿qué dices? —contestó mi madre desde el piso de arriba.

Oí sus pasos en el rellano. Bajó las escaleras y se acercó adonde yo estaba hasta que se detuvo al ver el agua y dejó escapar un gemido. Parecía a punto de echarse a llorar.

No podía creer lo que estaba viendo. ¿De dónde venía toda aquella agua? Tenía que ser del Sava, del Kupa o del Odra, los tres ríos que convergían en mi ciudad natal de Sisak en Yugoslavia. Mi casa fue una de las muchas afectadas por las inundaciones de aquel día de 1926.

Para los niños aquello era una diversión de lo más excitante —no hubo escuela para los mayores y nos pasamos el día fabricando canoas improvisadas, navegando por las calles y saludando a los amigos—. Para una niña de 3 años como yo era difícil imaginar nada más emocionante.

Pero para los adultos fue un lastre, una carga familiar. Los ríos que se unen en Sisak, a 55 kilómetros al sureste de Zagreb, venían muy bien a los negocios de la ciudad, pero siempre fueron una amenaza para su seguridad hasta el punto de que aún hoy quedan pocos edificios que no se hayan visto afectados por las inundaciones aparte del castillo que fue construido durante la Edad Media en una de las zonas más elevadas del casco antiguo.

Es comprensible que mis padres maldijeran el agua cuando se pusieron a limpiar. Mi padre Josip Czepf tenía motivos especiales para sentirse compungido, pues había comprado madera de buena calidad de la fábrica local para revestir las paredes del comedor y el agua había empapado la parte de abajo de todos los paneles. Como la humedad subía con rapidez decidió que nos trasladáramos a una zona más elevada y buscó hasta encontrar una casa con un comedor lo suficientemente grande como para llevarse sus revestimientos de madera.

Era un hombre escrupuloso que trabajaba como contable en una fábrica local, y estaba decidido a salvar su inversión. Además, era consciente de la desilusión que se llevaría Slava, mi madre, que trabajaba en el departamento de Ventas de la misma compañía.

Se conocieron ocho años antes cuando mi madre trabajaba como traductora en la refinería Shell en Caprag, un suburbio de Sisak, y mi padre era empleado del departamento de Cuentas. Ella era una mujer alta y muy atractiva, y con sus penetrantes ojos verdes y su energía juvenil desde el primer momento llamó la atención de Josip. Él también era alto, y tenía una cabellera oscura y leonina, bigote y unos profundos ojos marrones que le daban una presencia imponente. Se casaron cuando ella sólo tenía 19 años y yo nací al año siguiente, el 20 de marzo de 1923.

Sisak era una ciudad tranquila y nuestra familia acudía regularmente a la Iglesia católica de la Santa Cruz en cuyo coro cantaba mi madre.

Muchos parientes de mi madre vivían cerca de nosotros —en la propia Sisak o en granjas de los alrededores—. Su madre Amalia nos visitaba con mucha frecuencia. Era una mujer alta y elegante, y le encantaba venir a verme, no así a su yerno Josip, con el que tenía continuas trifulcas por cualquier tema desde la casa hasta la economía.

En 1929 yo tenía 6 años y la familia disfrutaba de una situación bastante desahogada, tenía una casa cerca del centro y en terreno elevado. Empezaba a hacer amigos en la escuela del barrio y me llenaba de orgullo cuando mi madre venía a recogerme. Era tan guapa que destacaba entre el resto de las madres. Todas las miradas se volvían hacia ella, y en cuanto alguien preguntaba, yo me apresuraba a decir:

—¡Es mi madre!

Con el tiempo la salud de mi abuela empezó a debilitarse. Era una mujer independiente y vivía sola, pero aquel año sufrió un infarto que le dejó paralizado el lado izquierdo e hizo que le fuera imposible valerse por sí misma de modo que hicimos los preparativos para que se viniera a vivir a casa.

Aunque a mi padre no le gustaba nada la idea, no había otra opción y la abuela se instaló en una habitación de la parte trasera de la casa. Ahora bien, el infarto no había afectado a su lengua y el conflicto entre mi padre y ella se reavivó casi en cuanto llegó y fue una constante.

A pesar de todo yo disfrutaba de su compañía y a menudo me refugiaba en su cuarto para leerle en alto a cambio de lecciones de alemán.

Si creíamos que nuestra mala suerte había acabado con el infarto de la abuela, estábamos equivocados. La caída de la bolsa de Wall Street ocurrió al otro lado del mundo, pero las consecuencias llegaron hasta Sisak. La familia de mi madre perdió muchas de sus inversiones y los precios de las granjas se desplomaron. Igual que les ocurrió a muchas personas en los años de entreguerras, nuestra familia de clase media acomodada se encontró de repente viviendo en circunstancias bastante apuradas.

Las tensiones entre mi padre y mi abuela eran cada vez mayores. Alguien tenía que acabar cediendo y así fue.

Un día mi madre volvió a casa del mercado y se encontró la casa en silencio. Fue a la habitación de la abuela y vio que dormía plácidamente. Pero ¿dónde estaba Josip?

En la cocina encontró una nota con su letra diciendo que estaba harto de cuidar de su suegra, que las peleas continuas se habían hecho insoportables y que se marchaba. Sólo se plantearía volver si cambiaban las circunstancias.

Mi madre salió a la calle consternada con la nota en la mano como si esperara encontrar a su marido fuera. Preguntó a los vecinos, pero nadie lo había visto. Le buscó en la fábrica, pero sus compañeros no sabían nada de él. Regresó a casa desconsolada y me encontró charlando con la abuela. Josip había desaparecido sin más.

Esta dramática circunstancia familiar me pasó inadvertida pues aunque mi madre se planteaba desconsolada el dilema de cómo sobreviviríamos, para mí mi padre siempre había sido una figura distante y severa, y me aferré de buena gana al calor de la familia de mi madre. Seguí con las lecciones de alemán en la habitación de arriba y varios parientes nos ofrecieron apoyo económico, aunque la mayoría de las veces mi madre era demasiado orgullosa para aceptarlo. Pero a mí me gustaba nuestra nueva vida.

Mi tío Drago tenía un restaurante a orillas del río Kupa frecuentado por algunos de los ciudadanos más distinguidos de Sisak. Había barbacoa a diario y en cuanto terminaba la escuela corría hacia el restaurante para comer la cabeza de cordero que el tío Drago guardaba para mí. A él le hacía mucha ilusión verme aparecer por allí, porque en la familia eran todos hijos varones y yo era la única niña.

Mi madre y yo cuando tenía 2 años.

A pesar de sus incansables esfuerzos, mi madre no lograba encontrar a mi padre. Nos había dejado sin dinero y era imposible solicitar una manutención sin averiguar su paradero.

Siguió trabajando en la fábrica, pero ninguna de las asistentas que contrató para cuidar de la abuela y de mí duró demasiado. Finalmente mi madre dejó su empleo y decidió dedicarse al bordado para ganarse la vida. Sabía coser, podía trabajar en casa y sobre todo yo podía ayudarla. Así pues, con apenas 7 años aprendí el arte y las complejidades del bordado.

En 1930 todavía no había electricidad en las casas de Sisak de modo que trabajábamos hasta altas horas de la noche a la luz de una lámpara de aceite que colocábamos sobre un armario para evitar que prendiera las telas. La lámpara proyectaba una luz amarilla sobre la larga mesa en la que cosíamos. Yo me sentaba sobre una cacerola que poníamos encima de la silla para llegar a la altura de la mesa, e iba cosiendo un extremo de la tela mientras mi madre bordaba el otro. Aprendía bastante rápido y pasábamos el tiempo charlando como viejas amigas mientras trabajábamos, con la cabeza cerca de la tela y los dedos moviéndose con rapidez a la luz de la lámpara. En algún momento de la noche hacíamos un descanso para comer un sándwich de salami antes de volver a ponernos con la aguja.

Pero la vida no era sólo trabajar. Otro de mis tíos tenía una granja a las afueras de la ciudad y a menudo le ayudaba a llevar comida a sus empleados en una calesa. Con la fusta alentaba los caballos para ponerlos al galope y en la calesa se notaba el traqueteo que provocaban los caminos de tierra mientras yo me agarraba como si me fuera la vida en ellos. De repente hacía parar a los animales y nos deteníamos delante de algún granero o portón. Entonces yo saltaba con un paquete de comida en la mano y corría a dárselo al capataz. El olor rico y cálido del salami de los paquetes me hacía la boca agua y envidiaba a los jornaleros por su comida.

En invierno el paisaje se cubría con un manto de nieve y la cara se nos quedaba helada mientras los caballos levantaban una tormenta blanca a su paso. Mi tío me envolvía en una estola de pelo de zorro antes de salir, y como le decía a mi madre:

—¡Me siento tan especial sentada en la calesa con mi abrigo de piel!

Como muchos niños de aquella época, tuve que crecer deprisa. Pronto empecé a encargarme de hacer la compra para la familia en los mercados de la calle, regateando el precio del queso, de los huevos, de la fruta, de las verduras y hasta el de los pollos vivos. Aprendí que para comprobar la calidad de los pollos lo mejor era colocarlos y pisarlos y cuando me veían los tenderos me tomaban el pelo y me decían:

—Es que eres demasiado lista, Olga. ¿Por qué no compras este viejo pollo escuálido?

Mi padre y yo alrededor de 1925.

Los domingos mi madre y yo íbamos a misa y después tomábamos pollo de Maryland y tarta de manzana. Cuando hacía buen tiempo, entre abril y octubre, hacíamos picnics en el campo. Nos sentábamos en la hierba y mi madre me enseñaba a hacer collares de margaritas mientras me contaba historias de su juventud.

En 1933 nuestra vida ya tenía una rutina arraigada, sin lujos, pero con lo suficiente como para sobrevivir. El hecho de que en Berlín a 1.200 kilómetros de nosotros Adolf Hitler acabara de ser nombrado canciller alemán nos era completamente indiferente. Puede que la noticia despertara agitación entre la diminuta comunidad alemana en Yugoslavia, pero ¿qué efecto podía tener sobre nosotros? Nuestra vida diaria ya nos daba suficientes cosas en las que pensar —el resto del mundo tendría que arreglárselas solo—. Sin embargo, aquel año tuve que enfrentarme a un nuevo problema.

Tenía apenas 10 años cuando una noche, mientras estaba inclinada sobre los encajes, me di cuenta de que me costaba ver con claridad. Las puntadas parecían flotar ante mis ojos. Los bordes estaban borrosos y los colores se mezclaban. Pestañeé y me froté los ojos. Era como si tuviera motas de polvo, pero frotando sólo empeoraba la sensación.

En las semanas siguientes mi vista degeneró rápidamente y cada vez me dolían más los ojos. Cada pestañeo era un calvario.

El doctor del barrio me mandó a un especialista en Sisak que también se vio desbordado por el caso y me derivó a una clínica de Zagreb. Según le dijo a mi madre:

—Allí tienen mejor equipo y medicinas. Podrán ayudarles.

Mi madre pidió hora para varias consultas y cogimos el tren para recorrer los 55 kilómetros que nos separaban de Zagreb. El tren era algo completamente nuevo para mí, un mundo lleno de sorpresas. Los campesinos se subían con el ganado en brazos o atado con una cuerda. Todo el mundo llevaba grandes cantidades de comida y vino en enormes botellones que se rompían fácilmente con el traqueteo del tren o cuando daba tumbos y los golpeaba contra un lado del vagón, desatando los lamentos y las recriminaciones de sus propietarios.

La mayoría de ellos se dirigían a los mercados de Zagreb, mientras que mi madre y yo íbamos a la clínica. Me emocionaba el bullicio y las multitudes de la ciudad, pero a pesar del optimismo del médico de Sisak, los especialistas de Zagreb tampoco pudieron dar con la causa de que mi vista fallara. Intentaron varios tratamientos, pero mi condición no remitía, y lo que en un principio era ilusión por ir a Zagreb no tardó en convertirse en miedo: mi mundo estaba desapareciendo poco a poco.

—¿Me voy a quedar ciega, mami? —le pregunté.

—Claro que no: los médicos te van a curar —respondió ella, ocultando su preocupación y preguntándose de dónde llegaría la ayuda.

Los gastos del transporte y el tratamiento eran una enorme carga para mi madre, que además de contar con pocos ahorros se había quedado sin ayudante para las labores de bordado. No tuvo más remedio que vender sus joyas y muebles más valiosos.

Me pusieron unas gafas oscuras que me protegieran los ojos, que estaban muy débiles, dejé de ir a la escuela y pasaba gran parte de mi tiempo sentada en una silla a la entrada de la casa, escuchando cómo jugaban los demás niños. Atrás quedaban los tiempos de correr hasta el restaurante de Drago para comer cabeza de cordero y montar en calesa con mi tío. Ahora vivía en un mundo de oscuridad y sin apenas horizontes.

Tenía mucho miedo. Para un niño perder la vista es un panorama aterrador, y lloraba a menudo al pensar en mi futuro. Mi madre estaba desesperada. Habíamos acudido a los mejores especialistas de Zagreb y estábamos prácticamente arruinadas. Si ellos no podían curarme, ¿quién lo haría?

La ayuda llegó por casualidad.

Una mujer que estaba visitando a unos familiares en nuestra calle me vio sentada en mi silla con las gafas oscuras y me preguntó que qué me ocurría.

Cuando se lo expliqué la mujer, que se presentó sencillamente como Sra. Brun, pidió examinarme los ojos. Los repasó con cuidado, sacó una pequeña lupa del bolsillo, y los siguió estudiando.

—Creo que sé cuál es el problema —dijo.

—¿Lo sabe? —contesté.

—Sí, creo que sí. ¿Está tu padre o tu madre?

—Mi madre está dentro —dije mientras saltaba de la silla y entraba corriendo en la casa.

La Sra. Brun le explicó a mi madre que creía que el problema era que tenía dos filas de pestañas en lugar de una, dolencia que en la actualidad se conoce como distiquiasis. Además, una de las filas estaba creciendo hacia dentro y me rozaba la córnea, lo que en términos médicos se llama triquiasis. El párpado estaba dañando continuamente el blanco de mis ojos y haciendo que sangrara. En la actualidad todavía es algo bastante raro, pero en aquella época prácticamente nadie lo conocía. Por si fuera poco, es difícil de diagnosticar porque la segunda fila no suele tener pigmentación y apenas se distingue.

Afortunadamente la Sra. Brun pensaba que era un caso tratable. Volvió dos veces y me quitó las pestañas con aceite y pinzas. Era muy doloroso y recuerdo que hubo momentos en los que sollozaba y me preguntaba si me curaría con tanto dolor. Sin embargo, al cabo de una semana ya veía mejor y podía pestañear con normalidad y sin dolor.

La Sra. Brun volvió a verme y parecía satisfecha con la mejora. Le di las gracias efusivamente y mi madre le ofreció todo cuanto podía para pagar sus servicios, lo cual no era mucho, pero la Sra. Brun rechazó el dinero y simplemente nos deseó lo mejor. Nunca más la volvimos a ver.

No solíamos recibir correspondencia en casa, así que cada vez que llegaba una carta nos hacía temblar de emoción. Esperaba el correo con verdadera ilusión y ansia infantil, mientas que mi madre lo vivía con los temores propios de un adulto, temiendo que fueran malas noticias o exigencias de pagos.

Un día llegó una carta de Zagreb. Tenía una caligrafía cuidada y bonita, y traía noticias muy especiales para nosotras. La remitente era Helga, una amiga de mi madre que trabajaba en la oficina central de correos en Zagreb. Mientras ordenaba correspondencia unos días antes había encontrado un sobre dirigido a nombre de «Josip Czepf» y pensó que podía ser mi desaparecido padre.

Helga había apuntado la dirección y mi madre dio instrucciones a un abogado de Sisak para que averiguara si en efecto se trataba de Josip y en tal caso entablara acciones legales para reclamar los cuatro años de manutención que nos debía.

No tardamos en descubrir la verdad. Mi padre estaba trabajando de director de Contabilidad en una fábrica de asfalto de Zagreb llamada Res y vivía con una rica judía húngara llamada Ilona Ungarl.

Los procedimientos legales se desarrollaron con rapidez y el tribunal de la familia de Zagreb dio orden a Josip de que pagara los cuatro años de manutención, además de una pensión. La suma total era elevada y Josip nunca perdonó a mi madre que emprendiera medidas legales.

Sin embargo, aquello nos facilitó mucho la vida en Sisak. Pude regresar a la escuela y el dinero que llegó de mi padre podría significar que la suerte se había puesto de nuestro lado.

Sin embargo aquel invierno de 1934 el frío se ensañó con nuestra ciudad, heló algunos tramos de los ríos y la abuela cayó enferma. Yo apenas tenía 11 años y no podía hacer otra cosa que presenciar el ir y venir de los médicos. Escuchaba las fuertes pisadas en las escaleras y las conversaciones entre murmullos en el umbral de la habitación. Nadie me decía qué estaba pasando pero de algún modo sabía que la abuela iba a morir.

A principios de diciembre las temperaturas cayeron bajo cero. El campo estaba cubierto de blanco y había estalactitas en las vigas del techo de todas las casas. El 3 de diciembre mi abuela entró en coma en su habitación de casa.

Me llevaron a verla. La vieja mujer estaba pálida e inmóvil con los ojos cerrados. Nunca más me hablaría en alemán ni me preguntaría qué tal el día en la escuela, ni siquiera maldeciría a mi padre por su ineptitud. Le acaricié la mano, sentí su piel, fina como una oblea, la fragilidad de sus huesos y la besé suavemente en la frente.

Tres días más tarde, el 6 de diciembre de 1934, la abuela Amalia murió a los 72 años. De acuerdo con la tradición local el funeral se celebró al día siguiente. La familia se reunió y entre los bancos abarrotados de la iglesia pude ver a Drago y a mi tío granjero, que había acudido a toda velocidad en su calesa, además de muchos primos.

Después de la misa todos vinieron a casa y las habitaciones se inundaron del rumor de charlas entre adultos. Yo iba de un grupo a otro hablando con la gente, escuchando palabras de condolencia y captando trozos de conversación.

Al entrar en una de las habitaciones oí a mi madre decirle a su amiga Anna:

—¿Sabes, Anna?, tengo la sensación de que yo seré la siguiente en irme.

—¡Calla! —respondió Anna—. Ahora que se han acabado los problemas con Josip y después de la enfermedad de tu madre puedes empezar una nueva vida. Deja de hablar de la muerte si sólo tienes 33 años. Tienes que vivir por tu hija.

Entonces notaron mi presencia y se volvieron sonrientes.

Más tarde cuando la mayoría de la familia se había marchado Anna se quedó. Mi madre me dio una baraja, me senté con ellas y me puse a repartir las cartas. Entre el calor de la sala y todas las emociones del día no tardó en vencerme el cansancio y me quedé dormida en el suelo. Pero seguí escuchando partes de su conversación entre sueño y vigilia.

Llegado un momento mi madre dijo en tono de confesión:

—Me preocupa que Olga nunca se case. Es tan flaca y feúcha...

Aquel comentario me hizo mucho daño. ¿De veras era tan fea? Después de aquello pasé varios días mirándome al espejo y examinando mis labios, mis ojos y mi pelo oscuro. Si era tan fea como decía mi madre, ¿qué futuro me podía esperar?

En julio de 1936 Sisak disfrutó de una ola de calor. Los niños salían a jugar a la orilla del río, y los más osados hasta se metían en el agua fría, mientras que otros se divertían en la calle o se iban a hacer picnics al campo con su familia. Las terrazas estaban llenas de gente, y los hombres aprovechaban para pasar el día holgazaneando y bebiendo.

Para las mujeres el tiempo ofrecía la oportunidad de hacer la limpieza de primavera y el 20 de julio mi madre decidió dedicarse a las alfombras de la casa. Las sacó fuera para colgarlas de la valla y empezó a golpearlas hasta que la cubría una nube de polvo.

—¡Olga! —dijo en un momento. Cuando me acerqué hasta donde estaba me dio unas monedas—. Ve a comprar un poco de leche.

Cogí el dinero y salí de casa corriendo, encantada de tener una excusa para disfrutar del calor y ver a otra gente. Para entonces ya tenía 13 años y de camino a la tienda me iban saludando los comerciantes y tenderos que me conocían de la compra semanal.

—Olga, ven a gastar tu dinero aquí —decían. Yo les sonreía y saludaba mientras seguía caminando hacia la lechería. Luego paseé lentamente por las calles familiares, saludando a la gente, charlando con mis amigos y parando a jugar de vez en cuando.

No me di mucha prisa en volver a casa, pero cuando ya regresaba, me crucé con una vecina que parecía preocupada.

—¡Corre, ve a buscar al médico! —gritó—. Tu madre está muy mal.

Solté la leche y fui corriendo a buscar al médico, que me acompañó a casa. Los vecinos habían metido a mi madre dentro y la habían recostado en la cama. El médico le tomó la temperatura y se volvió hacia mí:

—Ve a buscar a tu tía Tonka, ¡rápido!

De nuevo, salí corriendo y con una sensación parecida a la que tuve con mi abuela, de que los mayores no me decían toda la verdad.

La tía Tonka, cuñada de mi madre, vino conmigo a casa, pero cerró la puerta al entrar en la habitación para hablar con el médico y me dejó fuera. Les escuché susurrando al otro lado de la puerta hasta que Tonka apareció y me llevó a la sala de estar.

—Tu madre está muy enferma —dijo—. Tiene neumonía y hay que llevarla al hospital de Zagreb; allí tienen mejores medicamentos que en Sisak. —Recordé entonces que ya había escuchado esas palabras y que al final no fueron ciertas.

Cuando llegó la ambulancia vi cómo sacaban a mi madre de casa, luego la metían con cuidado en la parte trasera y salían lentamente calle abajo. La tía Tonka se quedó conmigo, pero apenas dijimos nada.

—Tu madre está gravemente enferma; los médicos aún no saben si sobrevivirá —me explicó.

Estaba destrozada. Entre mi madre y yo había un vínculo más fraternal que de madre e hija, una cercanía forjada durante las largas noches que pasamos trabajando juntas en nuestros bordados y en los picnics de verano en el campo. Mi madre me cuidaba y me quería. Sin ella, ¿qué me quedaba? Nada.

Aquella noche lloré y recé.

—Sólo tengo 13 años. Por favor, no te la lleves —susurraba en la oscuridad.

Al día siguiente llegaron noticias terribles. Tonka dijo que no podía quedarse a cuidar de mí, porque tenía que trabajar y atender a su familia, y que me tenía que ir a vivir con mi padre a Zagreb hasta que mi madre se recuperara.

¿Mi padre? No lo había visto desde los 6 años cuando nos abandonó. La simple idea de volver a encontrármelo me aterrorizaba.

Esta vez el viaje en tren a Zagreb no me hizo ninguna ilusión; en esta ocasión me provocó aprensión. Tonka me acompañó y cuando llegamos a la estación nos estaba esperando una pareja. Me presentaron a mi padre después de siete años. Con la crueldad típica de la adolescencia, me negué a decir hola. Junto a él estaba una mujer bajita, rechoncha y sosa, muy diferente a mi alta y elegante madre. Era Ilona Ungarl. Josip tenía 41 años e Ilona, 49, pero ambos me parecían terriblemente viejos comparados con mi joven madre.

Un coche con chófer nos esperaba a la puerta de la estación. Nadie abrió la boca durante el corto trayecto hasta la casa de mi padre, que estaba situada tras los muros de la fábrica donde trabajaba.

Parecía como si en aquel breve trayecto mi vida hubiera cambiado de forma irrevocable. No tenía amigos en Zagreb ni primos ni tíos amables, sólo el muro que me rodeaba.

La vida en la casa de Zagreb era rigurosa y formal. Es más, vivía con desconocidos. Mi padre se mantenía distante, estaba claro que no le apasionaba la idea de tener que cuidar de una rebelde de 13 años, y a Ilona parecía molestarle todo cuanto yo hacía.

Me dieron una habitación pequeña en la parte trasera de la casa con una ventana que daba a los tristes muros de la fábrica. Estaba ansiosa por que mi madre se recuperase para retomar nuestra feliz vida en Sisak. Mi padre pasaba todo el día trabajando e Ilona me llevaba de tiendas. La conversación era forzada y tampoco yo hacía esfuerzos por ocultar mi indiferencia ante la nueva mujer en la vida de mi padre. Pasaba las tardes sola en mi habitación pensando cómo estaría mi madre, pero cuando preguntaba a mi padre respondía bruscamente:

—Si me entero de algo, te lo haré saber.

El 27 de de julio de 1936, mi primer sábado en Zagreb, mi padre sugirió que fuéramos a casa de unos amigos a tomar café. Íbamos en silencio en la parte trasera del coche hacia la casa de los amigos cuando pasamos delante de un hospital donde estaba convencida de que estaba ingresada mi madre, aunque todos en el coche parecían empeñados en mirar hacia otro lado.

—¡Ahí está el hospital! —grité—. ¡Bajemos a preguntar cómo está mi madre!

—¡Oh, vamos! —dijo bruscamente mi padre—, llegaremos tarde al café, nos están esperando.

Me hundí en el asiento desbordada por la tristeza. Quería ver a mi madre y nadie me dejaba. ¿Por qué? Mis temores crecían a cada instante.

El lunes por la mañana mi padre me hizo llamar a la sala de estar. Las cortinas estaban parcialmente echadas y proyectaban sombras profundas en la habitación. Tras un largo silencio mi padre me confirmó lo que tanto temía: que mi madre había muerto el sábado por la mañana.

En medio de la conmoción intenté recordar lo que hicimos aquel día. Si hubieran parado el coche, podría haberla visto por última vez, podría haber estado con ella y haberla cogido de la mano. Estaba demasiado alterada y furiosa como para llorar. Cerré los puños y lancé una mirada de odio a mi padre. ¿Cómo pudo ser tan cruel?

La cosa no había acabado allí. El funeral se celebraría ese mismo día, pero mi padre no estaba dispuesto a ir. Mi «madrastra», como él llamaba a Ilona, me llevaría en su lugar. No podía creer lo que estaba oyendo. Después de todo lo que le había hecho a mi madre ni siquiera tenía la decencia de ir a su funeral.

—¿Por qué no vienes al funeral? —le pregunté.

—Eres demasiado pequeña para entenderlo.

—¿Has avisado a la familia de mi madre para el funeral?

—No.

Salí corriendo de la sala llena de resentimiento e ira. Todavía no he sido capaz de olvidar la frialdad de mi padre aquel día.

Por la tarde me vestí con cuidado y me uní a mi «madrastra» y a dos de sus amigas. Me acompañaron hasta el ataúd antes de que empezara la misa y lo abrieron para que viera a mi madre por última vez.

No podía creer que fuera ella. Su cabello, fino y oscuro, del que tanto se enorgullecía, estaba completamente cano y aunque sólo tenía 35 años la enfermedad la había dejado vieja y demacrada.

Cerraron el ataúd con rapidez pero exigí que lo volvieran a abrir para despedirme. Acerqué los labios al oído de madre, acaricié su cara y le susurré:

—Adiós, te quiero.

Me aparté del ataúd y sentí la mirada de las tres mujeres sobre mí. Estaba sobrepasada por emociones distintas —pena, rabia, desconsuelo— pero no era capaz de llorar. Más tarde escuché cómo Ilona les comentaba a sus amigas:

—Olga no tiene corazón. No ha llorado por su madre, así que ¿cómo puedo esperar que sienta nada por mí?

Unos días después mi madrastra y yo viajamos a Sisak para recoger mis pertenencias y vaciar la casa. La familia de mi madre estaba consternada y furiosa por el hecho de que no les avisaran del funeral y porque en ese momento recibían la noticia de su muerte.

Drago me abrazó contra su pecho:

—Mi chiquitina, ¿qué va a ser de ti? —dijo—. En el peor de los casos, entre todos te mantendremos hasta que termines la escuela.

Todas nuestras pertenencias se vendieron rápidamente. Se me rompía el corazón al ver los preciosos manteles y las fundas de almohada bordados, en los que mi madre y yo habíamos trabajado tanto, vendidos por prácticamente nada.

—¿Puedo guardar algo para llevármelo a Zagreb? —le pregunté a mi madrastra.

—No —respondió—. No necesitas nada. Cuando necesites algo te lo daremos.

Me despedí de la familia y de los lugares que habían dado forma a mi infancia, y me marché llevándome únicamente mi ropa.

Cuando fui a decir adiós a mi tía Tonka puso un anillo con un diamante solitario en mi mano y me susurró al oído:

—Era de tu madre. Ella querría que lo tuvieras. Ten, cógelo.

Me metí el diamante en el bolsillo y volví junto a mi madrastra para emprender el viaje de vuelta a Zagreb. Ya en el coche me giré por última vez para contemplar Sisak y a la gente que había conocido y querido durante toda mi vida. ¿Volvería a verles?

No lo haría mientras estuviera en manos de mi padre. En cuanto llegamos a la casa de Zagreb me llevó aparte y me dijo:

—Sisak es tu pasado. Tu nueva vida está aquí en Zagreb. Tendrás una vida distinta. Ya no serás pobre. Tendrás todo cuanto necesites. A partir de ahora, quiero que llames «madre» a tu madrastra, pues ella se ocupará de ti.

No le contesté. Simplemente salí de la habitación con su mirada clavada en mí.

En la vida llamé «madre» a Ilona.

2

La Segunda Guerra Mundial no alcanzó a Yugoslavia de inmediato, pero sí vimos con inquietud el avance de las fuerzas de Hitler por Europa y temimos por el futuro, pues países más poderosos que el nuestro ya habían sucumbido y nuestros vecinos húngaros habían accedido a pactar con los alemanes. Todos los augurios eran ominosos y yo escuchaba a los mayores hablando a menudo entre susurros sobre la guerra y lo que iba significar para nosotros. Y es que no sólo temíamos a los alemanes, Mussolini, aliado de Hitler en Roma, tenía sus ambiciones territoriales y llevaba tiempo mirando nuestro país con ojos golosos.

El primer ministro yugoslavo, Milan Stojadinovic, presidía un sistema corrupto e inútil. Lejos de garantizar el voto secreto, en las elecciones cada ciudadano tenía que declarar abiertamente su preferencia para que se anotara junto a su nombre en el registro electoral. Con frecuencia los candidatos hacían regalos a cambio de votos, y en algunas zonas los funcionarios sobornaban al electorado con pares de *opanke* (zapatillas), una antes de las elecciones y la otra después de votar. Si los empleados públicos votaban a la oposición, casi siempre perdían su trabajo.

Por otra parte, el país mostraba todos los síntomas de una nación a punto de disgregarse. La enemistad entre serbios y croatas llevaba varias generaciones arraigada y cada vez era más intensa. La capital, Belgrado, era un bastión serbio, mientras que nuestra ciudad de Zagreb, capital de Croacia, se había convertido en el centro de reivindicación de un estado independiente*.

Al igual que ocurría en gran parte de Europa en la década de 1930 surgió un movimiento fascista local, llamado Ustasha, liderado por uno de sus fundadores, Ante Pavelic. Abogaban por un estado croata formado exclusivamente por «verdaderos» croa-

---

* El intento de unificar seis estados balcánicos en la nación de Yugoslavia comenzó en 1918, durante la Primera Guerra Mundial. Las fronteras del nuevo país (que no se llamó Yugoslavia hasta 1929) se trazaron el 1 de diciembre de 1918. Comprendía seis estados: Bosnia-Herzegovina, Serbia, Croacia, Macedonia, Montenegro y Eslovenia. Las aspiraciones nacionalistas enfrentadas hicieron que el país fuera de una crisis a otra hasta 1941, cuando fue invadida por Alemania, Italia, Hungría y Bulgaria. Los nuevos líderes volvieron a dividir la nación, instaurando un gobierno marioneta en Zagreb, con Ante Pavelic y su partido Ustasha gobernando el nuevo Estado Independiente de Croacia, mientras que una administración militar alemana lo hacía sobre Serbia desde Belgrado. Bosnia fue cedida a Croacia, Macedonia quedó incluida como parte de Bulgaria, Montenegro pasó a manos italianas y Eslovenia quedó dividida entre Alemania, Italia y Hungría.

La resistencia ante los invasores se unió en torno a Josip Broz, conocido como Tito. A pesar de ser un comunista comprometido, sus partisanos se ganaron el apoyo de los aliados así como de los soviets y al término de la guerra, en 1945, Tito se hizo con las riendas del estado reunificado de Yugoslavia. Su rama de comunismo independiente y liberal dio a sus conciudadanos un alto nivel de vida y, a diferencia del resto del bloque soviético, les permitió viajar a países occidentales e incluso trabajar en el extranjero.

Se estableció una alianza con Josef Stalin en Moscú que sólo duró hasta 1948, pero Tito permaneció a la cabeza del gobierno hasta su muerte en 1980. Fallecido Tito, el final de Yugoslavia era cuestión de tiempo, y cuando se derrumbó el bloque comunista en 1989, el país se disgregó en naciones enfrentadas y acabó desapareciendo del mapa.

tas, con una sociedad regida por líneas totalitarias similares a las de Alemania e Italia. Sin embargo, más allá de sus frecuentes enfrentamientos con los partidarios comunistas alrededor de la universidad de Zagreb, la Ustasha apenas afectaba nuestro día a día.

Cuando estalló la guerra en 1939 Pavelic vivía exiliado en Italia, donde había huido para zafarse de una condena a muerte dictada por un tribunal de Belgrado por sus actividades anti-serbias. Su gran oportunidad de regresar llegó el 6 de abril de 1941, cuando Yugoslavia fue invadida por Alemania, Italia, Hungría y Bulgaria. Los partidarios de la Ustasha y la minoría étnica germana de Yugoslavia ayudaron a las fuerzas invasoras con actos de sabotaje y haciendo creer a los croatas que la invasión traería la independencia de Croacia. Y funcionó. Cuando las fuerzas alemanas e italianas entraron en Zagreb cuatro días después lo hicieron vitoreadas por la multitud. Los «libertadores» habían llegado.

Sin embargo, en mi casa de la fábrica Res no se vivió ninguna alegría. El día que las fuerzas invasoras entraron en la ciudad yo acababa de cumplir 18 años y estaba paseando a nuestro perro con la Sra. Graf, una amiga de la familia. Me adelanté unos metros mientras ella intentaba controlar a sus dos inmensos perros, cuando de repente, empezaron a sonar las sirenas antiaéreas de la ciudad. Temiendo que se avecinara un bombardeo, corrimos de vuelta a casa. Pero no hubo bombas, sólo silencio.

La familia se reunió a la espera de noticias sobre el futuro del país, cuando oímos unos fuertes golpes en la puerta de entrada.

—¡Abran! —gritó una voz.

En el rellano de la puerta había dos hombres elegantemente vestidos con el uniforme croata. Dijeron:

—Estamos aquí para comunicarles que se ha declarado un Nuevo Estado Independiente de Croacia. —Dieron media vuelta y se alejaron.

La Sra. Graf, pálida, se volvió hacia mí y me dijo:

—Estamos en peligro.

Mientras mi padre simplemente comentó:

—Tenemos un país nuevo.

De repente, las calles se llenaron de soldados italianos. Me senté junto a la ventana y me puse a observar a aquellos apuestos chicos de belleza oscura y exótica, pero mi padre me prohibió salir y mezclarme con la multitud.

Al día siguiente el centro de Zagreb estaba desierto, la ciudad esperaba a su destino. Mi padre se pasó el día creando escondites por toda la casa para ocultar el tesoro secreto de oro de la familia.

Cinco días más tarde Pavelic regresó a Zagreb aprovechando la noche y acompañado de varios centenares de seguidores, que se desperdigaron por la ciudad y se hicieron con el control de la misma. Después de nombrarse Poglavnik —equivalente a Führer— empezó a gobernar su ya independiente Estado de Croacia con una brutalidad implacable.

Grupos de la Ustasha recorrían la ciudad tomando represalias contra el enemigo en general y contra los serbios en particular. Como gesto hacia Alemania, aprobaron una ley antisemita, pero en un principio su objetivo era más bien perseguir a los serbios que vivían en Croacia que a los judíos.

En toda la ciudad se respiraba un aire de terror. Aquél era mi último año en San Vicente de Paul, una escuela privada de monjas francesas, y en mi camino diario atravesaba calles ya muy familiares. Una mañana, poco después de que la Ustasha se hiciera con el poder, creí ver un montón de ropa vieja colgada de un árbol. Según me acercaba preguntándome por qué habría puesto alguien ropa en un árbol, comprendí horrorizada que era un hombre ahorcado. Un poco más adelante, calle abajo, había otro y luego otro.

Aceleré el paso, con el corazón atenazado y los ojos clavados en el suelo, y caminé bajo aquella fila de cadáveres colgados de las ramas de los árboles. Para cuando llegué a la escuela estaba corriendo.

Fue una época terrible, aunque los acontecimientos no nos habrían afectado, más allá de los racionamientos de comida, de no ser por el hecho de que mi madrastra era judía. A pesar de ello, en un principio no nos sentimos amenazados y creímos que los serbios tenían más que temer. Estábamos en 1941 y en aquella fase de la guerra los horrores del Holocausto aún no se habían desatado.

Por ello intentamos continuar con nuestra vida normal en la medida de lo posible. A mí me iba bien en la escuela, especialmente con los idiomas, y había empezado a enseñar gramática y literatura serbocroata como ayudante.

Además, por fin tenía una amiga en la familia. La tía Alice, hermana de mi madrastra, era una mujer elegante, aficionada a la moda y llena de vida. Tenía un comercio de oro y relojes en el centro de Zagreb y daba a la familia un toque de emoción y glamour.

Cuando no estaba trabajando, Alice me llevaba de compras a las tiendas de moda en Zagreb, y gracias a ella a mis 18 años tenía mis propios zapatos de piel de cocodrilo con un bolso a juego, un abrigo gris de lana de cordero persa y un abrigo de marta. En realidad, el abrigo de marta era de Ilona, pero Alice se lo quedó diciendo a su hermana que la hacía gorda para luego regalármelo por mi decimoctavo cumpleaños.

Era todo lo contrario de Ilona —y en secreto yo deseaba que ella fuera mi madrastra.

Previendo la escasez de alimentos, mi padre había comprado grandes cantidades de sal, azúcar, cerillas y harina, y los intercambiaba por carne, queso y pan con sus compañeros en la fábrica de asfalto, muchos de los cuales vivían en el campo.

Pero aquello no podía durar mucho. Cuando anunciaron que todos los judíos debían registrarse ante las autoridades, los 11.000 ciudadanos que formaban la comunidad judía se sumieron en el pánico. ¿Qué haría Ilona? Si se iba a registrar, ¿la detendrían? Y si no acudía, ¿vendrían a buscarla? Demasiada gente sabía que mi madrastra era judía como para ignorar la orden y en aquella época de desesperación una familia no se podía fiar de nadie.

Ilona decidió acudir a registrarse a uno de los edificios gubernamentales de Zagreb, pero mi padre se negó a acompañarla. A pesar de nuestra relación sentí que no podía dejarla ir sola, así que me ofrecí a acompañarla.

Al llegar había cola pero no tardó en ser nuestro turno. Nos acercamos a la mesa, donde un oficial de la Ustasha con gesto adusto preguntó a mi madrastra su nombre, su fecha de nacimiento y su dirección. Le entregaron una estrella de David sobre fondo amarillo y le dijeron que debía llevarla a todas horas. A continuación, el oficial se volvió hacia mí y me pidió los mismos datos.

—Pero yo no soy judía —dije.

El oficial no hizo caso y prosiguió bruscamente:

—¿Nombre?, ¿dirección?

Contesté a sus preguntas y me dieron una estrella amarilla. Ilona y yo salimos de allí con paso acelerado. Ella sentía tal alivio porque no la hubieran detenido que sonrió y estuvo riendo durante todo el camino de vuelta a casa. Cuando llegamos mi padre sacó su cámara para hacer una foto de las dos con nuestra estrella, no sabíamos lo que vendría después.

Mi mejor amiga Marta en 1944.

De un día para otro empezaron a desaparecer judíos sin que nadie se atreviera a preguntar qué les había pasado. Los hogares y los negocios de serbios y judíos sufrían asaltos continuos, se llevaban a los dueños detenidos y daban la propiedad a «verdaderos» croatas que muy a menudo eran simpatizantes de la Ustasha.

Mi padre y mi madrastra notaron que muchos de sus amigos dejaron de visitarnos y las invitaciones a cenas que solían recibir se habían reducido al mínimo. Hasta su chófer, que nunca fue un gran admirador de Ilona, adoptó una actitud abiertamente hostil hacia ella y se vio obligada a desplazarse en taxi. A menudo me tocaba acompañarla cuando salía porque mi padre temía por su posición si le veían demasiado a menudo con su esposa judía.

La relación entre mi madrastra y yo cambió sutilmente. Aunque Ilona cuidaba su vestuario y seguía recogiéndose el pelo en un moño y luciendo un collar, era evidente que le daba miedo su nuevo estatus de paria social y por primera vez sentí algo de empatía hacia ella.

A mis 18 años no entendía la política de la época, ni tampoco las razones de la guerra, pero por primera vez en mi vida comprendí que nadie estaba a salvo. La risa de mi madrastra después de

33

registrarnos sonaba tensa y crispada hasta para mis jóvenes oídos. Aquella estrella de David nos destacaba de la multitud y recorríamos las calles acompañadas de miradas de miedo y hostilidad.

Nuestras vidas habían cambiado para siempre. Un nubarrón se cernía sobre la familia pero ¿cuándo descargaría sobre nosotros? Mi padre no era judío, pero le aterraba el futuro y evitaba por todos los medios cualquier cosa que llamara la atención sobre nosotros. Ilona y él apenas salían juntos de casa y evitaban los eventos sociales, reuniéndose solamente con personas en quienes podían confiar y que a menudo estaban en la misma situación que ellos.

No comprendía cómo nadie podía considerar enemiga a Ilona. Me parecía descabellado e increíble, pero había visto cadáveres colgados de los árboles, había oído historias de asesinatos y casos de gente desaparecida, y sabía que no vivíamos tiempos normales. Aquel nubarrón de miedo nos acechó durante cuatro años y se ennegreció aún más a medida que se intensificaban la persecución a los judíos y la terrible matanza que barrió Europa.

Nuestra casa se había convertido en nuestro refugio y los muros de la fábrica ahora nos parecían una bendición más que una condena. Sin embargo, aquella época fue muy solitaria para mí. Las compañeras de la escuela tenían prohibido venir a verme, ya que cualquier visitante inesperado tenía que llamar al timbre de la puerta principal de la fábrica para que le abriera el portero y mi padre creía excesivo pedirle que abriera la puerta a colegialas. De modo que nadie venía a verme.

Prácticamente todos los amigos que le quedaban a mi madrastra eran húngaros, y yo apenas entendía su idioma. El único sitio donde podía ver a gente de mi edad era en el club social húngaro del que mi padre e Ilona eran socios.

Era un edificio poco atractivo de una sola planta con un tejado de tejas rojas en Duga Ulica, una calle que unía el centro de la ciudad con el casco antiguo de Zagreb. Tras las fachadas más imponentes de los edificios de Duga Ulica había pequeñas oficinas, talleres y viviendas, y entre todas ellas estaba el club húngaro. A pesar de su triste apariencia era un lugar muy agradable, lleno de emigrantes húngaros y famoso por las generosas raciones de comida y la alegre música.

Allí fue donde conocí al hombre que cambiaría mi vida para siempre.

El club húngaro me gustó desde el primer momento y no tardé en trabar amistad, especialmente con una chica bonita y rubia de mi misma edad llamada Marta. Su madre era húngara y se decía que su padre era pariente del líder partisano, Josip Tito, aunque nadie se atrevía a preguntar si era cierto, pues los alemanes habían ofrecido recientemente una recompensa de 100.000 reichsmark a cualquiera que lo capturara, vivo o muerto.

Empecé a dar clases de húngaro dos tardes a la semana y en poco tiempo aprendí *csardas*, el baile nacional húngaro. Y mientras el club era el centro de mi vida social la vida familiar giraba en torno a la tía Alice.

Cada día después de la escuela iba a la plaza Jelacica en el corazón de la ciudad y pasaba delante de la imponente estatua ecuestre de Ban Jelacic cuya espada apuntaba al cielo. Caminaba entre los puestos de los vendedores de flores y subía las escaleras que llevaban a Trznica Dolac. La tienda de oro de Alice estaba en lo alto de la escalinata, a la izquierda, donde el mercado de verdura se desparramaba en la plaza.

Era un lugar tan bueno como cualquier otro para tener un negocio en Zagreb, con las agujas de la catedral presidiendo la vista al otro lado de Trznica y la torre del reloj dando las horas sobre la fila de tiendas (el edificio aún sigue en pie, aunque la tienda de Alice es hoy un restaurante).

La tía y yo charlábamos felizmente, rodeadas de oro de todas las formas y tamaños. Yo observaba aquellos objetos preciosos e intentaba adivinar cuánto valdrían. Cada vez que me aventuraba, la tía Alice soltaba una carcajada: «No, no, Olga, es muchísimo más barato que eso» o «A ver, Olga, es mucho más caro...». Siempre me dejaba con la incógnita y pensando cómo sería pasearme cubierta de joyas.

Miraba fascinada a los cinco relojeros ancianos que trabajaban literalmente volcados sobre la mesa para realizar su minuciosa labor. Alice tenía un contrato con Helvetia, una compañía suiza entre las mejores del mundo, que se encargaba del mantenimiento y la reparación de los relojes.

El comercio de oro era un negocio familiar. Ilona tenía acciones en la compañía y mi padre ayudaba con las cuentas. Alice se había quedado viuda dos veces y tenía un hijo, Ferdinand, que estaba casado con una modelo, Blanka Fredhan.

En mi ingenuidad, jamás se me ocurrió que una mujer judía con un negocio tan lucrativo pudiera ser un objetivo evidente para el régimen de la Ustasha. Alice era simplemente mi tía, vivaracha, glamurosa y divertida. Nadie sobre la faz de la tierra podía odiar a una mujer así.

Cada domingo me llevaba a visitar la tumba de mi madre, me compraba flores para que las colocara sobre su lápida, y después íbamos a comer juntas.

Por primera vez desde la muerte de mi madre, cinco años antes, me sentía querida.

Pasadas las dos de una madrugada de agosto de 1941 nos despertaron unos golpes fuertes en la puerta de casa. Mi padre se puso rápidamente la bata y fue a abrir. En el umbral de la puerta se encontró a dos miembros uniformados de la milicia de Ustasha.

—Hemos venido a informarle de que Alice Keller ha sido detenida y se encuentra en las celdas de Petrinjska.

—¿Por qué la han detenido? —preguntó mi padre. Los dos hombres le lanzaron una mirada inexpresiva, como si la pregunta fuera absurda—. ¿Podemos ir a visitarla?

—Sí.

—¿Cuándo?

—Ahora.

Mi padre nos avisó y nos vestimos a toda prisa. La cabeza me daba vueltas. ¿Quiénes eran aquellos hombres que habían venido a esas horas? ¿Y qué querían decir con que la tía Alice estaba detenida?

La noticia me dejó consternada, pero traté de buscar una explicación a la situación: sólo la gente que cometía un crimen era detenida, y Alice jamás había cometido un crimen, por tanto tenía que ser un terrible error y en cuanto llegáramos a la comisaría de policía la pondrían en libertad entre disculpas y sonrisas.

Nos vestimos con presteza y en mitad de la noche recorrimos las calles de Zagreb en un taxi. Pasamos por la plaza Jelacica, cubierta por un velo de oscuridad, y giramos en Petrinjska Ulica, que conectaba el centro de la ciudad con la estación de ferrocarril.

A diferencia de otras calles, Petrinjska tenía más vida. Estaba llena de hombres uniformados, que iban y venían arrojando chorros de luz sobre la calle cada vez que abrían una puerta, y dejando ocultas en la sombra a las prostitutas que trabajaban en esta parte de la ciudad.

Aquél era el centro de la ley y el orden en Zagreb, y sus grandes edificios albergaban las comisarías de policía, los centros de interrogatorio de la policía secreta y sus celdas. Mi optimismo inicial se desvaneció en cuanto nos adentramos en aquel lugar inhóspito y sombrío en medio de una atmósfera amenazadora. Mi padre y mi madrastra estaban callados, pero su nerviosismo era evidente. El taxista tenía un gesto adusto y parecía ansioso por deshacerse de nosotros.

Aunque nadie lo decía me pregunté si no estaríamos metiéndonos en una trampa. Quizás nos detuvieran también a nosotros en cuanto entráramos en la comisaría.

Entonces pensé en la tía Alice sola en una de tantas celdas, escuchando el bullicio de la calle sin formar parte ya de él, tras haber sido detenida al azar y encarcelada.

Nos llevaron a través del hall de la comisaría principal de Petrinjska y allí, en la sala de recepción, encontramos a Alice, llorosa y asustada. No le habían dado ninguna razón al detenerla y tampoco sabía lo que le esperaba.

Al verla hablando aceleradamente con mis padres me entró un miedo terrible no sólo por ella, sino por todos nosotros. El nuevo régimen se había movilizado y nos había golpeado de súbito de una manera que era incapaz de comprender.

La hostilidad de los guardias y los oficiales era evidente; ni disculpas ni sonrisas.

Aunque nunca habláramos de ello todos sabíamos que la Ustasha había construido el primer campo de concentración de Croacia en Jasenovac a 95 kilómetros al sureste de Zagreb y estaban trasladando de manera regular a judíos y a serbios que habían sido detenidos en las cárceles de la ciudad. Nadie sabía lo que hacían con ellos. Lo que sí se decía era que Jasenovac era un campo de exterminio para personas consideradas enemigas del régimen en el que se incluía un recinto especial para niños. El número de personas asesinadas allí durante la guerra sigue siendo motivo de amargas polémicas y los cálculos oscilan entre los 50.000 y los 600.000.

Mientras estábamos en aquella sombría sala me vino a la mente la terrorífica idea de que aquella podía ser la última vez que viera a mi tía Alice. No lloré, pero me abracé a ella con una enorme sonrisa y le dije que pronto volveríamos a la tienda para vigilar a los reparadores de relojes. A pesar de las lágrimas me devolvió la sonrisa y me apretó contra ella. Las dos sabíamos que no era cierto.

Después de unos minutos y varios abrazos apresurados los guardias nos llevaron hasta la puerta y volvimos a sentarnos en la parte trasera de un taxi para regresar a la fábrica de Res. La guerra nos había alcanzado.

Tras una breve discusión en la que intentamos animarnos obligándonos a pensar que pronto dejarían en libertad a Alice, me mandaron a mi cuarto, pero escuché a mi padre y a Ilona hablando hasta altas horas de la noche.

Me quedé tumbada en la oscuridad pensando en Alice y en todos los ratos que habíamos disfrutado juntas. Y ahora estaba en una celda temiendo por su vida. ¿Cómo podía ocurrir algo así? Sentía una mezcla de terror y rabia: ¿quién nos estaba haciendo esto? ¿Y por qué? Cuando el Gobierno, la policía y los tribunales se convierten en tus enemigos, ¿a quién recurres en busca de justicia?

Mi padre estaba aterrado ante la posibilidad de que la familia perdiera toda su riqueza. Dos de las socias de la franquicia, Alice e Ilona, eran judías y el tercero, el Sr. Bratic, era serbio. Poco después del arresto de Alice le detuvieron y le enviaron a Jasenovac. Su familia no fue capaz de averiguar qué le había pasado. (Finalmente sobrevivió a la guerra y más tarde se convirtió en presidente del Tribunal Supremo de Zagreb).

Nuestra única certeza era que aún teníamos el oro que mi padre había escondido en el baño tras los primeros indicios de una invasión. Ahora tendríamos que depender de ello.

Ahora bien, si creíamos que lo peor había pasado, nos equivocábamos.

Desde la invasión de Yugoslavia, la actividad de los partisanos se había extendido de manera vertiginosa, especialmente en zonas rurales, donde la gente se escondía en bosques y montañas y lanzaba ataques contra las fuerzas de ocupación del Eje y la Ustasha. Mi ciudad natal, Sisak, dejó su huella en la historia cuando el 22 de junio de 1941 se formó la Primera Brigada Partisana de Sisak en el bosque vecino de Brezovica, la primera unidad de resistencia armada creada en la Europa ocupada durante la guerra.

Y en Zagreb una vecina de Sisak estaba a planeando su propio acto de resistencia.

Poco después de la detención de Alice, los partisanos asesinaron a seis soldados alemanes. Enfurecidos, sus superiores de Zagreb tomaron nefastas represalias, ordenando que se ejecutara a diez judíos por cada oficial alemán asesinado. El nombre de Alice Keller entró en la lista negra.

Aún estaba presa en las celdas de Petrinjska, pero ¿por cuánto tiempo? La Ustasha se encargaba de las celdas, pero los alemanes podían presentarse en cualquier momento y llevarse a las personas cuyos nombres estaban en la lista. A Alice le podían quedar horas de vida...

Aunque oficialmente podíamos llevarle comida todos los días, mi padre e Ilona pensaban que podía ser demasiado peligroso ir, pues era como flirtear con el arresto.

No sabía qué hacer. Quería mucho a la tía Alice y no podía quedarme de brazos cruzados mientras la asesinaban, pero ¿qué podía hacer una chica de 18 años? Quizás mis padres estuvieran en lo cierto y cualquier intento de ayudarla podía provocar mi detención, y que Alice fuera ejecutada de todas formas.

Era una decisión horrible, ¿quién sabía qué riesgos podía haber? Las desapariciones y los asesinatos eran ya muy comunes, tanto que preferíamos no pensarlo demasiado, pero al final, mi amor por Alice se impuso al miedo y decidí que al menos le llevaría algo de comida. Y si me arriesgaba a ser detenida, que así fuera.

Preparamos una cesta con jamón, queso y pan, y me fui hacia el centro de la ciudad. Al llegar a Petrinjska, respiré hondo y empecé a caminar hacia la comisaría central, que estaba a la derecha de la calle. Sus paredes de color pálido salpicadas de ventanucos armados con barras de acero se alzaban sobre los peatones que caminábamos por la calle. Sin embargo, la entrada parecía la de un edificio de oficinas como cualquier otro.

Una vez dentro examinaron mis documentos cuidadosamente. Podía oír gritos y órdenes al otro lado de las pesadas puertas de acero al final del vestíbulo, y parte de mí quería darse la vuelta y salir corriendo en busca de aire. Después de comprobar mis documentos, un guardia de uniforme abrió una puerta de acero y me llevó a otra sala sombría, dividida en dos por una fila de mesas de madera.

Me ordenó que dejara la cesta de comida sobre la mesa y esperara. Entonces apareció otro guardia por una puerta al otro extremo de la sala y cogió la cesta. Desapareció con ella y regresó al poco tiempo con la cesta vacía. No vi ni rastro de Alice.

Después de aquella primera visita empecé a ir a la cárcel cada día para llevarle comida. El hecho de que nunca me dejaran ver a Alice me hizo plantearme si me había convertido en peón de un drama macabro en el que llevaba comida a una mujer que ya estaba muerta.

La impactante imagen de los cadáveres colgados de los árboles en las calles de Zagreb cobró un significado aterrador: ¿estaría Alice entre ellos? Yo no era capaz de alzar los ojos y caminaba rápidamente por debajo, con la mirada clavada en el suelo, tratando de convencerme de que si seguía llevando comida y nadie me decía que parase, Alice estaría viva.

Empecé a pedir a todo el mundo —a miembros del club húngaro, a amigos con parientes en la Ustasha, a cualquiera— que me ayudaran a buscar y salvar a Alice. Algunos daban respuestas esquivas y vacías, y otros ni siquiera contestaban. ¿Quién querría arriesgar su vida para ayudar a un judío?

Mi padre y mi madrastra querían ver a Alice libre, pero estaban atenazados por el miedo a arriesgarse. Yo era joven e ingenua, no comprendía plenamente lo fuertes y despiadados que eran a quienes nos enfrentábamos y estaba segura de que podíamos sacar a Alice.

Una amiga de Ilona me organizó un encuentro con un miembro destacado de la Ustasha. No me quiso dar su verdadero nombre y me pidió que le llamara simplemente Ivo. Dijo que podía hacer que dejaran a Alice en libertad, pero que todo tenía un precio y el trámite me costaría un kilo de oro. Empecé a sospechar: ¿podía fiarme de él? ¿Se quedaría tranquilamente con el oro y me dejaría en la estacada? Pedí consejo a varias personas, pero nadie podía ayudarme de modo que me encontré de nuevo sola ante un terrible dilema: fiarme de un integrante de la brutal Ustasha o dejarlo y abandonar a Alice a su suerte.

Pasé una noche en vela dando vueltas a todas las horribles posibilidades. Cuando amaneció seguía igual de asustada e indecisa sobre si debía confiar en aquel hombre, pero algo había sacado en claro: si existía alguna posibilidad de salvar a Alice, era ésta.

Me reuní con el soldado de la Ustasha otra vez y decidí que sí apostaba por él, era un todo o nada.

—Le pagaré si saca a Alice de Petrinjska y luego se la lleva a Split —dije sabiendo que mi voz temblorosa delataba mi nerviosismo.

Ivo sonrió. La ciudad de Split estaba en la costa dálmata, había sido anexionada por los italianos y decían que los controles eran mucho menos rigurosos que en otras partes de Croacia, por lo que se había convertido en un imán para judíos que trataban de huir del país. El hijo de Alice, Ferdinand, había desertado del ejército croata y se encontraba allí a la espera de embarcarse rumbo a Cuba con su mujer Blanka.

Finalmente Ivo accedió:

—La llevaré hasta Split y diré que es mi madre. —Me sentí aliviada aunque aún temía que todo fuese parte de una trampa. Las palabras que aquel oficial de la Ustasha me dijo después no me infundieron demasiada confianza—: Pero evidentemente necesitaré el oro por adelantado y si algo va mal... diré que no la conozco.

Quedamos en que cogería el oro —una pieza del tamaño de un huevo grande que mi padre sacó de lo que habían salvado del negocio de Alice— y se lo llevaría a Ivo. Después de eso mi único cometido sería seguir llevando cestas de comida a las celdas de Petrinjska. Y esperar.

Al cabo de una semana no tenía ninguna noticia de Ivo. Cada vez que acudía a la cárcel con la cesta de comida me sentía más desesperada y convencida de que me habían engañado y de que aquel oficial de la Ustasha se había quedado con el oro y no ayudaría a Alice.

Volvieron a registrar mis documentos en el vestíbulo, aunque los guardias ya empezaban a reconocer a la joven morena de 18 años que aparecía por allí cada día. Sin embargo, aquel día estaban algo nerviosos, parecía como si evitaran mi mirada y no charlaban entre ellos como de costumbre.

Una puerta de acero se abrió a mi espalda y escuché una voz ronca que decía:

—¡Eh, tú, ven aquí!

Sentí como si me fallaran las piernas, la sangre me subió rápidamente a la cabeza y creí que me iba a desmayar. Era el momento que tanto había temido: el oficial de la Ustasha me había traicionado y me iban a detener.

Poco a poco me di la vuelta y caminé hacia el guardia.

—¿Olga Czepf? —preguntó.

—Sí —contesté en un murmullo.

—Por aquí —dijo mientras abría la puerta de acero y me dejaba pasar.

Entré en un despacho de la cárcel lleno de archivos y escritorios. En el otro extremo de la sala había un banco corrido bajo y allí estaba sentada la tía Alice con aspecto pálido, demacrado y muy asustada. En cuanto me vio se le iluminó el rostro y nos lanzamos una a los brazos de la otra. Alice lloraba aliviada: no tenía ni idea de adónde la llevaban cuando la sacaron de la celda, y se temía lo peor, pero aquí estaba ahora en los brazos de su sobrina.

El guardia dijo bruscamente:

—Es libre de irse. Pueden irse a casa, pero márchense ahora.

Cogí a Alice del brazo y me la llevé hacia la puerta. En unos instantes estábamos en la calle, alejándonos a toda prisa de aquel lugar. Paré un taxi que pasaba a nuestro lado y di la dirección de la amiga de Ilona que me había ayudado a organizar la huida. Mien-

Yo el día de mi confirmación cuando tenía 17 años.

tras el coche aceleraba y se alejaba de Paetrinjska Ulica, Alice y yo nos abrazamos en la parte trasera, llorando y sonriendo.

Una vez empezó a disiparse la euforia de haber conseguido sacar a Alice de la cárcel me sobrecogió un miedo terrible. Sólo habíamos logrado la mitad del plan. Si Alice quería sobrevivir, teníamos que llevarla hasta Split y sacarla del país. Sin embargo, ayudar a Alice me ponía en una situación sumamente peligrosa. Cualquiera que fuera descubierto intentando ayudar a un judío podía estar seguro de que acabaría en el campo de concentración de Jasenovac, como mínimo, o simplemente sería ejecutado in situ. Se suponía que Ivo, mi contacto en la Ustasha, debía llevar a Alice hasta Split, pero ¿aparecería?

La mujer que nos había ayudado parecía muy aliviada cuando nos vio aparecer en su casa.

—Entrad rápido —dijo, haciéndonos pasar antes de que ninguno de los vecinos nos viera. Luego nos abrazó y nos pidió detalles sobre lo ocurrido.

Se lo conté y pregunté:

—¿Sabes algo de Ivo?, ¿va a venir a buscar a Alice?

La mujer bajó la mirada y negó con la cabeza:

—No sé nada. Sólo nos queda la esperanza.

Esperamos angustiosamente en el piso según avanzaba la mañana. Al asomarme por la ventana, veía vehículos militares pasando por la calle, y en mi nerviosismo, estaba convencida de que todos me miraban. ¿Se estarían preparando para asaltar el piso? ¿Serían esos mismos soldados que veía en la esquina de la calle quienes entrarían violentamente a detenernos?

De repente alguien llamó bruscamente a la puerta. Alice y yo nos quedamos inmóviles, mientras la otra señora se acercó cautelosamente a la entrada e intentó escuchar algo. Volvieron a aporrear, esta vez más fuerte, y después se oyó una voz que hablaba en croata. La amiga de Ilona abrió la puerta y apareció Ivo. Nos saludó con sequedad.

—Tiene una hora para prepararse —dijo—. Nos vamos esta tarde. Tenemos reserva en un vuelo a Split.

Dicho eso, se fue no sin avisar de que volvería a recoger a Alice en una hora exactamente. Insistió en que sólo podía ir ella, de modo que tendríamos que despedirnos allí mismo.

Preparé una maleta para Alice a toda prisa con varias prendas de ropa y comida. Era muy poco, todo cuanto había podido conseguir. Estábamos aterrorizadas por si algo salía mal, pero pasada la hora, Ivo volvió a aparecer.

Alice y yo nos abrazamos.

—Mi querida Olga, muchas gracias —dijo—. Has sido tan valiente y tan buena. Nunca te olvidaré y te querré siempre.

La abracé fuerte.

—Ten cuidado, tía Alice. Ten mucho cuidado. Y cuando llegues a Split, háznoslo saber. Hazme saber que estás bien.

Nuestras despedidas entre lágrimas impacientaban cada vez más al agente de la Ustasha, que urgió a la tía Alice para que saliera con él del piso. Corrí a la ventana, me asomé justo a tiempo para ver cómo los dos se metían en un coche y les seguí con la mirada hasta que doblaron la esquina y desaparecieron.

Me quedé allí sola, vigilando el reloj y el paso lento de los minutos. El avión tenía que salir rumbo a Split aquella misma tarde, de modo que comí algo, me estiré en el sofá de la sala de estar y me quedé dormida.

A las cuatro me despertaron más golpes en la puerta. Me incorporé, atenazada por el miedo.

—¿Quién hay ahí? —dije.

—¡Ustasha! —respondió una voz.

Busqué frenéticamente alrededor, pero sólo había una salida del piso y no vi ningún lugar para esconderme. Me acerqué a la puerta temblando y al abrir encontré a Ivo y a su lado Alice, exhausta y llorosa.

—¿Qué... qué hacéis aquí? —pregunté, temiendo la respuesta. El agente de la Ustasha me apartó y entró en el piso con Alice aún cogida del brazo.

—Hay niebla en el aeropuerto. Han cancelado todos los vuelos. Tendremos que volver a intentarlo mañana cuando vuelvan a abrirlo. Llamaré mañana por la mañana. —Y con esas palabras, se volvió y se marchó, llenando las escaleras con el eco de sus pisadas y dejándonos a Alice y a mí solas. Nos volvimos a abrazar y Alice me explicó que habían llegado hasta el aeropuerto y una vez allí les habían dicho que se había cancelado su vuelo.

El cansancio estaba empezando a pasarnos factura.

—No puedo quedarme aquí —dijo Alice, agarrándome del brazo—. No puedo. Sabrán dónde encontrarme. Esta noche tengo que quedarme en otro lugar y volver mañana por la mañana para encontrarme con el oficial de la Ustasha. Así, si vienen a buscarme esta noche, no estaré...

Estaba aterrorizada.

Corrí a casa de un amigo y pregunté si podría pasar la noche allí mi tía. La primera puerta se cerró en mis narices, pero la segunda familia a la que recurrí dijo que sí. Me apresuré de vuelta a buscar a Alice y la llevé al otro piso, que estaba cerca de la ciudad vieja y a tan sólo unos metros de donde nos habíamos quedado.

En la sala de estar de aquel piso, con la calefacción al máximo, pasamos la noche más larga de nuestra vida. Nuestro estado de angustia hacía que cada sonido de la calle pareciera anunciar la llegada de la Ustasha o de la Gestapo. Un vehículo circulando lentamente por la calle con las luces encendidas en medio de la oscuridad nos parecía el primero de un convoy que venía en nuestra busca para llevarnos a ejecutar. Evidentemente, conciliar el sueño era impensable. El reloj sobre el mantel de aquella sala de estar marcó cada segundo dolorosamente hasta que alcanzamos el amanecer.

Cuando la primera luz se extendió por la ciudad, sentimos verdadero alivio. Volvimos andando lentamente al otro piso, y allí nos quedamos esperando, otra vez. El oficial de la Ustasha fue fiel a su palabra y llegó a la hora convenida para llevarse a Alice. Antes de desaparecer en el coche, mi tía se volvió y me saludó.

Fue la última vez que la vi.

Un par de semanas después llegó una carta a casa. Tenía sello de Split y aunque no estaba firmada, decía que había llegado hasta allí y necesitaba dinero para viajar a Cuba con su hijo y su nuera.

Si alguien podía ir al hotel Esplanade de Zagreb a una hora concreta, encontraría a una persona que recogería el dinero. Mi padre y mi madrastra leyeron la carta varias veces y se volvieron hacia mí. Nadie habló. Sabía que ellos no lo harían, y una vez más dependería de mí.

—Está bien, llevaré el dinero —dije.

No teníamos demasiado dinero en efectivo, así que llenamos un maletín de joyas y oro y el día indicado acudí al Esplanade, el hotel más prestigioso de Zagreb. Era un edificio majestuoso cerca de la estación con unos jardines minuciosamente cuidados y uno de los alojamientos favoritos de los oficiales de alto rango alemanes y de la Ustasha.

Un portero vestido de librea me abrió la puerta y entré al vestíbulo con el maletín en la mano. Cuando miré a mi alrededor casi se me cae el alma a los pies: jamás había visto tantos uniformes alemanes, casi todos altos cargos nazis paseando y sentados charlando y pidiendo comida y bebida entre risas. Los que no eran alemanes eran claramente miembros de la Ustasha y el vestíbulo resonaba con el eco de fuertes voces y carcajadas masculinas.

Mi instinto me decía que dejara el maletín en el suelo y echara a correr, pues en cuanto alguien viera lo que llevaba, todo estaría perdido. Pero nadie me prestaba la más mínima atención más allá de alguna mirada errante, lo normal cuando una chica de 18 años entra en un vestíbulo lleno de hombres.

Encontré asiento en un pequeño sofá alejado de la puerta de entrada y dejé el maletín en el suelo junto a mis piernas. Cuando los latidos de mi corazón empezaron a calmarse, de repente se me acercó una mujer eslovena, alta y elegante. Se sentó con cuidado en una silla a mi lado de manera que el maletín quedó entre las dos.

—Hola —dijo sin quitar los ojos de los oficiales alemanes—. Soy amiga de Alice.

Sonreí con cierto nerviosismo e intercambiamos unas palabras de cortesía durante unos minutos, pero ninguna de las dos queríamos postergar aquello. Me puse de pie, nos despedimos dándonos la mano y me dirigí hacia la puerta. Antes de salir me volví a mirar y la mujer había desaparecido con el maletín.

Me alejé aliviada del Esplanade y corrí a casa para contar a mi padre que había conseguido entregar las joyas.

Durante cuatro semanas agónicas no supimos nada hasta que por fin llegó una carta. La letra era desconocida para todos, pero el sello postal indicaba que de nuevo procedía de Split. Una nota en el interior del sobre decía que Alice Keller, su hijo Ferdinand y la esposa de éste, Blanka, habían zarpado rumbo a La Habana.

Eran libres.

3

El 20 de agosto de 1942 un avión de combate de las Reales Fuerzas Aéreas Húngaras despegó de Ilovskoye en la Unión Soviética.

Aunque aún se desconocen las razones, poco después de despegar el piloto perdió el control del aparato y se estrelló, explotando en una bola de fuego. El piloto murió en el acto.

Este triste accidente no hubiera sido digno de mención a no ser porque el teniente de vuelo Istvan Horthy era el hijo de 37 años del almirante Miklos Horthy, regente de Hungría y aliado de Hitler. El joven era regente en funciones, una figura delicada y enormemente popular en su país. En las cartas a su padre expresaba su profunda preocupación por los excesos del ejército alemán en su avance por Rusia, especialmente el de las SS, y predecía que quienes se aliaran con Berlín tendrían que asumir algún día las consecuencias de esta brutalidad.

Su muerte golpeó con fuerza a Hungría y el país entero lloró su pérdida. El espíritu de consternación nacional se extendió rápidamente a las comunidades húngaras desperdigadas por todo el

Mi querida amiga Marta y yo.

mundo, y Zagreb no fue una excepción. El club húngaro de Duga Ulica organizó un funeral en su memoria al que fueron invitados todos los miembros junto al personal de la embajada de Hungría.

Para Marta y para mí era poco habitual ver a personas distinguidas en el club, entre ellos muchos jóvenes apuestos. Marta estaba muy ilusionada, y aunque yo no compartía la emoción hasta ese punto fui con ella.

El cuerpo diplomático acudió elegantemente vestido, algunos de uniforme, y ocuparon los asientos reservados para ellos. Nosotras nos sentamos tres filas más atrás. Uno de los diplomáticos, un hombre rubio con ojos azul claro, se pasó toda la misa girándose para mirarnos. En cuanto se volvía hacia delante nos entraba la risa. Un comportamiento bastante poco adecuado para un funeral, pero cuando uno es joven todo resulta divertido.

Era un caluroso día de verano de modo que después de la misa sirvieron la comida y la bebida en el pequeño jardín del club. Marta y yo nos estábamos divirtiendo de lo lindo, y mientras cogíamos platos y bebida no dejamos de mirar a nuestro alrededor.

Nos pusimos a charlar de pie cuando de repente se nos acercó una mujer que se presentó como la Sra. Tackas. Dijo que tenía un restaurante cerca de la embajada húngara y que conocía a la mayoría del cuerpo diplomático.

—Uno de los caballeros quiere que les presente —nos dijo.

Ambas supusimos que estaría interesado en Marta, con su cabello rubio y rizado y su alegre sonrisa:

—Oh, sí —contestó Marta—, no me importaría ser la esposa de un diplomático.

La Sra. Tackas desapareció entre la multitud. Al ver que no regresaba Marta, desilusionada, dijo:

—Habrá cambiado de idea.

Cuando ya nos íbamos a retirar la Sra. Tackas reapareció acompañada de un joven rubio, delgado y un poco pálido. Aunque de primeras me pareció sorprendentemente bajo cuando me fijé vi que tenía unos ojos azules impresionantes y una sonrisa encantadora.

—Aquí está el caballero que quiere conocerla —anunció Tackas, presentándole a Marta—. Éste es Julius Koreny, de la embajada de Hungría —añadió.

El diplomático tomó la mano de Marta, la besó y dijo a la Sra. Tackas:

—¿Sería tan amable de presentarme a su amiga?

Repitió el gesto de cortesía conmigo, sonrió con calidez y volviéndose hacia la Sra. Tackas, dijo:

—Ésta es la chica a la que quería conocer.

Las tres nos quedamos algo sorprendidas ante su franqueza. Marta y yo nos miramos y tuve que aguantarme la risa. ¿Quién era aquel tipo tan poco atractivo? Lo que estaba claro era que todo lo que le faltaba de atractivo físico lo compensaba con su confianza —aun así no me gustaba demasiado.

Al caer la tarde sirvieron la cena en el club. Julius Koreny se las arregló para sentarse entre mi madrastra y yo. No tardó en engatusar a Ilona tanto que Marta me susurró al oído:

—¡Mira! Tu madrastra te ha robado a tu admirador.

Julius Koreny fotografiado en Zagreb en 1943

Nos volvimos a reír. Me daba exactamente igual: Julius no me parecía atractivo y sus intentos de seducción me resultaban falsos y poco convincentes. «Puede que te guste», pensé, «pero tú a mí, no».

Cuando concluyó la cena ya entrada la madrugada Julius se acercó a despedirse de mí y mientras se agachaba para besarme la mano miró a mi madrastra y dijo:

—A las 12.30 estará bien. Será un placer.

De camino a casa Ilona se deshizo en halagos hacia aquel joven tan inteligente, y dijo que le había invitado a comer el domingo. Se me cayó el alma a los pies. Menudo panorama más deprimente: una comida de domingo con el difícil de mi padre, la rara de mi madrastra y un admirador pesado.

El domingo la gente empezó a llegar temprano para comer en nuestra casa tras los muros de la fábrica Res. Julius Koreny, el diplomático de Budapest, sería nuestro invitado de honor, un nombre nuevo que añadir a la lista menguante de compañeros de almuerzo de Ilona. Y la verdad es que no desilusionó, pues demostró ser buena compañía y un alegre conversador. Nos contó que llevaba dieciocho meses en Zagreb y que antes había servido en Rumanía. Decía que le encantaban los croatas, porque eran amables y divertidos. La sorpresa vino cuando nos explicó que estaba divorciado y tenía un hijo de 1 año, Gabor, que vivía con su madre en Budapest. En ese momento me fijé que aún llevaba alianza.

A través de varias preguntas averigüé que tenía 29 años, exactamente diez más que yo, otro punto en su contra en el concurso amoroso.

—Claro, voy mucho a Budapest para ver a Gabor a menudo y ayudo a cuidar de él —nos explicó.

Entonces, Ilona vislumbró una oportunidad para hablarle de su padre, que vivía entre la comunidad judía asediada de Budapest, y no parecía estar recibiendo ninguno de los paquetes y cartas que le habían mandado. ¿Podría Julius ayudarla?

Él respondió cortésmente:

—Por supuesto, si me da su nombre y su dirección le llevaré dinero la próxima vez que vaya a Budapest. —Ilona quedó encantada y el resto de comensales parecían impresionados por el gesto de desafío de Julius hacia el gobierno pro nazi húngaro. También hizo que creciera mi estima por él.

Una vez terminada la comida, cuando los invitados se disponían a marcharse, Julius le comentó a Ilona que viajaría a Budapest el fin de semana siguiente y se ofreció a llevar dinero a su padre. Mi madrastra corrió a coger su bolso, le dio algo de dinero y estrechando su mano dijo:

—¡Muchas gracias! Ahora mismo es tan difícil... Bueno, ya sabe...

Todos sabíamos lo que le estaba ocurriendo a la comunidad judía en toda Europa. Vivíamos con el mismo miedo día tras día. Habían venido a por Alice y en cualquier momento podían venir a por Ilona.

Al cabo de dos semanas Julius regresó y nos dijo que había visto a su padre y le había entregado el dinero. Traía una carta escrita con su puño y letra que emocionó profundamente a Ilona. Julius se convirtió en una visita habitual en casa siempre bienvenido por Ilona y cada vez más por mí. «Es buena compañía», pensaba, «pero no para enamorarme».

En el momento de la invasión de Yugoslavia había casi 11.000 judíos viviendo en Zagreb, de un total de unos 250.000 habitantes. De ellos 8.000 murieron en el Holocausto, algunos lograron huir y al término de la guerra sólo quedaban unos 1.000 en la ciudad.

Cuando se intensificó la purga antisemita, la Ustasha detuvo a la Sra. Hirsch, una tía anciana del primer marido de Alice, y se la llevó al asilo psiquiátrico de Vrapce, en los suburbios occidentales de Zagreb. Allí tenían a muchos judíos detenidos, a menudo a la espera de trasladarlos al campo de Jasenovac. La Sra. Hirsch era una dama de unos 70 años, que fumaba con una boquilla con diamantes incrustados, y cuando lo supimos Ilona quiso enviarle comida y dinero. Una vez más, pensó en Julius, y planeó planteárselo en cuanto volviera a visitarnos.

—Miren —nos dijo mientras nos mostraba un documento con una fotografía suya—, éste es mi pase diplomático. Puedo ir a cualquier sitio con él y todo el mundo lo acepta.

—¿En serio? —preguntó Ilona—. En ese caso, ¿podría pedirle otro favor después de la generosidad que ha demostrado con mi padre?

Julius, sin duda consciente de que yo le miraba atentamente respondió al instante:

—Por supuesto, ¿de qué se trata?

Ilona le explicó la historia de su pariente y le preguntó si podría ir a Vrapce, insistiendo:

—Sólo será algo de comida y de dinero. Eso es todo lo que tendrá que llevarle. Es una mujer mayor, no es capaz de escapar y no haría daño a nadie. Por favor...

Julius accedió:

—Pero con una condición.

Nos quedamos mirándole desde el otro lado de la mesa de comedor.

—¿Cuál? —preguntó mi padre con cierto nerviosismo.

—Tendría que llevar a mi esposa. Un diplomático que viaja con su esposa apenas llama la atención. Todo el mundo asume que van a hacer turismo. Pero un hombre que viaja solo llama mucho la atención, y convendría evitar preguntas incómodas.

Hubo un largo silencio. ¿Su mujer? ¿De qué estaba hablando?

Ilona titubeó:

—Pero, si está usted divorciado. Su esposa está en Budapest. ¿Cómo puede ella ayudarnos?

—No, ella no puede. Tengo una idea. —Sacó otro documento del bolsillo con la foto de una joven—. Éste es el visado diplomático de mi esposa. Si cambiamos su foto por una de Olga, podría venir conmigo, y así viajaríamos seguros.

Todos se volvieron hacia mí. Hacía más de un año desde que había rescatado a la tía Alice y el recuerdo de aquellos angustiosos días empezaba a desvanecerse. Julius me estaba proponiendo una aventura y un poco de emoción. Y yo sólo tenía 19 años. Dije que sí.

No comprendí el peligro al que nos exponíamos hasta que nos acercamos a la estación central de Zagreb para coger el tren a Vrapce. De repente, la emoción inicial ante lo que parecía una aventura sin demasiada trascendencia se convirtió en ansiedad: la estación estaba llena de soldados, oficiales de la Ustasha y alemanes.

Aquel miedo me hizo recordar los minutos de espera en el vestíbulo del Esplanade rodeada de SS. Estaba convencida de que nos descubrirían en cuanto echaran un vistazo a nuestros documentos, pero pasamos el control sin problemas. La confianza de Julius disfrazaba mi nerviosismo y todo el mundo nos veía tal y como queríamos: como una joven pareja haciendo turismo por la ciudad.

Julius sonrió y me apretó cariñosamente el hombro.

—No te preocupes —me susurró al oído mientras avanzábamos por el andén hacia nuestro tren.

Parecía que había uniformes por dondequiera que miraba: en el andén, en los tornos de los billetes, hasta en los propios trenes. Cada uno de esos uniformes, ya fuesen alemanes o croatas, representaba el peligro. No sólo viajaba con un pase diplomático falso, sino que lo hacía para ayudar a una judía.

Ahora bien, a diferencia de cuando ayudé a escapar a la tía Alice, al menos esta vez no estaba sola. Julius no paraba de hablar tratando de hacerme reír, para dar la impresión de que éramos una pareja totalmente despreocupada.

Afortunadamente el viaje en tren fue bastante corto. Vrapce no era más que un suburbio de Zagreb y la estación era muy tranquila. Tras una revisión rápida de nuestros documentos salimos a la calle y nos pusimos de camino al viejo hospital. El recinto estaba lleno de gente que nos miraba con recelo. Algunos eran claramente enfermos mentales, pero otros no. Muchos niños se nos acercaban con los brazos abiertos y nos pedían comida, dinero, lo que fuera.

Jamás había visto nada como aquello. ¿Qué era aquel lugar? ¿Por qué enviaban a gente sana allí?

No podíamos dejar que nos vieran ayudando a internos judíos, de modo que nos dirigimos directamente al edificio principal, que parecía más una casa a orillas del Sena en París que un hospital croata. En su interior, una infinidad de pasillos interminables salían en todas direcciones. Julius se acercó a la recepción, llamó a una ventanilla y salió una hosca mujer croata.

Nos indicó el camino hacia la habitación de la Sra. Hirsch. Allí encontramos a una dama elegante de unos 75 años vestida de negro cuyo rostro se arrugó dibujando una enorme sonrisa en cuanto le explicamos quiénes éramos y el propósito de nuestra visita.

—Entren, entren —dijo, mientras nos hacía pasar a su pequeña habitación—. Son ustedes las primeras personas del exterior que veo desde que estoy aquí —nos confesó—. ¿Cómo está Ilona? ¿Y la familia?

Me senté a su lado y le puse al corriente de todo ello mientras Julius esperaba junto a la ventana, como intentando desaparecer de la escena. No nos podíamos quedar mucho tiempo. Los tres sabíamos el riesgo que corríamos estando allí, y en cuanto le entregué el dinero y la comida que traíamos, todos coincidimos en que lo mejor sería que nos marcháramos.

Julius y yo volvimos por el mismo camino por el que habíamos llegado y ambos respiramos aliviados cuando atravesamos el umbral del hospital y salimos a la calle.

Teníamos una hora hasta que saliera el tren de regreso a Zagreb, de modo que nos metimos en una cafetería, pedimos una tarta y un café y nos pusimos a charlar. Julius me habló de su vida en Budapest, del hijo que había dejado allí y de su ex mujer. Yo le conté la historia de mi infancia en Sisak, la muerte de mi madre y la huida de la tía Alice de Zagreb. Nos reímos recordando el malentendido de nuestro primer encuentro en el club húngaro.

Sentada en aquella cafetería, por fin logré relajarme. Lo habíamos conseguido. Habían examinado nuestros documentos, nos habían registrado y nadie sospechaba nada. El viaje de vuelta a Zagreb sería sencillo y la conversación con Julius hizo que se esfumara todo mi miedo y me olvidara de los uniformes a nuestro alrededor.

Una vez de vuelta en casa Ilona escuchó encantada el éxito de nuestra primera visita.

—Oh, parece que ha sido fácil. Podéis volver en unas semanas —dijo y yo asentí sin pensarlo dos veces.

Así se fue creando una rutina en la que cada pocas semanas me convertía en la Sra. Koreny y viajaba con Julius con el pase diplomático. Nos pararon cientos de veces, pero nadie sospechaba de nosotros y hasta cierto punto nos olvidamos de nuestro engaño.

Después de visitar a la pariente de Ilona, nos sentábamos en la misma cafetería y como cualquier pareja joven, charlábamos y coqueteábamos. Nuestra amistad se estaba convirtiendo en algo más. Yo esperaba nuestros viajes cada vez con más ilusión, a pesar del peligro que implicaban, y sospechaba que Julius se estaba enamorando de mí. Aquella sensación de riesgo y emoción compartidos fue creando un vínculo entre nosotros, y la facilidad de trato entre nosotros era algo completamente nuevo para mí en la relación con un hombre. Atrás quedaba mi primera y poco halagüeña impresión de Julius.

En uno de aquellos viajes a Vrapce, mientas esperábamos en la cafetería habitual, Julius me rodeó con su brazo, me atrajo hacía sí y me besó suavemente.

Era la primera vez que besaba a un hombre, y sentí como si el mundo se detuviera. «Oh», exclamé, como si fuera lo que todas las chicas debíamos decir cuando nos besaban. Julius me sonrió con dulzura y con sus ojos azules encendidos, y nos quedamos inmersos en nuestro pequeño mundo, rodeados por el humo y las conversaciones de aquel pequeño café.

La siguiente invitación de Julius no fue para acompañarle a Vrapce, sino a la ópera. Apenas podía contener la emoción. Mi padre no estaba seguro de si debía aprobar la situación o no, pero desde luego no podía quejarse de que su hija fuera a un lugar público como aquél. Y tampoco tenía que preocuparse por mis carabinas, pues habría cientos de ellas.

La embajada de Hungría tenía un palco en la ópera de Zagreb y cuando Julius me enseñó mi asiento en el estreno de *Tosca* me embargaba la emoción. Además de ser un hombre muy especial, me estaba acercando a un mundo completamente nuevo y glamuroso. Al bajar las luces de sala nos sonreímos y a partir de ahí nos dejamos llevar por la música.

Después de la función Julius me acompañó a casa y me besó tiernamente antes de llegar a la entrada de la fábrica y llamar al timbre.

De día viajábamos a Vrapce como el Sr. y la Sra. Koreny, y de noche íbamos a la ópera como el Sr. Koreny y su acompañante la Srta. Czepf. A menudo había dos mujeres de la embajada junto a nosotros en el palco. Hablaban muy rápido a Julius sobre asuntos que ni siquiera podía intentar entender, de modo que era un alivio cuando se apagaban las luces y nos acurrucábamos en la oscuridad.

Julius seguía viajando regularmente a Budapest a ver a su hijo y a su ex mujer. Pronto empecé a acompañarle a coger el tren en la estación central de Zagreb. No era fácil separarnos —le echaba de menos cuando estaba fuera y me preocupaba su seguridad—. Nos despedíamos con un beso y pasaba los días siguientes pensando en él y esperando con ansia su regreso.

El 15 de octubre de 1943, al salir hacia la estación, tuve una sensación extraña e inquietante. Algo malo iba a pasar, lo presentía. Julius se rio de mí, pero yo le dije:

—Esta vez no volverás.

—Claro que lo haré. No te preocupes —contestó—. ¿Por qué no iba a volver? Además, he dejado mi cámara Leica, mi abrigo de invierno y otras cosas aquí, así que no me queda otra opción. Te veré en unos días.

Nos reímos y nos abrazamos, pero no podía desprenderme de aquella sensación de intranquilidad.

El tren empezaba a soltar una nube de vapor y los guardias recorrían la plataforma gritando «¡Todos al tren!». Miré a Julius a través de la ventanilla del compartimento y me pregunté cuándo le volvería a ver, si es que le volvía a ver. La locomotora se puso en marcha con una atronadora explosión de vapor, y salió lentamente de la oscura estación para adentrarse en la luz del día con la fila de vagones traqueteando a su cola.

Julius se asomó por la ventanilla para saludarme y mi mirada se aferró a él hasta que desapareció en una nube de vapor.

Cuando el último vagón del tren se esfumó rumbo al este de la ciudad, me volví deseando que mi presentimiento fuera erróneo, que todo fuera bien y que Julius volviera tal y como predecía, en unos días.

Sin embargo, entre aquel vapor y el ruido de la estación central de Zagreb, todo había cambiado. Mi vida nunca volvería a ser igual.

4

Durante tres semanas no hubo más que silencio. Echaba de menos a Julius. En los últimos meses se había convertido en la persona más importante de mi vida, y de repente no estaba.

Después de una espera que se me hizo eterna un día por fin sonó el teléfono cuando yo estaba en mi habitación. Lo cogió mi padre y a través de las paredes pude escuchar una breve conversación. Luego colgó y se hizo el silencio. A los pocos instantes oí los pasos de Josip acercándose a mi habitación, y la puerta se abrió.

—Era Julius —dijo—. Ha habido problemas en Budapest, pero espera volver la semana que viene. —Y después de una pausa—. Quería que lo supieras.

Mi padre ya había expresado abiertamente su disconformidad con mi creciente amistad con un divorciado de 30 años que tenía un hijo.

La noticia me hizo feliz, pues al menos sabía que Julius estaba vivo y que no le había pasado nada malo. O eso creía. Pero entonces me empezaron a venir las dudas. ¿Qué clase de problemas le retenían en Hungría? No podía ser su ex mujer, de lo contrario ¿por qué me habría llamado?

El saber que Julius estaba bien me tranquilizó, pero deseaba que mi padre le hubiera hecho más preguntas. Quizás lo había hecho, pero no me lo quería contar. Pero si fueran malas noticias para nuestra relación, para mi padre sería algo bueno y estaría encantado de contármelo...

La situación era insostenible: no podía saber lo que había pasado, de modo que me resigné a esperar.

A la semana siguiente hubo otra llamada, y de nuevo fue mi padre quien contestó. Esta vez la conversación fue algo más larga y en cuanto colgó fui a la sala de estar para averiguar lo que le había dicho.

Eran malas noticias.

—Julius está siendo investigado por las autoridades —dijo mi padre—, no puede salir de Hungría y se tiene que quedar en Budapest...

Por la cadencia de su voz supe que no había acabado.

—¿Y..? —dije.

Mi padre parecía estar buscando las palabras, pero su cara evidenciaba preocupación.

—Me ha pedido tu mano.

Me quedé muda. ¿Casarnos? Nunca se me había pasado por la cabeza, pero luego pensé en lo mucho que le había echado de menos desde que se marchó.

Mi padre continuó:

—Quiere que vayas a Budapest y te quedes con su hermana Shary, hasta que todo esto se solucione y esté libre de sospecha.

Julius también quería que fuera a buscar su abrigo de invierno y su cámara Leica a la embajada húngara en Zagreb.

De repente lo tenía todo muy claro. Pensé sonriendo: «¿Es esto lo que se siente al estar enamorado?», me volví a mi padre y dije:

—Me voy a Budapest.

Se puso furioso.

—Pero ¡si sólo tienes 20 años! No puedes seguir a este hombre. Es demasiado mayor y está divorciado. De todas formas, ¿cómo llegarías hasta allí, si estamos en medio de una guerra?

Yo también subí el tono para decirle que haría lo que quisiera. Mi madrastra entró corriendo en la habitación para saber qué estaba pasando y, por supuesto, se puso del lado de mi padre. Pero yo estaba enamorada y mi único objetivo era reunirme con Julius. Si tenía que irme a Budapest para conseguirlo, que así fuera.

Jamás me había sentido verdaderamente en casa con mi padre y mi madrastra, de modo que, ¿por qué no ir a buscar a alguien a quien de verdad le importaba? Además, Julius podía tener problemas por haber ayudado a Ilona y a su familia judía, y lo había hecho para impresionarme.

Viendo que no lograría convencerme, mi padre me dio algo de dinero y la dirección del hermano de Ilona en Budapest por si necesitaba ayuda.

—Pero a partir de ahora, estás tú sola —me dijo.

Aquella misma tarde, llamé a Julius a Budapest y le hablé con la timidez de una chica enamorada. Cuando le dije que estaba haciendo los preparativos para viajar a Hungría contestó que no me preocupara, que todo se arreglaría pronto y no tendría que estar demasiado tiempo en Budapest y pronto volveríamos a Zagreb. La llamada fue muy apresurada porque la línea telefónica era inestable y dejamos muchas cosas por decir.

Si hubiéramos sabido lo que iba a pasar, la conversación habría sido muy distinta.

La embajada de Hungría en Zagreb era un edificio grande de tres pisos cercano al Jardín Botánico en Marulicev Trg, cerca de la Ópera. No sabía lo que me esperaba tras atravesar la imponente entrada y mientras subía las escaleras de mármol del vestíbulo para recoger las cosas de Julius.

Al otro lado había pasillos repletos de gente entrando y saliendo de despachos. Los empleados se mostraban distantes y ligeramente hostiles cuando les explicaba el motivo de mi visita, hasta que uno de ellos, un tal Sr. Angel, desapareció por un pasillo y volvió con el abrigo y la cámara de Julius. Me los entregó sin mediar palabra y luego volvió junto a sus compañeros de la embajada en uno de los despachos. Todos se quedaron mirándome.

Aunque fue un alivio dejar aquella atmósfera opresiva, salí bastante preocupada por las miradas y las conversaciones susurradas que había notado a mi alrededor mientras estaba allí. ¿En qué lío se había metido Julius?

Pasé aquellas noches inmersa en mapas y horarios de trenes, planeando la ruta a Budapest y calculando cuánto tiempo me duraría el dinero. Estaba a menos de 320 kilómetros de Zagreb y aunque la guerra dificultaba el viaje, no era del todo imposible. Eso sí, tendría que parar en el camino y trabajar para sacar dinero para el resto del trayecto, pero me convencí de que podía hacerlo.

Fui a estudiar con más detalle la estación central de Zagreb, y descubrí desconsolada que era imposible coger trenes directos entre las dos capitales. Siempre estaban llenos de militares, hombres de negocios, diplomáticos y funcionarios del gobierno, y una chica de 20 años necesitaría un permiso especial para viajar en ellos. No había posibilidad de subir a aquel tren.

Pero había otra forma de llegar a Budapest. Podía coger un tren a Osijek, una ciudad cerca de la frontera con Hungría, a poco más de 200 kilómetros al este de Zagreb. No necesitaría ningún permiso para viajar hasta allí, y una vez en Osijek podía trabajar durante una temporada y ahorrar dinero. Luego buscaría alguna manera de cruzar la frontera y viajaría al norte hasta la capital. Estaba decidida. Ahora sólo era cuestión de dar los primeros pasos del viaje.

El año nuevo trajo una ola de frío helador al este de Europa. En enero de 1944, las temperaturas alcanzaron los 15 grados bajo cero en algunas zonas y casi toda Croacia quedó cubierta por un manto de nieve.

Aunque todavía quedaba mucho para que terminara la guerra, en la ciudad de Osijek al nordeste del país cada vez había más tropas del Eje que empezaban a replegarse hacia Alemania presintiendo la derrota.

Osijek estaba a orillas del río Drava y era una ciudad importante por su cercanía a la frontera con Serbia y Hungría, pero también por su refinería de petróleo. Hitler necesitaba combustible y los bombarderos aliados la tenían como uno de sus objetivos.

Al subir al tren que me dejaría en la estación de Osijek en poco más de cuatro horas, me preguntaba si verdaderamente sería más peligroso viajar que quedarme en Zagreb. El tren atravesó las llanuras del país hacia el este, avanzando en paralelo a las montañas azules del norte, y luego se adentró en una región de campos de cultivo donde se veían casas improvisadas junto a las vías, rodeadas de pilas de leña para hacer fuego.

De vez en cuando el tren se detenía junto a un andén bajo y sin señalizar, se apeaban unos cuantos pasajeros con sus pertenencias y desaparecían en el paisaje.

Pasamos junto a muchas aldeas diminutas donde las casas se apilaban en torno a una iglesia de tejado rojo, y dibujaban una imagen digna de una postal con la nieve como fondo. A cada rato veía carros tirados por un caballo circulando por un sendero junto a la vía, y me recordaban a aquella época en la que mi tío me llevaba a galopar en su calesa por la nieve cerca de Sisak.

El tren avanzaba dolorosamente despacio, pero al menos tuvimos la suerte de que no apareciera ningún bombardero hasta que llegamos al este del país, donde los árboles y las colinas junto a las vías nos ocultarían de los aviones aliados.

Me comí la poca comida que llevaba encima y me dormí a ratitos acunada por el traqueteo del tren. Por fin, la locomotora perdió velocidad y se detuvo junto a una estación larga y con un cartel que decía «Osijek». La mayoría de los pasajeros se bajaron, atravesaron las vías y entraron en el edificio de la estación para salir hacia la ciudad. Había varias carreteras rectas que se dirigían hacia el río Drava en el norte, y como no conocía la ciudad, yo seguí a la multitud.

Siguiendo la calle principal, Zupanijska Ulica, llegué hasta San Pedro y San Pablo, una enorme iglesia parroquial de ladrillo rojo que todo el mundo conocía como «la catedral». Poco después llegué a orillas del Drava, y me quedé observando su ancho cauce que avanzaba hacia el norte. La verdadera frontera entre Croacia y Hungría estaba a unos 20 kilómetros, pero los húngaros habían ocupado una franja de territorio, empujando la frontera hasta el río Drava. Si cruzaba el río, estaría en Hungría.

Unos niños jugaban a romper el hielo que había en la ribera entre gritos y risas. Volví a adentrarme en la ciudad y pregunté a un transeúnte dónde estaba la oficina de empleo. Me subí al tranvía que llevaba al centro de la ciudad y en pocos minutos me ofrecieron trabajo en la funeraria de Zupanijska Ulica. No era un empleo demasiado alegre, pero sí bastante fiable dadas las circunstancias.

Lo siguiente era encontrar alojamiento —y ponerle un tacón nuevo mi zapato, pues se me había roto durante el viaje en tren—. Había un zapatero llamado Bariaktar, en la misma calle de la funeraria y aproveché la ocasión para preguntarle si conocía a alguien que alquilara una habitación. El viejo zapatero me dijo que volviera en un par de horas y que a lo mejor encontraba algo para mí.

Cuando regresé me dijo que había hablado con su mujer y me podían ofrecer una habitación. Así pues, me instalé inmediatamente en el pequeño dormitorio que había en la parte trasera de su taller.

El Sr. Bariaktar cantaba todas las noches en un coro, de modo que la Sra. Bariaktar, que era húngara, estaba encantada de tener compañía femenina y más si podía hablar un poco en su lengua materna.

Desde el primer momento nos llevamos de maravilla y mi nuevo alojamiento me permitió conocer mejor a los habitantes de Osijek, pues todo el mundo necesitaba cupones para comprar zapatos y el Sr. Bariaktar conocía prácticamente a toda la ciudad.

La Sra. Bariaktar también fue una valiosa fuente de información para mi viaje a Budapest. Según ella, era muy sencillo: lo mejor era no ir. Cualquiera que quisiera cruzar la frontera desde Osijek tenía que llevar al menos un año viviendo en la ciudad. Es más, los trenes eran poco fiables y sufrían muchos ataques aéreos de los aliados. Ella no había vuelto a su ciudad natal desde el comienzo de la guerra, de modo que ¿para qué quería arriesgarme?

Escuché su consejo y seguí con mi triste empleo en la funeraria registrando los nombres de los difuntos, enseñando su cadáver a los familiares y ayudando en la organización de los funerales.

Por las noches, después de que el Sr. Bariaktar terminara de cantar, los dos me llevaban a locales de la ciudad donde tocaban músicos húngaros. Había un hotel en Zupanijska Ulica donde íbamos muy a menudo, y allí coincidíamos con algunos elementos de dudosa reputación de la ciudad, entre ellos un famoso jugador de caballos, a quien todos conocían como Giner. Cojeaba de la pierna izquierda por una herida de guerra, según él, aunque la mayoría decía que era de una paliza. Se sentaba pavoneándose en una de las mesas del local y cada vez que aparecía con el Sr. y la Sra. Bariaktar me miraba y me sonreía.

En cuanto nos sentábamos a una mesa aparecía un camarero con una bandeja de pasteles que describía con mucha floritura. Luego decía:

—Estos vienen de parte de Giner. —Y en ese mismo instante Giner alzaba su copa y me sonreía. A mí me hacía mucha gracia y disfrutaba de los pasteles, pero no tenía ninguna intención de dar pie a sus evidentes acercamientos. Ya tenía bastantes problemas como para buscarme más.

Durante el día salía a pasear bastante por la ciudad y veía los trenes salir de la estación hacia el norte. Siempre iban llenos a rebosar y revisaban los documentos de todos los pasajeros antes de dejarles subir. Vi a muchas personas dando media vuelta por no tener los papeles en regla. Aparentemente, los guardas de la Ustasha y cada vez más agentes de la Gestapo se fijaban mucho en todo aquel que pretendiera entrar en Hungría.

La paciencia de Hitler con el regente húngaro, el almirante Horthy, estaba llegando a su fin, e incluso se rumoreaba que Hungría estaba negociando un acuerdo de paz con Inglaterra y Estados Unidos -lo cual sería una traición intolerable para Berlín—. Además, para acrecentar las sospechas de los guardias que vigilaban los trenes que cruzaban la frontera, Budapest se había granjeado fama de ser una ciudad relativamente segura para los judíos. Antes de 1939 la población judía de Budapest rondaba las 200.000 personas y aunque el gobierno de Horthy aprobó una ley antisemita por exigencia de sus aliados germanos, había habido poca brutalidad física en comparación con otros países. Así pues a principios de la década de 1940 muchos judíos de países europeos vecinos se dirigieron a Budapest como alternativa «menos mala» y con la esperanza de esperar al término de la guerra allí, relativamente a salvo junto a una importante comunidad judía y bajo un gobierno menos virulento.

Pero se equivocaban, pues el terror les alcanzó igual que golpeó a millones de personas. Sin embargo, al contemplar a las multitudes subiéndose al tren en Osijek, tampoco yo podía imaginar el horror que estaba a punto de devorarlos.

De todas formas, el estado de las relaciones entre Budapest y Berlín me traía sin cuidado. A mí sólo me preocupaba cómo llegar a la capital húngara, y a Julius. Salir de Zagreb había sido fácil porque sólo era un viaje interior, pero en Osijek comprendí lo difícil que es atravesar una frontera en tiempos de guerra.

Finalmente decidí confiar en el Sr. y en la Sra. Bariaktar.

—Necesito llegar a Budapest; mi prometido está siendo investigado y tengo que ayudarle —dije consciente mientras hablaba de que era la primera vez que me refería a Julius con esas palabras.

La Sra. Bariaktar no parecía sorprendida. Se había estado preguntando por qué una joven de Zagreb —que podía hablar húngaro— había venido hasta Osijek sin motivo aparente. Me avisó de los peligros que me esperaban.

—La guerra acabará algún día y tu prometido volverá. ¿No sería mejor que le esperaras en Zagreb? Así te podría encontrar él —dijo con mucha ternura—. Budapest es muy peligroso.

Sabía que la Sra. Bariaktar tenía razón, pero nadie podía prever cuánto duraría la guerra, y Julius me necesitaba ahora.

El Sr. Bariaktar mencionó cautelosamente que uno de sus clientes, conocido como el Dr. K, ayudaba a la gente a cruzar la frontera, y se ofreció a organizarme una cita con él. Estaba muy ilusionada, pues no imaginaba que pudiera ser tan fácil, y me fui a la cama emocionada ante la idea de viajar por fin y ver a Julius.

Al día siguiente, después del trabajo, el Sr. Bariaktar me dijo que se había puesto en contacto con el Dr. K, y que nos encontraríamos el día después en una cafetería para organizar mi viaje a Hungría.

Elegí cuidadosamente mi ropa, entusiasmada ante la perspectiva de la entrevista. Me puse un abrigo de lana marrón con ribeteado de pelo, zapatos nuevos (cortesía del Sr. Bariaktar), un bolso a juego y un sombrero de fieltro marrón con tres plumas de faisán.

Me miré en el espejo y no pude evitar sonreír al ver a una joven bonita de cabello oscuro y largo, ojos oscuros y una sonrisa cautivadora. ¡Qué lejos de la niña «flaca y feúcha» de la que hablaba mi madre!

Llegué con bastante antelación al café que había junto a la iglesia de San Pedro y San Pablo y me senté a esperar. Al sentir la mirada de los otros clientes, empecé a inquietarme preguntándome si el Dr. K me daría plantón, pero a los pocos minutos se abrió la puerta y con una ráfaga de aire frío entró un caballero corpulento envuelto en un abrigo oscuro, con sombrero y una bufanda cubriéndole gran parte del rostro.

A pesar del atuendo todo el mundo parecía reconocerle, y hubo una especie de saludo murmurado al unísono. Creí oír el nombre de Dr. K, y en cuanto atravesó el umbral de la puerta, asintió con la cabeza saludando al resto de la clientela y tras recorrer el local con la mirada posó sus ojos en mí.

—¿Srta. Czepf? —preguntó.

—Sí —contesté levantándome a trompicones para darle la mano. Se sentó enfrente de mí e hizo un gesto al camarero para que le trajera un café.

—Sé que quiere usted cruzar la frontera —dijo, mirándome fijamente—, y puedo ayudarle, pero es absolutamente fundamental que lo mantenga en secreto. No debe comentárselo a nadie. ¿Lo ha entendido?

Asentí enérgicamente.

—Por supuesto, comprendo. No se lo diré a nadie.

El Dr. K siguió observándome mientras bebía lentamente su café.

—¿Por qué quiere ir a Hungría?

Una vez más le conté mi historia y pareció convencerle. Me dio la dirección de un lugar para que me encontrara con él al día siguiente, nos dimos un apretón de manos y se marchó.

Volví rápidamente a casa, emocionada, y les dije a los Bariaktar que todo estaba arreglado.

—Mañana estaré en Budapest —afirmé.

Después de una noche sin dormir me vestí otra vez con mis mejores galas e hice la maleta. Por fin había llegado el día. Cuando cayera la noche, estaría con Julius.

El Dr. K estaba en el lugar convenido y me saludó con un apretón de manos y una leve sonrisa antes de acompañarme hacia el puente que cruzaba el río. Mi angustia crecía según avanzábamos y me empecé a preguntar qué sería de mí. A los pocos minutos llegamos al puente y el Dr. K se dirigió con paso confiado a una garita de madera llena de guardias fronterizos croatas.

Yo caminaba a su estela viendo su abrigo pesado ondeando como una capa.

Una vez en la garita el Dr. K se encargó de hablar. Yo me quedé en silencio detrás de él mientras los guardias le escuchaban y me observaban. Después de una breve conversación, dos de ellos se levantaron y me acompañaron afuera. Yo me volví para ver si el Dr. K venía con nosotros, pero la puerta se cerró rápidamente y me quedé sola con los guardias.

—Vamos —dijo uno de ellos, y nos pusimos en camino hacia otra serie de puestos que había al otro lado del puente. Al pasar junto a la alambrada de espino, comprendí que estaba en tierra de nadie, y a tan sólo unos pasos de Hungría.

Los guardias del otro lado del puente me recibieron de forma amable y muy cortés, y mis ánimos volvieron a encenderse. Mientras los croatas esperaban a apenas unos metros, conté mi historia a aquellos soldados húngaros y les dije por qué quería llegar hasta Budapest. Uno de ellos me observó atentamente y luego desapareció en la garita.

—Está hablando con el oficial de mando —me explicó uno de ellos. Lo único que podía hacer era esperar. A mi espalda estaba Croacia, y delante de mí, Hungría, Budapest y Julius. Sólo quería ir en una dirección y cada vez estaba más convencida de que me dejarían cruzar, viendo la amabilidad de los guardias. Por fin, el que había entrado en la garita volvió a salir con gesto decidido y serio.

Miró a sus compañeros, negó con la cabeza y dijo «Nem». Con eso, dio media vuelta y se alejó de nosotros. El resto de guardias húngaros hicieron un gesto de tristeza con la cabeza y me indicaron con los brazos que volviera por donde había venido.

Consternada y con lágrimas en los ojos, cogí mi maleta y empecé a cruzar lentamente el puente. Por unos instantes, me detuve y me quedé observando la alfombra de aguas oscuras del Drava.

Justo entonces vino una ráfaga de viento, me quitó el sombrero y se lo llevó volando hasta el río. Miré hacia abajo y vi las tres plumas de faisán de mi sombrero jugueteando en la superficie del agua antes de hundirse y desaparecer.

Con ellas se iba mi esperanza.

Cuando regresé a Osijek le expliqué al Dr. K que seguía decidida a cruzar la frontera.

—Dudo que lo consiga —respondió—. Si yo no puedo hacer que la cruce, nadie lo hará.

Las lágrimas me escocían los ojos. Tenía que encontrar la manera de llegar a Budapest, de lo contrario mi viaje habría terminado antes de empezar. Pero ¿a quién podía recurrir?

La ayuda llegó de donde menos lo esperaba. Mi padre tenía familia cerca de Osijek y cuando fui a visitarles uno de ellos mencionó que conocía a un guardia fronterizo húngaro que se ocupaba de comprobar documentos de personas que iban y volvían en el día a Hungría.

Quedé en encontrarme con él el miércoles siguiente, mientras estaba de guardia. Me aseguró que no tendría problema para cruzar la frontera, pero quería dinero a cambio. Cuando dijo la suma, me pareció desorbitada.

—Lo siento —dije—, pero no puedo permitírmelo.

Mis ingresos de la funeraria me daban para vivir, pero poco más. El dinero que mi padre me había dado estaba desapareciendo y lo único de valor que tenía era el anillo con el diamante solitario que perteneció a mi madre. El guardia ya lo había visto:

—Pues si no puedes permitírtelo, me valdrá con el anillo que llevas en el dedo.

Le pedí que me dejara pensarlo. La idea de utilizar el anillo de mi madre para pagarle era horrible. Era el último vínculo que me quedaba con ella y aunque ya llevaba ocho años muerta mi infancia en Sisak era lo que me hacía pertenecer a un lugar y era sinónimo de cariño.

Al igual que me ocurrió con el oficial de la Ustasha que ayudó a escapar a la tía Alice, no sabía si podía confiar en aquel guardia. Según decían ya había ayudado a otros y al parecer no había traicionado a nadie.

A los pocos días, volví al despacho del guardia y le comuniqué mi decisión: le daría el anillo a condición de que me llevara hasta Budapest. Accedió al instante y me dijo que me reuniera con él en la estación de ferrocarril de Osijek el jueves siguiente.

La suerte estaba echada

El día acordado preparé dos maletas y volví a despedirme de la Sra. Bariaktar, que me dio un abrazo y me susurró al oído:

—¡Buena suerte! Y hazme saber que estás bien.

Al llegar a la estación me esperaba el guardia fronterizo, que me cogió del brazo y me acompañó por delante de los oficiales que registraban documentos hasta un compartimento de seis asientos. Nos sentamos junto a la ventana, uno enfrente del otro, y después de un retraso que se me hizo interminable, la locomotora escupió una nube de vapor y el tren se puso lentamente en marcha.

Cruzamos el puente sobre el río Drava donde se había perdido mi sombrero, y al llegar al otro lado, el tren se detuvo de nuevo. Aparecieron guardias armados junto a las vías y empezaron a subir al tren y a pedir documentación a los pasajeros. Avanzaban por el pasillo, e iban abriendo la puerta de cada compartimento y pidiendo pasaporte y tarjetas de identificación.

Finalmente, la puerta de nuestro compartimento se abrió con brusquedad y aparecieron dos guardias. Miraron a mi acompañante y a mí y se quedaron mudos unos instantes. De repente, sus serios rostros se convirtieron en una sonrisa y empezaron a charlar con el guardia de Osijek. Se dieron la mano cordialmente, y tras lanzar varias miradas de curiosidad a la joven que acompañaba a su colega, salieron del compartimento sin pedirnos los papeles.

Al poco tiempo, empezaron a cerrar puertas, bajaron del tren y volvimos a ponernos en marcha hacia el norte. Miré por la ventanilla aliviada mientras nos alejábamos de los puestos fronterizos y de los guardias que volvían a sus garitas. Mi acompañante me sonrió y dijo:

—¿Ves? Te dije que todo iría bien.

Esbocé una sonrisa, y pensé: «Aún no estamos allí», pero me permití cierta alegría por haber logrado mi primer objetivo: estaba en Hungría.

Nuestra siguiente parada era la ciudad que siempre conocí como Pechuh pero que en la actualidad se llama Pecs. Estaba a apenas 50 kilómetros de Osijek y en poco tiempo alcanzamos los alrededores de la ciudad. De repente, el guardia se levantó y dijo:

—Te dije que era tu amigo. Ya estás a salvo al otro lado. Ahora te tengo que dejar. —Y estiró el brazo exigiendo el pago convenido.

Estaba desconcertada; no esperaba que me dejara sola tan pronto y sin papeles.

—¿Y yo, qué? —le dije.

—A partir de aquí, estás sola —respondió fríamente con la mano abierta.

Me quité el anillo del dedo y se lo di. El guardia se lo metió en el bolsillo, me dio un beso en la mejilla y se fue.

Muchos pasajeros se bajaron del tren, y otros tantos subieron. En unos instantes el compartimento se llenó. Un tipo pelirrojo vestido de traje ocupó el asiento de enfrente y me miró fijamente antes de volcar su atención en un periódico.

El tren se puso en marcha mientras yo miraba a mi alrededor en el compartimento. Nadie me sostenía la mirada y todos iban en silencio. Contaba con que el guardia se quedaría conmigo hasta Budapest y, sin embargo, allí estaba, otra vez sola.

Esto no era lo que había planeado.

Cuando llegamos a Budapest y me bajé del tren entre una marea de ruido y gente corriendo, me sorprendió la magnitud del lugar, no sólo de la enorme estación, sino de la ciudad en sí. Sisak y Osijek eran diminutas en comparación con ella, y ni siquiera Zagreb me había preparado para las dimensiones de Budapest.

Me sobrecogieron el ruido y el ambiente. Los tranvías circulaban muy rápido por las calles, y todo el mundo parecía ir con prisas y con gesto tenso y lleno de ansiedad. Escaseaban las sonrisas, lo cual no era de extrañar considerando que Hitler, harto del líder húngaro, el almirante Horthy, había tomado las riendas del país. ¿Qué sería de Budapest a partir de ahora?

Pasase lo que pasase en la ciudad, el día que llegué hacía un frío helador, peor aún que en Osijek. Necesitaba encontrar algún sitio cálido donde refugiarme. Cogí las dos maletas que había traído conmigo y me dirigí hacia una cabina de teléfono. Encontré monedas suficientes para hacer una llamada y marqué el teléfono de casa de Julius, esperando escuchar su voz al otro lado del aparato. Pero lo único que oí fue el tono muerto de una línea desconectada. De repente, me invadió el miedo. Ahora que estaba en Budapest y creía que todo sería más fácil Julius había desaparecido. ¿Qué le habría ocurrido?

Empecé a buscar en mi bolso la nota que mi padre me había dado en Zagreb con la dirección del hermano de mi madrastra, cuando de repente me interrumpió la voz de un hombre:

—¿Puedo ayudarla? Parece usted perdida. ¿Está bien?

Sobresaltada vi que era el hombre pelirrojo que viajaba en mi mismo vagón. ¿Me habría estado siguiendo? ¿Por qué se iba a preocupar nadie por mí? Traté de vencer mi absurdo recelo y con toda inocencia, le contesté:

—Han desconectado la línea de mi prometido y el número de mi tío no está en el listín telefónico...

El caballero pelirrojo parecía sinceramente preocupado.

—Vaya, ¿conoce usted la ciudad? ¿Ha estado alguna vez en Budapest?

—No, es la primera vez que vengo. No la conozco en absoluto —contesté mientras le mostraba la dirección de mi tío. La leyó y sonrió.

—¡Vaya suerte! Voy en esa misma dirección. La acompañaré hasta la parada del tranvía. Yo voy dos paradas más allá, así que podemos ir juntos.

Cogió mis maletas y al ver el abrigo que llevaba en el brazo y la cámara Leica, dijo:

—¿A quién le lleva esas cosas?

—A mi prometido, vive en Halmi Utca. Voy a dejar las maletas en casa de mi tío y después se las llevaré.

El caballero pelirrojo dibujó una leve sonrisa y me guió fuera de la estación hasta la calle atestada de gente. Nos unimos a una cola que esperaba el tranvía y estuvimos en silencio hasta que llegó. Me ayudó a subir cortésmente y se sentó a mi lado. El tranvía arrancó y no tardó mucho en detenerse, aún cerca de la estación. Mi acompañante pelirrojo me ayudó a bajar las maletas, señaló una esquina y me dijo que aquella era la calle que estaba buscando. Luego se subió al tranvía y con un ligero gesto con la mano, se volvió a sentar.

Yo en 1942.

Mi tío se alegró mucho al verme.

—Tenemos muy pocas visitas —me dijo mientras me enseñaba el salón de la gran casa, donde estaba sentada su esposa junto al fuego—. Estamos pasando un momento muy difícil... pero nosotros tenemos suerte, la verdad. Muchos han sufrido mucho más.

Su esposa se puso a preparar algunas cosas de comer mientras yo les contaba mi viaje hasta Budapest y les explicaba por qué estaba allí. Se miraron con un gesto de inquietud.

—Éste no es un sitio seguro —dijo mi tío—. Nadie sabe lo que va a pasar. Deberías volver a Zagreb. Vete a casa, Ilona cuidará de ti.

Su respuesta no era lo que esperaba escuchar, pero tampoco quería ofenderles, de modo que no le contesté. Me levanté y dije:

—Tengo que ir a buscar a Julius antes de que se haga de noche.

Ellos volvieron a mirarse y mi tío me preguntó:

—Pero ¿pasarás aquí la noche?

—Sí, sí, por favor, te lo agradecería mucho.

—Debes comer algo antes de salir. No hay prisa. Él seguirá esperándote.

—¿No debería irme ya?

—No, mujer, tienes que comer algo...

Así pues, me quedé algo molesta por la lentitud de la comida entre los platos interminables y las copas de vino que me dejaron la cabeza dando vueltas. Cuando por fin acabamos, les di un abrazo y salí a la calle mientras me deseaban buena suerte en busca de la parada del autobús que me llevaría hasta Halmi Utca, y Julius.

Anduve hasta la parada y me uní a un grupo de personas que esperaban apiñadas para refugiarse del frío. Volví a mirar el pequeño mapa que me había dibujado mi tío con el camino que debía seguir. Mientras esperaba, un hombre se acercó y dijo:

—¡Qué casualidad: nos volvemos a encontrar! —Se quitó el sombrero dejando ver su cabellera pelirroja y comprendí que era el hombre que había subido al tren en Pecs. Me quedé helada. ¿Quién era aquel hombre? Di un paso hacia atrás, intentando perderme entre la gente, pero no tenía escapatoria.

El hombre sonrió:

—No tenga miedo. Quiero ayudarla.

En ese momento llegó el autobús y la piña de gente empezó a avanzar. Me abrí paso hasta delante y logré subir, angustiada por huir de aquel hombre extraño. Parecía que no iba a arrancar y la gente seguía entrando, pero el pelirrojo no estaba entre ellos. Cuando por fin el conductor arrancó y el viejo autobús se puso lentamente en marcha, respiré aliviada y volví la mirada hacia la parte de atrás. Allí sentado cómodamente en uno de los pocos asientos disponibles, estaba el hombre pelirrojo. Me miró, hizo un leve gesto con la cabeza y esbozó una sonrisa.

No estábamos lejos de Halmi Utca y al poco tiempo me bajé del autobús y me encontré en una calle de grandes chalets flanqueada por árboles. Me quedé observando cómo seguían bajando pasajeros, pero no vi a mi insistente acompañante. Por fin, el autobús se puso en marcha y volví a verle sentado en su asiento, todavía mirándome.

Cuando desapareció el autobús bajé la mirada y empecé a caminar lentamente por la calle, con el mapa en la mano y asiendo el abrigo que traía para Julius. La calle estaba en la orilla Buda del Danubio, en una zona bastante residencial cerca del río. Tenía anchas aceras cobijadas por las ramas de los árboles y las casas quedaban algo retiradas de la calzada.

Muchas de ellas tenían verjas a la entrada y era difícil adivinar el número de cada una, de modo que me fui concentrando en todas ellas, una por una. Quizás por ello no oí el ruido de un vehículo acercándose, pero en cuanto me di cuenta de que un coche grande y negro se paraba junto al bordillo de la acera y un hombre vestido de negro se bajaba, comprendí lo que estaba pasando. Se acercó a mí y abriendo la chaqueta para mostrar un arma dijo fríamente:

—¡Documentos!

Por un instante pensé en echar a correr, creyendo que no sería capaz de disparar a una mujer por la espalda y en plena calle, pero el momento pasó. Me alcanzaría y el castigo sería peor.

—No..., no tengo —dije por lo bajo.

—¿Qué hace aquí?

—Vengo a visitar a un amigo...

El hombre agarró el abrigo de Julius y me lo quitó.

—¿De quién es este abrigo? ¡Dámelo!

—¡No! —grité aferrándome a él.

—Queda detenida —dijo y me cogió del abrigo empujándome hacia el coche. Me metió en la parte de atrás, se sentó a mi lado y cerró dando un portazo. Luego dio una orden seca al conductor y el coche se puso en marcha en dirección al Danubio.

La cabeza no paraba de darme vueltas: el guardia fronterizo de Osijek y el pelirrojo del tren debían trabajar juntos. Pero ¿había alguien más metido en esta trama contra mí? Seguramente me habrían estado siguiendo todo el camino.

Conforme avanzaba el coche me invadió la amarga certeza de que me habían traicionado unida al terror que me infundía la cruel expresión del hombre que me acababa de detener.

5

En la actualidad Andrassy Utca es uno de los bulevares más atractivos de Europa. Las guías de viaje lo describen como «Los Campos Elíseos de Budapest» y, por una vez, no se equivocan. Se trata de una avenida arbolada donde las boutiques de marcas internacionales se suceden en la planta baja de sus elegantes edificios, bajo algunas de las viviendas y oficinas más caras de la ciudad. Es una calle que destila grandeza y clase.

Sólo hay un edificio que desentona con una nota discordante: el número 60. La imponente estructura de cuatro pisos construida tradicionalmente en piedra y con grandes ventanales no parecería fuera de lugar de no ser por un extraño voladizo que sobresale del tejado hasta la altura de la calzada con unas letras horadadas, de manera que el sol brilla a través de ellas proyectándolas sobre la fachada del edificio en distintos momentos del día, y dibujando la palabra «terror».

La Casa del Terror es el lugar donde el primer partido nazi húngaro, la Cruz Flechada, estableció su sede entre 1937 y 1944,

(Arriba) Una de las celdas de la Casa del Terror en la actualidad bastante parecida al lugar en el que estuve presa durante dos semanas en 1944. (Abajo) El 60 de Andrassy Utca, la Casa del Terror en la actualidad. Allí me llevaron para interrogarme después de detenerme en la ciudad.

y donde los nazis crearon un centro de interrogatorios al llegar a Budapest. Más tarde se convertiría en el cuartel de la policía secreta del partido comunista cuando les llegó el turno de gobernar.

El sótano del edificio cuidadosamente oculto de la calle es un laberinto de pasillos y celdas —la Lubyanka de Budapest.

Allí me llevaron en marzo de 1944.

Cuando la limusina negra que me recogió de Halmi Utca cruzó el río, me volví para mirar por la ventana trasera una vez más. Las colinas de Buda se elevaban sobre nosotros coronadas por el castillo de la ciudad.

Giramos en Andrassy Utca, el coche aceleró y tras pasar delante de sus majestuosos edificios llegó a la sobrecogedora entrada del número 60. Los dos hombres se bajaron y me escoltaron hasta una puerta de acero, custodiada por otros guardias. Dentro, todo era de un blanco brillante, las paredes, el suelo y el techo. Sonaba música a través de unos altavoces fijados en lo alto de la pared. Me llevaron a una habitación anexa, los guardias desaparecieron, me encerraron con llave y me dejaron sola con la música, que allí sonaba más alta.

Cuando la puerta volvió a abrirse apareció una guardia vestida de uniforme caminando con paso firme y me ordenó que me quitara toda la ropa. Petrificada por el terror, hice lo que me dijo. Me registró hasta las partes íntimas y me ordenó que volviera a vestirme. Luego desapareció y me quedé otra vez sola.

¿Qué iba a ser de mí? Por una parte estaba furiosa conmigo misma por haberme dejado coger tan fácilmente y por otra estaba horrorizada por lo que me esperaba. En aquel momento no conocía la aterradora reputación del número 60 de Andrassy Utca ni podía imaginar la fama que se granjearía en los años siguientes.

Después de lo que me parecieron horas de espera, aparecieron dos guardias y me dijeron que les acompañara. Me llevaron hasta unas escaleras y bajamos al sótano. La música seguía sonando sin cesar, y me condujeron por un pasillo con puertas de acero cerradas hasta que una se abrió y me metieron de un empujón.

La celda tenía una ventana con barrotes y cristal opaco en lo alto del muro. Había una cama individual vestida con la bandera húngara, y cuando me estiré me sorprendió lo cómoda que era. A través de la ventana podía escuchar el tráfico y los pasos de la gente caminando por Andrassy Utca.

La puerta de la celda tenía una pequeña mirilla, y de vez en cuando un guardia la abría y se asomaba para vigilarme. Aparte de eso, no había nada; sólo el sonido de la música.

Empecé a deambular por la celda, preguntándome qué me iba a pasar. Era una mujer de 20 años, y allí estaba a merced de guardias acostumbrados a hacer lo que querían con los presos.

La primera vez que se abrió la puerta, un soldado entró y me dejó una bandeja con una cena sorprendentemente buena y cuando vino a recogerla trajo papel de carta y un bolígrafo, y dijo que podía escribir a quien quisiera y que los guardias lo enviarían por mí.

—¿Qué quieren de mí? ¿Cuándo saldré de aquí? —pregunté pero no hubo respuesta.

Al anochecer las luces seguían encendidas en la celda y el pasillo. La única manera de saber cuándo se hacía de noche era que se oscurecía la luz de la ventana. Cuando pedía ir al baño, me acompañaba un guardia por el pasillo y esperaba fuera.

Me costaba creer lo que estaba ocurriendo. ¿Por qué demonios querían arrestarme? Yo no había hecho nada. Ni siquiera sabía por qué me habían detenido. Estaba asustada y cansada, pero seguía convencida de que todo aquello era un terrible error, y que no tardarían en ponerme en libertad.

Me quedé tumbada en la cama de la celda, repasando lo que había sucedido a lo largo del día. Me daba rabia no haberme dado cuenta de que me estaba metiendo en una trampa. Logré quedarme dormida un rato, pero fue un sueño desasosegado, porque no sabía dónde estaba ni cuánto tiempo me retendrían allí.

A las tres de la madrugada, la puerta volvió a abrirse.

—¡Vamos! —gritó un guardia. Aturdida y adormilada, me levanté y le seguí por el pasillo hasta un ascensor. Subimos cuatro pisos y me llevaron a una sala donde me sentaron delante de dos hombres que me esperaban para entrevistarme.

Miré a uno de ellos y después al otro. Los dos iban elegantemente vestidos y llevaban el pelo bien cortado, uno rubio y otro moreno. El rubio era más joven y algo afeminado, y se había dejado una sombra de bigote en el labio superior, como intentando subrayar su masculinidad, aunque lo que lograba era todo lo contrario.

Empezaron a hacer preguntas:

—¿Quién eres? ¿Por qué estás aquí? ¿Quién te ha enviado? ¿Dónde están tus papeles? ¿Eres una espía? ¿Por qué llevabas una cámara? ¿Sabes lo que les pasa a los espías? ¿Para quién trabaja Koreny? ¿Quién estaba con él cuando le conociste? ¿Qué sabes de sus actividades? ¿Cómo le conociste? ¿Es la primera vez que vienes a Budapest? ¿Qué ibas a hacer al encontrarte con Koreny?

Las preguntas no tenían fin y las formulaban tan rápido que apenas podía entenderlas, por no hablar de dar una respuesta coherente.

De vez en cuando, uno de ellos se levantaba y caminaba por detrás de mi silla mientras disparaba preguntas y su compañero seguía mirándome fijamente. Otras veces se quedaban los dos sentados, o de pie. No paraban de fumar y el aire de la sala estaba recargado de sus amenazas y mi miedo.

Hice lo que cualquier persona inocente haría en esas circunstancias: decir la verdad.

—He venido a ver a mi prometido, nada más —les dije—. Tienen que creerme. Quiere casarse conmigo y le traje su abrigo y su cámara de la embajada de Zagreb. Me voy a quedar en casa de su hermana hasta que todo este asunto se aclare y nos podamos casar.

Mi voz sonaba desesperada, pero no estaba dispuesta a llorar. No les daría esa satisfacción.

—¿Cuando se aclare qué asunto? ¿Sabes lo que ha pasado?

—No, no. Sólo sé que está siendo investigado. No sé nada más.

—¿Cuándo hablaste con él por última vez?

—Hace unas semanas.

—¿Así que no sabes lo que le ha pasado?

—¡Oh, no! —gemí desconsolada—, ¿qué ha pasado?

No contestaron. Momentos después, me escoltaron de vuelta a mi celda.

Y así establecieron un patrón: cada noche entre las tres y las cuatro de la madrugada, abrían la puerta de mi celda y me llevaban al piso de arriba para interrogarme.

A veces eran los mismos hombres, otras venían caras nuevas. Pero las preguntas eran siempre las mismas. Todas giraban en torno a Julius y sus «actividades». Mi cabeza daba vueltas con todas las preguntas, pero no sabía nada. ¿No estarían hablando de nuestras visitas a la pariente judía de Ilona en Vrapce? ¿Por qué les iba a interesar algo que ocurrió en Zagreb? Empecé a pensar que quizás Julius estuviera ayudando a los judíos en Budapest.

—¿Qué te dijo Julius? —me preguntaban una y otra vez.

—No lo sé. Nunca me explicó nada —contestaba yo. Y era la pura verdad.

Después de catorce noches abandonaron. Me dijeron que a la mañana siguiente me mandarían de vuelta a Croacia. Por una parte, sentí un alivio inmenso ante la idea de volver a ser libre, pero por otra estaba desconsolada porque aún no sabía qué le había ocurrido a Julius. Lo primero que me pasó por la cabeza fue cómo regresar a Budapest.

A la mañana siguiente dos oficiales de la policía secreta me metieron en un coche y tras un breve trayecto llegamos a casa de mi tío, donde uno de los oficiales recogió mis maletas mientras yo esperaba en el asiento trasero. No me permitieron ver a mis tíos, pero me sorprendió la amabilidad que mostraban los oficiales con ellos, que después de todo eran judíos. Cuando el coche arrancó y me volví a mirar hacia la casa de mis tíos, un terrible presentimiento empezó a tomar forma en mi mente...

En pocos minutos llegamos a la estación y me metieron en un vagón de tren rumbo a Pecs. Era evidente que a los guardias les gustaba viajar junto a una joven, y conforme se disipaban mis temores acerca de mi seguridad, empezamos a charlar y a compartir unos bocadillos de jamón y unos refrescos. Llegamos a Pecs a la hora de comer y los guardias me invitaron a comer *szekely gylyas*, un plato típico local hecho con cerdo y chucrut. Yo comenté lo bien que sabría una copa de vino con la comida.

—Si te queda dinero húngaro, pediré un poco —se ofreció uno de los guardias. Encontré algo de cambio y pidió una botella de vino blanco para los tres.

Me parecía muy extraño estar allí sentada disfrutando de una comida agradable, cuando aún estaba presa y apenas unas horas después de estar tumbada en una celda en el centro de interrogatorios más famoso de Budapest.

Una vez terminada la comida, los dos guardias me llevaron a la cárcel de Pecs donde pasaría la noche antes de hacer el último tramo del viaje y se despidieron deseándome buena suerte.

—Sí, espero tener algo más de suerte la próxima vez —contesté yo haciéndoles sonreír, y emprendieron el regreso.

Aquella noche no conseguí pegar ojo. Las oscuras paredes de piedra de la cárcel eran aún más terroríficas que las de mi celda en el número 60 de Andrassy Utca, y no podía apartar de mi mente el temor por la vida de Julius. En cuanto empezaba a quedarme dormida, veía su rostro y me desvelaba por completo.

Al día siguiente otros dos guardias me escoltaron hasta el tren a Osijek y me preguntaron cómo me encontraba. Lo único que les pude decir fue:

—Necesito dormir. —Hacia la medianoche, el tren se detuvo cerca de la frontera. En la total oscuridad del campo, sólo podía distinguir tres puntos de luz. De repente, los guardias se pusieron de pie y dijeron:

—Nosotros nos bajamos aquí.

—¿Cómo? —farfullé, presa del pánico—. Pero ¿cómo voy a llegar a Osijek sin papeles? ¿Y qué le voy a decir a la policía croata sobre dónde he estado y lo que hacía allí?

Uno de los guardias se volvió y me dijo fríamente:

—Deberías haberlo pensado antes de cruzar la frontera a Hungría. Entonces no nos pediste consejo, así que no lo hagas ahora. —Y con esas palabras se bajaron del tren y caminaron por el andén hasta desaparecer en la oscuridad.

Me quedé sola en el vagón con mis dos maletas, sin papeles y sin razón para justificar mi presencia en aquel lugar. En ese momento el tren dio un tirón y empezó a avanzar lentamente. La próxima parada sería la frontera.

Cuando ya nos acercábamos a las líneas de alambrada y las garitas de seguridad, tomé una decisión. Cogí mis maletas, esperé a que el tren redujera la velocidad y salté varios cientos de metros antes de la frontera.

Me quité el polvo del suelo, anduve hasta la garita fronteriza más cercana y llamé a la ventana iluminada. La puerta se abrió de pronto, y enfocando su linterna a las vías del tren, salió el guardia que me había acompañado al cruzar la frontera la primera vez. Me reconoció al instante, soltó una carcajada y me invitó a pasar.

—Encontraste a tu prometido, todo está en orden y has decidido volver, ¿verdad?

Estaba furiosa y desaté mi rabia:

—¡Me traicionaste! Sé que me besaste al bajarte del tren para que ese hombre supiera a quién seguir... ¡Judas!

El guardia volvió a reírse.

—¿Quieres café? Eres bastante desagradecida. Yo pongo en peligro mi puesto para ayudarte y así es como me das las gracias...

Aún enfurecida, bebí un sorbito de café y dije:

—No te preocupes, estoy segura de que tu nombre estará en la próxima lista de condecoraciones.

—Mira, fue tu decisión; tendrás que asumir las consecuencias. —Pero notaba que se iba ablandando y me sugirió que me quedara en la garita hasta que pasara el tren que iba directo a Zagreb a las nueve—. Será más fácil si te pierdes entre la multitud —añadió.

Pero estaba claro que se me había acabado la suerte. A la mañana siguiente, cuando me uní a la gente que esperaba el tren a Zagreb, que llegaba media hora tarde, dos guardias croatas se fijaron en que llevaba dos maletas, algo poco habitual, y me pidieron que las abriera.

Dentro de ellas encontraron una muñeca vestida con el traje tradicional húngaro y un poco de páprika rojo —regalos ambos que mi tío había metido en el equipaje sin que yo lo supiera—. Entonces llegaron otros dos guardias y empezaron a hacerme preguntas mientras sus compañeros seguían registrando mi equipaje y ante la mirada inquisitiva del resto de pasajeros que esperaban en el andén.

—¿Dónde compró estos artículos?

—No los compré. Son un regalo de mi tío.

Los guardias me miraron con escepticismo y uno de ellos sugirió que podía trabajar en el mercado negro.

—No, no —les dije y les expliqué la verdad acerca de mi viaje.

—Pasarás dos semanas en la cárcel por cruzar ilegalmente la frontera —dictaminó el guardia que estaba al mando. Dicho eso, volvieron a meter bruscamente todas mis cosas en las maletas y dos guardias me subieron al tren que llevaba a Osijek.

Entramos en Osijek después de atravesar una vez más el río Drava y me llevaron a la cárcel en el casco antiguo, donde me esperaba una celda en el sótano. Hacía un frío helador, de modo que me hice un ovillo en una esquina para mantener el calor. Mi viaje se había convertido en una procesión de celdas. De repente noté que algo me rozaba la pierna y solté un grito. Ratas. Miré a mi alrededor y el suelo no paraba de moverse: estaba infestado. Aterrorizada, pensé con nostalgia en mi celda de Andrassy Utca.

Pasé dos semanas en la cárcel de Osijek, allí otra presa me explicó por qué sonaba música constantemente en las celdas de Budapest:

—Para que no puedas oír las palizas y los gritos.

Los guardas de Osijek no eran tan amenazadores —de hecho parecían casi aburridos—. De vez en cuando, me hacían un interrogatorio desganado acerca de mi viaje ilegal, pero los interrogadores no se metían conmigo de igual forma: sabían que estaban tratando con una jovencita tonta, no con una espía.

Sentada, temblando en mi celda, ahuyentando a las ratas y tratando de mantener el calor desesperadamente, tuve tiempo para pensar. Estaba convencida de que la traición había empezado en el momento en que me puse en contacto con el guardia fronterizo. Las autoridades me habían estado observando a lo largo de todo el trayecto a Budapest para ver con quién me ponía en contacto y entonces me detuvieron. Pero ¿por qué no arrestaron a mi tío también? Al fin y al cabo, él también era judío. ¿Habría tenido algo que ver él en la trama? No, no podía ser.

Habían tramado todo esto para detenerme y averiguar más cosas acerca de Julius, pero ¿por qué? ¿Qué había hecho?

La puerta de la celda se abrió por última vez y fui a recoger mis dos maletas. Mientras caminaba de vuelta a casa de la Sra. Bariaktar, de repente recordé algo que dijo un interrogador en Budapest:

—¿Así que no sabes lo que le ha pasado?

¿Qué querría decir con eso? Sola en plena calle, una pregunta me rondaba la cabeza más que cualquier otra: ¿estaba muerto Julius?

6

Durante la guerra apenas nos alcanzaban las noticias, y en lugares como Osijek, a menudo era difícil distinguir hechos de rumores. Todas las noticias en radio y televisión estaban controladas por los alemanes y la Ustasha, y era ilegal escuchar radioemisiones extranjeras, especialmente de la BBC.

Sin embargo, el 13 de junio de 1944 ya todos sabíamos que los aliados habían invadido Normandía la semana anterior. Los alemanes aseguraban que habían detenido el avance aliado y que les estaban haciendo replegarse hacia el mar, y algunos les creían, pero otros predecían que se acercaba su fin y el término de la guerra.

Yo no estaba segura. ¿Cómo podía saberlo? Para mí como para millones de personas, no parecía haber cambiado nada. Era una de tantas batallas de las que oíamos hablar, y nada hacía pensar que ésta fuera distinta.

Cuando todas las miradas estaban puestas en el norte de Francia, no es de sorprender que pocos prestaran atención ni se interesaran por lo que sucedía en la pequeña localidad croata de Osijek.

Ya habíamos sufrido bombarderos americanos pues la refinería de petróleo de la ciudad era uno de sus objetivos, aunque no de los principales. Los ataques se producían generalmente cuando los bombarderos se veían desbordados por el fuego antiaéreo del Eje en Ploesti, Rumanía, donde estaba la refinería de petróleo más importante de Hitler. Osijek era un buen lugar para descargar las bombas sin utilizar en el camino de vuelta.

Así pues, nosotros esperábamos que más allá de algún ataque sobre la refinería, nos dejaran en paz. Pero no fue así. En junio de 1944 empezaron a reunir soldados alemanes en un cuartel del barrio de Tvrdja, una zona de la ciudad que estaba rodeada de fábricas, con una planta de azúcar y una refinería de petróleo. Para los bombarderos, sería un objetivo evidente.

Yo no frecuentaba demasiado aquella zona, pues el buen tiempo y el río atraían a los mosquitos y pasear por Tvrdja era como abrirse paso a través de una cortina verde de insectos.

El 13 de junio era San Antonio, día festivo entre la población católica de Osijek. También era el santo del líder de la Ustasha, Ante Pavelic. De modo que los bombarderos tenían un objetivo y un día perfecto para atacar.

Después de regresar de Budapest, no tenía otro lugar al que acudir que la casa de los Bariaktar, que habían mantenido mi habitación limpia y ordenada y todas mis pertenencias cuidadosamente guardadas.

Cuando llamé a su puerta el día que me pusieron en libertad, decidí no mencionar mi estancia en la cárcel de la ciudad. Podía contarles lo de Budapest, pero no la vergüenza de Osijek.

—¡Olga! —exclamó la Sra. Bariaktar cuando abrió la puerta y me vio desastrada y desamparada con mis dos maletas—. ¡Entra, entra! —me dijo estrechándome entre sus brazos. La apreté contra mí. Era maravilloso sentir aquel cariño después de toda la hostilidad que había encontrado en Hungría.

Se puso a preparar té y algo de comer mientras me preguntaba acerca de mi aventura. Cuando le dije que me habían delatado y que había estado en la cárcel, parecía conmocionada pero ante todo se alegraba de que hubiera vuelto sana y salva a Osijek.

Me sentía aliviada, pero también fracasada. ¿Qué había logrado? Nada. Si acaso, podía haber empeorado las cosas para Julius. La Sra. Bariaktar me ayudó a deshacer el equipaje mientras hablaba de volver a los locales de música donde solíamos ir, pero yo ya tenía decidido regresar a Budapest para buscar a Julius.

Todavía no se lo podía contar a la Sra. Bariaktar. Primero tenía que planearlo.

Retomé mi antiguo trabajo en la funeraria, y si antes pensaba que era un trabajo triste, no tenía ni idea. El bombardeo del 13 de junio lo cambió todo.

La primera señal del ataque que me alcanzó fue el ruido sordo de las explosiones y los temblores provocados por la onda expansiva. Todo el mundo corrió a refugiarse, las calles quedaron desiertas y poco a poco se cernió sobre nosotros una nube de humo negro. Los bombarderos barrieron una y otra vez la ciudad, instigando la respuesta de los cañones antiaéreos.

A lo lejos se oía los gritos de los supervivientes aterrorizados y el ruido de las sirenas. Me preparé rápidamente y corrí la escasa distancia que había hasta la funeraria por Zupanjiska Ulica. Era el peor bombardeo que había sufrido Osijek. No quería ni pensar la cantidad de gente que habría muerto.

Cuando llegué la funeraria era un caos. Ya habían traído cadáveres y se rumoreaba que había cientos de muertos. «No pueden ser tantos», pensé, «no puede ser».

La realidad era todavía peor. Unas 1.300 personas murieron en el bombardeo, y debido al calor del verano, las familias querían enterrar a sus fallecidos en menos de veinticuatro horas.

Era sobrecogedor ver cómo traían familias enteras muertas, entre ellas muchos niños. Parecían ilesos, como si estuvieran dormidos.

Las bombas habían dejado intacta gran parte de la zona industrial y en su lugar habían caído en barrios densamente poblados de la ciudad. No habían dejado casi nada en pie, y a cada instante se descubrían más cadáveres.

Pero tampoco teníamos tiempo para emociones. Todas las funerarias se quedaron sin ataúdes al poco tiempo, y tuvimos que recurrir a carpinteros y comerciantes para que fabricaran cajas improvisadas mientras oficiábamos funerales ininterrumpidamente. Trabajé día y noche, y me ocupé de familias que habían perdido a sus seres queridos, grabando nombres en cruces improvisadas para marcar las tumbas, y organizando qué fallecido debía ir a cada cementerio. No había tiempo para el papeleo habitual y, como es de imaginar, se produjeron errores.

Muchas familias se encontraron con que sus muertos habían sido enterrados en cementerios de otra religión y querían que se les volviera a dar sepultura. No tardaban en quejarse de mi error y un cura católico hasta me acusó de negligencia. Llevaba más de veinticuatro horas trabajando sin parar ayudando a todas aquellas familias, y el instinto me pedía que le respondiera: «¿Dónde estabas cuando te necesitábamos?». Pero me quedé en silencio, demasiado cansada y triste para discutir.

Aquel bombardeo fue la gota que colmó el vaso para mí. ¿Qué estaba haciendo en Osijek cuando mi plan original había fracasado de manera tan catastrófica? Sólo había ido para cruzar la frontera, y sabía que ya no podía arriesgarme a tomar la misma ruta.

Tenía que haber otra forma, pero para ello debía volver a Zagreb y en junio de 1944 era necesario tener los documentos en regla y una autorización oficial incluso para viajar dentro del país. Así pues, solicité los papeles, y en julio tenía todo listo.

Con mucha tristeza me despedí otra vez de los Bariaktar y de todos mis amigos de Osijek y cogí un tren a casa. En principio parecía un viaje bastante sencillo de poco más de cuatro horas pero al final tardé días.

Al poco tiempo de dejar Osijek, los cañones antiaéreos que llevábamos en vagones descubiertos en la parte delantera y trasera del tren empezaron a disparar contra un avión aliado que se disponía a atacar.

—¡Rápido, salgan! —gritaron los guardias. Abrimos las puertas y saltamos. Yo ayudé a bajar a una mujer, cruzamos las vías, nos metimos entre unos matorrales y nos escondimos en una zanja. A los pocos instantes sentimos que los aviones nos sobrevolaban y que disparaban a bocajarro contra los vagones del tren.

Me pegué todo lo que pude al suelo cubriéndome la cabeza, bajo el ruido ensordecedor de las ametralladoras y de las explosiones. A mi alrededor había gente llorando y rezando entre murmullos. Algunas bombas cayeron tan cerca que salpicaron un aluvión de barro sobre nuestro escondite. Cuando por fin se retiró el avión, se hizo un silencio sepulcral hasta que pasó un guardia y nos dijo que no había peligro. Nos pusimos en pie y volvimos lentamente hacia el tren. No había sufrido daños demasiado serios, aunque tenía bastantes ventanas destrozadas por los disparos, pero las bombas habían alcanzado las vías y sería imposible seguir el trayecto.

No podíamos hacer otra cosa que esperar en el tren a que repararan las vías. Charlamos y dormitamos durante horas, hasta que finalmente se puso en marcha. Volvíamos a estar en camino,

Julius en Zagreb antes de ser detenido.

pero no por mucho tiempo, porque poco después nos topamos con otro tramo de la vía que había sido bombardeado y tuvimos que parar hasta que se reparara.

Entonces empezó a correr el rumor de que había partisanos planeando una emboscada más adelante, de modo que nos volvieron a hacer bajar del tren y nos quedamos sentados entre el campo y los arbustos, esperando durante horas hasta que nos dijeron que no había peligro.

Por suerte llevaba comida, pero el resto de pasajeros no tenía nada. Compartí mis raciones de salami, pan y queso con ellos. Finalmente, después de pasar toda la noche en el tren, llegamos a la estación central de Zagreb.

Exhausta, hambrienta y sucia, miré alrededor en aquella estación que ya me era tan familiar, me dirigí a una cabina de teléfono y marqué el número de la casa de mi padre. Su voz sonaba fría y desganada. Se había enterado de mi detención a través de mi tío en Budapest.

—No puedes venir aquí —me dijo—. Sería demasiado riesgo para Ilona.

Me quedé herida y consternada. A pesar de todas nuestras discusiones, nunca imaginé que mi padre pudiera darme la espalda de aquella forma. Zagreb era mi ciudad, pero ya no tenía hogar en ella. Miré de nuevo alrededor y al ver a toda aquella gente apresurándose hacia sus casas me sentí tremendamente sola y perdida.

Volví a coger el teléfono y llamé a Marta, la amiga que estaba conmigo el día que conocí a Julius en el club húngaro. Su respuesta fue muy distinta a la de mi padre, se alegró mucho de que hubiera vuelto y me invitó a ir a su casa.

Su madre se quedó horrorizada al conocer la reacción de mi padre y le llamó por teléfono para decirle que no se estaba comportando como un padre y que debía ayudarme. A partir de entonces, se convirtieron en enemigos acérrimos.

Me dieron una pequeña habitación junto a la cocina que antes ocupaba la doncella. Aquella primera noche en Zagreb comprendí que ante los ojos de muchas personas, yo lo había perdido todo: mi trabajo, mi familia y mi hogar. Y lo que era peor, tampoco había encontrado a Julius y ni siquiera sabía qué le había ocurrido.

Pero yo no lo veía así. Estaba más decidida que nunca a reunirme con el hombre al que amaba. Después de todo lo que había pasado, no tenía nada que perder, y sí mucho que ganar.

7

Sobre las vías muertas de la estación Radnicka Cesta de Zagreb los trenes esperaban durante días hasta que llenaban de gente sus largas hileras de vagones de ganado. Se dirigían al Reich cargadas de pasajeros que viajaban al norte en busca de trabajo.

En julio de 1944 Alemania necesitaba desesperadamente mano de obra para seguir en la guerra. Aparte de los prisioneros de guerra y los presos de sus campos de concentración, pedían «voluntarios» de sus países aliados.

Zagreb era uno de esos lugares donde esperaban reclutarlos para contribuir al bien común de Alemania. Quienes acudían a su llamada lo hacían por razones muy diversas: por dinero, por huir, por tener un trabajo regular, incluso pensando en los beneficios que sacarían si Alemania ganaba la guerra. Dudo que nadie se embarcara en aquel viaje por la misma razón que yo: el amor.

Un día de julio estaba observando uno de los trenes que esperaba en una vía muerta en Radnicka Cesta, y le pregunté a una chica que se estaba subiendo al vagón con una maleta adónde se dirigía.

—A Viena —respondió.

—¿Qué hay que hacer para presentarse voluntario?

—Tienes que tener documentos de identificación, evidentemente, y ser mayor de 21 años. Si no tienes la edad, vale con una autorización de tus padres —dijo con una sonrisa antes de desaparecer en la oscuridad del vagón para buscar asiento.

—¿Cuándo salís? —le pregunté.

—Mañana —respondió ella desde la penumbra.

Viena era un destino perfecto. El tren me cruzaría la frontera al Reich sin correr el riesgo de ser detenida y una vez en Viena sería un viaje relativamente fácil de 240 kilómetros hasta Budapest.

Pero la vida no es tan sencilla. No tenía papeles y había descartado la idea de pedirle una autorización a mi padre —no me ayudaría de ninguna manera—. Pero ¿registrarían tan a fondo los documentos los alemanes? Lo único que les preocupaba era volver a Alemania con una cantidad determinada de voluntarios. Yo no tenía ningún deseo de apoyar a la causa germana, pero sí quería ver a Julius.

Aquella noche hice una maleta y dejé el resto de mis cosas en casa de Marta. Por la mañana temprano me fui a Radnicka Cesta y empecé a buscar entre las vías y los vagones de ganado para elegir uno en el que subirme. Descarté los primeros y los últimos vagones porque estaban demasiado expuestos, y me fui hacia los del medio, pensando que si se ponían a registrar documentos se acabarían aburriendo y para cuando llegaran a mi vagón los mirarían por encima.

Lancé mi maleta dentro y me subí. Alguien me tendió la mano para ayudarme y en unos instantes estaba dentro del vagón, tratando de adaptar mis ojos a la oscuridad. Estaba prácticamente lleno. Después de unas cuantas disculpas y sonrisas, encontré un lugar donde sentarme, junto a una chica morena de ojos marrones que llevaba un turbante. Ella evitó mi mirada y pensé que quizás tampoco debía tener documentos. Había algo extraño en ella. Era un día caluroso de verano y la temperatura en el vagón era bastante insoportable, así que me pregunté por qué llevaba un turbante.

Nos estudiamos la una a la otra de reojo y en silencio. Cuanto más la observaba más convencida estaba de que era judía. Pero era imposible: aunque fuera morena y pareciera judía, ¿por qué demonios iba a presentarse voluntaria para trabajar en el Tercer Reich?

Nadie más en el vagón nos prestaba atención. De repente la sorprendí mirándome y le dije muy suavemente:

—Sé que eres judía: mi madrastra también lo es y conozco a muchos judíos.

Se quedó helada, con todo el cuerpo rígido, pero seguía apartando su mirada.

—Si lo eres, no te preocupes. No te delataré. —Al oír estas palabras se relajó y me miró.

—¿Lo prometes?

—Lo prometo.

Se llamaba Hermina pero en todos sus documentos figuraba como Herta, así que decidí ceñirme a ese nombre. Entre susurros y tratando de evitar que nadie nos oyera, me contó su historia.

Herta tenía sólo 22 años, apenas era mayor que yo, pero había pasado una temporada con los partisanos de Tito, tendiendo emboscadas a las tropas alemanas y al ejército croata. En un enfrentamiento, un médico de las SS había caído gravemente herido y sus compañeros le dejaron atrás al batirse en retirada.

Cuando los partisanos abandonaron el lugar, Herta se hizo cargo del médico, que decía llamarse Karl, y le cuidó hasta que estuvo recuperado. Era austríaco, de Viena, y había caído herido en el frente ruso quedando parcialmente ciego. Sin saber que Herta era judía, le dijo que por haberle salvado la vida, si alguna vez necesitaba ayuda no tenía más que pedírsela.

Habían quedado en que iría a buscarla a la estación de Viena para llevarla a la embajada de Croacia. Gracias a sus influencias, era probable que le consiguiera un buen trabajo.

—¿No es muy peligroso? —le pregunté, sorprendida al ver el riesgo al que se exponía una chica judía.

—¿Hay algo que no lo sea en los tiempos que corren? —contestó ella, con una leve sonrisa—. Mírame —dijo señalando su turbante—. He tenido fiebre tifoidea y he perdido todo el pelo. Por eso tengo que llevar esto. —Levantó el borde de la tela y vi que el pelo estaba volviendo a crecerle, pero comprendí que llamaría demasiado la atención si se lo quitaba.

Cuando por fin el tren se puso lentamente en marcha y salió de Radnicka en dirección al norte de Austria, nos pusimos a charlar, aliviadas por haber encontrado una compañera de viaje. Apenas hay 370 kilómetros entre Zagreb y Viena, pero el viaje fue tan tortuoso como el de Osijek a la capital. El tren se paraba cada dos por tres, los guardias saltaban a las vías y corrían junto a los vagones, dando golpes y gritando:

—¡Ataque aéreo: abajo todo el mundo! —Y todos saltábamos y corríamos en busca de refugio cerca de las vías hasta que pasaran los bombarderos.

Las vías muertas y las estaciones eran objetivos seguros para los bombarderos, y un tren avanzando en dirección al Reich era una diana demasiado atractiva para las fuerzas aliadas. Cuando no atacaban con bombas, lo hacían con aviones de combate que se lanzaban sobre el tren y lo acribillaban con sus ametralladoras. Nuestro tren llevaba cañones antiaéreos, pero no sé hasta qué punto conseguían contrarrestar sus embates. Escondidas en el campo junto a las vías, Herta y yo escuchábamos los disparos y las explosiones y nos preguntábamos cómo habíamos llegado hasta allí y por qué nos habíamos embarcado en un viaje tan peligroso.

De vez en cuando, mirábamos hacia arriba y veíamos bombarderos sobrevolándonos lentamente a través de las nubes de algodón, mientras los aviones de combate revoloteaban como flechas alrededor de ellos y se turnaban para lanzarse sobre nosotros en una constante lluvia de disparos.

Lo que más nos retrasaba eran las vías dañadas, y estábamos todos tan cansados de correr en busca de refugio que por la noche algunas veces preferimos quedarnos tumbados en el suelo de los vagones y esperar que los aviones pasaran sin vernos.

Después de un día y una noche enteros viajando, nos detuvimos en la frontera austríaca, que estaba a algo más de 50 kilómetros de nuestra primera parada, Graz. Me asomé a mirar entre los paneles de madera del vagón y vi una hilera de soldados junto a las vías, iluminados por la luz del amanecer. Me atravesó un escalofrío de miedo, estaba convencida de que me iban a descubrir. No tenía papeles ni autorización para estar allí. Pero ¿qué podía hacer?

Me volví a sentar y Herta me cogió de la mano y sonrió. Ninguna de las dos debíamos estar allí, pero ella corría mucho más peligro que yo. Nos quedamos sentadas en un extremo del vagón, escuchando los gritos de los guardias afuera, a apenas unos metros de nosotras. De repente, la puerta del vagón se abrió y apareció un oficial alemán alto junto a dos soldados, todos ellos armados.

El oficial gritó varias palabras en alemán. Todos le miramos aturdidos —yo hablaba alemán, pero no estaba dispuesta a responder y llamar su atención.

Repitió lo que había dicho, esta vez sin gritar tanto, pero no obtuvo contestación. Se volvió a sus soldados, les habló con tono duro y entonces escuché la palabra *Schnell!* y uno de ellos se subió al vagón.

«Ya está», pensé, «nos va a pedir los papeles», pero el soldado no dijo nada. Simplemente nos contó, escribió el número en un pedazo de papel y se lo entregó al oficial. Luego volvió a bajarse del tren y el otro soldado agarró la pesada puerta del vagón y la cerró.

Todos los que estábamos en el vagón suspiramos aliviados, sobre todo Herta y yo. No podíamos creer que fuera tan fácil, pero supongo que los alemanes estaban tan faltos de mano de obra que no les importaba demasiado quién fuera. Y sus soldados no tenían gratificación alguna por evitar que un trabajador entrara al Reich.

Así, entre los gritos de los alemanes, los vagones del tren empezaron a traquetear y nos pusimos nuevamente en marcha. Estábamos en Austria, parte de la Alemania Nazi. Bienvenida al Tercer Reich, pensé.

Austria era un lugar peligroso. En marzo de 1938 la gente había recibido la anexión al Tercer Reich de Hitler con desaforado entusiasmo. El antisemitismo estaba muy extendido y ya había habido ataques contra la comunidad judía antes de que llegaran los nazis. Por todo el mundo circulaban fotografías de judíos austríacos de rodillas siendo obligados a fregar la calle y más de medio millar de judíos se quitaron la vida solamente en Viena.

Todo aquello quedaba muy lejos de la Viena que tanto admiraba en mi niñez. Entonces, soñaba con viajar hasta allí e ir a escuchar un concierto de Johan Strauss en Stadtpark en verano o recorrer los pasillos del precioso palacio de Schonbrunn, la antigua residencia de la familia Habsburgo.

Cuando por fin llegué a la ciudad, las circunstancias habían cambiado bastante. Había gastado parte del poco dinero que tenía comprando pescado ahumado cuando paramos en Graz, pero me había sentado mal, de modo que cuando entramos en la Estación Norte estaba indispuesta, hambrienta y exhausta. Nada que ver con mi visita soñada.

Bajamos del vagón con nuestras humildes pertenencias, nos dirigimos hacia los andenes y allí estaba el médico de las SS a quien salvó Herta, esperándola. Fue tremendamente extraño ver a un hombre de su posición abrazando a una mujer judía y desbordando alegría por volver a verla.

Herta nos presentó y el médico nos llevó rápidamente hacia su coche y nos condujo hasta la embajada croata en Annagasse, mientras el resto de pasajeros de nuestro tren se unía a las colas de gente esperando a ser transportadas a su lugar de trabajo.

Una vez en la embajada, un sacerdote croata nos dijo que tenía trabajo para las dos en Horniphon, una fábrica de radios en un pueblo situado a las afueras de Viena llamado Modling. Así pues, nos despedimos del médico y nos pusimos en marcha en el coche del sacerdote hacia al suroeste, en dirección a Baden.

Cuando ya habíamos salido del centro de la ciudad y circulábamos por una carretera más amplia y larga, miré hacia atrás y me quedé petrificada de miedo al ver que nos seguía la policía. Me volví hacia delante y mi mente se inundó de recuerdos de todo lo que me había pasado en Budapest. ¿Me habrían vuelto a delatar?

Herta iba hablando relajadamente con el sacerdote, sin darse cuenta de que nos seguían y de que estábamos acelerando. Me arriesgué a mirar hacia atrás otra vez para ver si la policía había desaparecido, pero ahí seguía, cada vez más cerca, hasta que finalmente aceleró y nos adelantó.

Al ponerse a nuestra altura el policía al volante hizo un gesto al sacerdote para que se echara a un lado de la carretera. De repente se hizo el silencio en el coche, y nos envolvió una atmósfera de terror. El sacerdote agarró el volante firmemente cuando vio que el policía se bajaba del coche patrulla y se acercaba a nosotros.

—¿Dónde van? —preguntó el agente con brusquedad.

—Llevo a estas dos chicas a la fábrica Horniphon en Modling, van a trabajar allí —respondió el sacerdote con nerviosismo.

—¿Sabe por qué le he hecho parar?

—No, no lo sé.

—Iba usted demasiado deprisa —dijo el agente, y dibujó una amplia sonrisa mirándonos a Herta y a mí—. Hay límites de velocidad. Trate de respetarlos.

Los tres sonreímos y asentimos con la cabeza enérgicamente.

—¡Por supuesto, agente, por supuesto! Disculpe —dijo el sacerdote.

El agente nos volvió a mirar uno por uno e hizo un gesto para que siguiéramos.

—*Heil Hitler* —dijo.

8

Debo confesar que cuando me subí al tren en Zagreb no me había detenido a pensar dónde acabaría. Todo cuanto sabía era que íbamos a Viena, una ciudad hermosa y elegante llena de parques, música y *schnitzel* (escalope vienés).

Mis sueños se esfumaron en cuanto nos detuvimos a la entrada del campo de trabajo voluntario de Neue Erlaa, cerca de Baden. Era un complejo inmenso con tramos de alambrada de espino e hileras de barracones que se perdían a lo lejos.

«Esto no puede ser donde nos vamos a alojar», pensé, «no, seguro que esperaremos aquí hasta que vayamos a otro mejor». En ese preciso instante, como si hubiera leído mi mente, el sacerdote apagó el motor y se bajó. Abrió el maletero para sacar nuestras maletas y las dejó en el suelo.

—Aquí os dejo —dijo—. Si vais a la oficina os mostrarán vuestro alojamiento. Buena suerte.

Y con eso nos estrechó la mano, volvió a subirse al coche, encendió el motor y desapareció. Herta y yo cogimos nuestro equipaje y entramos en el campo, desoladas. Lo llevaban funcionarios alemanes del departamento de trabajo del Reich y tenían las oficinas a la entrada, junto a un pequeño centro médico.

Un poco más adelante estaban las cocinas, donde se preparaba una comida tan repugnante que aún no he sido capaz de olvidar el sabor. Nos enviaron a un barracón dividido en habitaciones, cada una de las cuales tenía cuatro literas de tres camas, de manera que dormíamos doce chicas hacinadas en un espacio mínimo.

Como llegamos al mediodía, nos dieron pan, margarina y un poco de mermelada. Eran las raciones del almuerzo que se daba a todos los trabajadores el sábado, pero más nos valía comérnoslas, porque la cena que servían en el comedor era incomestible. Comprendimos lo mala que era cuando nos unimos a la cola y vimos las caóticas mesas del lugar cubiertas de platos con la comida sin tocar, abandonados por el turno anterior.

Eran tiempos de guerra: todo estaba racionado, nadie dejaba la comida. Pero Neue Erlaa era otra cosa, y no tardé en saber por qué. Fue llegar al frente de la cola y ver aquellas patatas hervidas cubiertas de salsa, y me entraron náuseas.

Herta y yo cogimos nuestros platos y nos sentamos en una de las mesas abarrotadas de personas. No sabíamos si reír o llorar.

—Esto no era lo que esperaba para mi primera comida en Viena —dije. Ninguna de las dos expresó nada más. Tendríamos que ir a otra parte para comer decentemente en Austria.

Como éramos recién llegadas, no tardaron en acercársenos los muchos comerciantes del mercado negro del campo. Compramos varios cupones bastante caros para conseguir carne, pan y mantequilla, pero no había restaurantes ni cafeterías cerca, de modo que tendríamos que esperar hasta llegar a Viena.

Nuestra oportunidad se presentó el lunes siguiente, cuando dos chicas yugoslavas se ofrecieron a enseñarnos los lugares de interés turístico de la capital austríaca. Nos vestimos con nuestras mejores galas —al fin y al cabo, se trataba de Viena— y yo me puse los zapatos de cocodrilo y el bolso a juego que aún llevaba conmigo. Íbamos demasiado elegantes para el campo, pero perfectas para recorrer la ciudad, y con un poco dinero y los cupones que acabábamos de comprar, estábamos decididas a pasárnoslo bien.

Las yugoslavas nos dijeron que el Prater era el mejor lugar, pues tenía una noria, locales con música y hasta un restaurante croata. Un pequeño tren conectaba la estación que había cerca del campo con el centro de Viena, de modo que nos fuimos a esperar en el andén, rebosantes de ilusión. El trabajo en la fábrica empezaba a la mañana siguiente, pero nos quedaba todo el día por delante, y enteramente para nosotras. Por fin llegó un pequeño tren eléctrico, completamente pintado de azul salvo un vagón más claro que llevaba un cartel que decía «Ausslanders» (Extranjeros). No había asientos libres, de modo que tuvimos que ir de pie durante 25 minutos mientras pasábamos por Siebenhirten y otras paradas hasta llegar al centro de la ciudad.

Herta y yo decidimos que en el futuro iríamos en los otros vagones, porque hablábamos algo de alemán y daríamos el pego.

—¿Por qué han de tratarnos como a ciudadanos de segunda? —dije yo, olvidando por un momento que Herta era judía y que la molestia de tener que viajar de pie era absolutamente irrelevante comparada con el sufrimiento de su gente.

Las dos chicas yugoslavas nos llevaron a un buen restaurante cerca de la Ópera, y allí Herta y yo disfrutamos de nuestra primera comida caliente y comestible desde que llegamos a Austria. Luego paseamos por las calles de la ciudad y paramos a tomar café y un trozo de tarta. Era todo un capricho pero, obviando los daños causados por las bombas, por fin logré ver la Viena de mis sueños, chic y elegante, con todos los majestuosos edificios del imperio Habsburgo presidiendo sus anchas calles.

Paseamos por Stadtpark y observamos fascinadas el palacio de Schonbrunn, que por obra de algún milagro había salido intacto de los bombardeos. Por un momento logré olvidar la guerra y por qué estaba allí.

Pero no duró mucho. El día siguiente trajo un crudo despertar. Los guardias del campo nos levantaron temprano para empezar nuestro primer día de trabajo y hubo una estampida de mujeres intentando abrirse paso hasta los pocos grifos de agua fría que debían servirnos a todas.

Herta y yo no logramos ni acercarnos. Estaba claro que tendríamos que ser más rápidas si queríamos lavarnos por la mañana y decidimos que al día siguiente estaríamos al frente de la avalancha.

Después de un breve desayuno nos apresuramos a la estación y cogimos el tren a Modling, que estaba al borde de los bosques de Viena. La fábrica Horniphon era un edificio amarillo de dos pisos, con las oficinas en la planta baja y la cadena de producción en la primera planta. Allí trabajábamos cuarenta empleadas enroscando cables de distintos colores en circuitos que después se utilizaban para fabricar torpedos.

El primer día Herta y yo nos presentamos en la oficina principal y cuando vieron que ambas hablábamos algo de alemán nos dieron labores de traducción además de nuestro trabajo normal. No hacía falta traducir mucho, sino básicamente transmitir instrucciones sobre el trabajo a las otras chicas y de vez en cuando actuar como intermediarias cuando se desataba la guerra entre las dos cocineras de la fábrica —una serbia y la otra croata.

El primer indicio de que se avecinaba una tormenta entre ellas era que alzaban la voz, luego pasaban a los gritos y finalmente oíamos estruendo de cacharros. En ese momento iba corriendo al comedor, animada por las compañeras, y me encontraba a las dos cocineras encendidas, la una frente a la otra, cada una con una olla de sopa ardiendo en las manos, a punto de echársela encima la una a la otra. Mi trabajo era hablar con ellas y calmarlas hasta que volvieran a su trabajo. Era crucial, no sólo porque no queríamos que acabaran abrasándose con la sopa hirviendo, sino porque si no eran capaces de trabajar juntas, el resto no comíamos.

A pesar de las tensiones en la cocina la comida era sorprendentemente buena, siempre había raciones generosas de carne en los guisos, y mantenían su zona de trabajo impoluta.

Según pasaban las semanas, mis habilidades como pacificadora dejaron de ser tan necesarias pues se dieron cuenta de que podían llevarse bien, pero ambas mostraban un cariño especial por mí, su diplomática de la cocina.

Ahora bien estos pequeños dramas domésticos no eran nada vistos dentro del drama que nos rodeaba a todas: la guerra. La fábrica era cómoda y agradable, pero estaba situada en plena vía de aproximación de los bombarderos aliados hacia Viena. En cuanto un avión aparecía sobre la zona de la frontera de Karnten, al oeste, rumbo a Steiermark, las sirenas de Baden empezaban a sonar, seguidas de las de Modling y finalmente las de toda Viena.

En días soleados, salíamos de la fábrica y atravesábamos el camino para meternos en los bosques, y allí permanecíamos escuchando y vigilando por si aparecían aviones desde el oeste. En cuanto los detectaban, saltaba el fuego de los cañones antiaéreos y veíamos cómo explosionaban los proyectiles en el aire. A mí me impresionaban ver cómo muchos aviones seguían su vuelo aparentemente ajenos a las explosiones a su alrededor. Parecían tan frágiles que no podía comprender cómo se mantenían en el aire, pero lo hacían.

Los aliados perdían efectivos en cada embate, pero siempre lograban pasar suficientes bombarderos para causar daños y tragedias humanas que nos afectaban a todos.

Unas veces teníamos tiempo para alcanzar Baden, donde habían construido el mejor refugio antiaéreo en la falda de una colina. Cuando las sirenas sonaban, cientos de personas se hacinaban en aquel espacio y se quedaban escuchando las canciones patrióticas alemanas que sonaban a través de unos altavoces para acallar el ruido del fuego y de las explosiones.

Nuestra zona casi nunca era atacada —la fábrica Horniphon era pequeña y no parecía atraer a los aliados—. Gran parte de las bombas cayeron en un distrito bajo donde había una refinería de petróleo, y aunque otra fábrica cerca del campamento también era objetivo habitual, nunca llegaron a alcanzarla. Ahora bien, las casas de alrededor acabaron destruidas, de modo que no tuvimos la oportunidad de conocer a los vecinos.

Cuando sonaban las sirenas salíamos del campo e íbamos a los refugios de la ciudad vecina, pero saltaban tan a menudo que llegó un momento en que Herta y yo dejamos de tener prisa.

—Vuestra holgazanería os llevará a la tumba si no tenéis cuidado —nos decía con gesto serio el vigilante del refugio.

Sus palabras podían hacerse realidad en cualquier momento. Un día sonaron las sirenas, salimos del campamento lentamente —como ya era costumbre— hacia el mejor refugio del pueblo, y nos encontramos que estaban cerrando la puerta.

—Lo siento, chicas, no hay más sitio —nos dijo el vigilante.

Podíamos oír a los bombarderos acercándose. Habíamos llegado tarde.

Yo luciendo un sombrero hecho por mi madrastra Ilona.

—¡Por favor! —le supliqué—. Están aquí. ¡Por favor, déjenos pasar!

La puerta se cerró en nuestras narices. Herta y yo nos miramos y en ese mismo instante aparecieron los primeros bombarderos y empezaron a disparar los cañones antiaéreos.

Con el ruido de un avión tras otro sobrevolando nuestras cabezas, corrimos calle abajo hacia el único refugio más que había. Cuando ya empezaban a caer las primeras bombas nos logramos colar por la entrada y nos pusimos a salvo mientras las tremendas explosiones hacían temblar el suelo.

Aquél fue un bombardeo especialmente duro y tardamos muchas horas en oír aliviados la señal de que había pasado el peligro. Al salir, nos encontramos las calles de la ciudad llenas de gente llorando. Se oían gritos de mujer que venían de nuestra misma calle y Herta y yo nos acercamos a una multitud que se había reunido cerca del refugio en el que no nos habían dejado entrar.

No había quedado nada, sólo un inmenso cráter lleno de escombros. La bomba le había alcanzado directamente y habían muerto todos. Un hombre que estaba a mi lado me dijo que cuando estalló la bomba había 200 personas en su interior.

Herta y yo nos quedamos conmocionadas. Habíamos estado a punto de estar entre ellos, pero nuestra holgazanería, en lugar de costarnos la vida, nos había salvado. ¿Tendríamos la misma suerte la próxima vez?

Cada fin de semana nos permitíamos el lujo de ir al Prater para olvidar las penurias del campo y de nuestro trabajo. Era un gran parque público, el equivalente vienés del Bois de Boulogne en París, situado en el distrito de Leopoldstadt. Las calles de la zona estaban llenas de cafés, tiendas y bares y a menudo paseábamos por la avenida principal, la Hauptallee, entre altísimos castaños. Después de la guerra, esta zona —y su noria— se hicieron famosas porque allí se rodó la película *El Tercer Hombre*, adaptación de la novela de Graham Greene.

A pesar de nuestras escapadas de fin de semana, la dureza de la vida en el campo empezaba a pasarnos factura tanto a Herta como a mí. Yo tenía problemas de estómago a menudo y el médico local me dio cupones extra para conseguir mejores alimentos. Evidentemente, los compartía con Herta y se convirtieron en el pilar de nuestras excursiones al Prater, pero mi salud no dejaba de empeorar hasta que finalmente me diagnosticaron anemia y me enviaron al hospital.

Aquello era maravilloso, como si me hubieran dado habitación en un hotel. Hasta me di un baño caliente, un lujo inaudito en el campo, pero no me quedé demasiado tiempo y tuve que volver a la rutina deprimente del trabajo.

Empezaba a estar inquieta; al fin y al cabo, el único motivo por el que estaba allí era para llegar a Budapest y buscar a Julius. Hice unas cuantas averiguaciones sobre los trenes de Viena a Budapest, pero sabía que no sería fácil viajar sin documentos y con el recuerdo de mi primera experiencia en la capital húngara aún reciente no estaba dispuesta a repetirla.

Escribí a mi padre y a Marta en Zagreb, pero ninguno de los dos contestó. Tampoco obtuve respuesta alguna de Shary, la hermana de Julius, en Budapest.

Empezaba a sentirme sola y abandonada: aparte de Herta, el resto del mundo parecía haberse olvidado de mi existencia. Pero Julius —de seguir vivo— estaría desesperado por saber de mí. Tenía que salir de allí.

Entonces, para empeorar mi situación, al volver del trabajo un día, encontré que mi maleta, que estaba guardada debajo de nuestra litera, había desaparecido. Lo denuncié a la policía local pero no dieron con ninguna pista. Supongo que sus contenidos desaparecieron rápidamente en el ágil tejido del mercado negro del campo. Afortunadamente, el día del robo hacía tanto frío que llevaba puesto el abrigo de piel de Coypu, de lo contrario también lo habría perdido. Mi otro abrigo y todos mis zapatos, aparte de los que tenía puestos, habían desaparecido.

Era imposible conseguir cupones para comprar zapatos nuevos (todo el cuero se utilizaba para fabricar botas para el ejército), y los que había en el mercado negro eran tremendamente caros y a menudo de otra talla. Mis zapatos no tardaron en desgastarse y acabé con los pies envueltos en trapos, como otras muchas otras chicas del campo. Parecía la humillación definitiva, una señal explícita de nuestra desesperación.

Sin embargo, había algo que mitigaba la monotonía y la pesadez de los días de trabajo: los amores en el campo. Otra chica yugoslava llamada María no lograba que sus padres le dejaran casarse con el hombre al que amaba por considerar que no era suficientemente bueno para ella, y había venido a Viena para huir de su familia y con la esperanza de que su amado la siguiera. Cuando el chico vino al campo a buscarla fue una enorme ilusión para todas. Personalmente, lo viví como un momento algo agridulce: me entristecía pensar en lo que tendría que hacer para dar con Julius, pero al mismo tiempo me animaba ver a aquella joven pareja tan feliz. Quizás fuéramos Julius y yo dentro de poco tiempo...

La pareja fijó la boda un domingo y eligieron un hotel cerca del Prater para pasar la luna de miel. Todo el mundo estaba muy ilusionado e hicimos una colecta para hacerles un regalo de boda. Al no tener a su familia ni a sus amigos más íntimos cerca, María nos invitó a varias compañeras a la ceremonia, lo cual nos encantó y nos pusimos a buscar ropa decente para estar presentables para la ocasión.

Mientras rebuscaba entre las pocas pertenencias que conservaba, llegó una carta de la policía, citándome en la comisaría el domingo de la boda a las 11 de la mañana para prestar declaración sobre el robo de mi maleta. No tenía elección. Lamentablemente, tuve que decirle a María que no podría ir a su boda, ni tampoco iría Herta, que había prometido acompañarme a la comisaría.

Aquel domingo por la mañana nos subimos al tren, y en cuanto llegamos a la comisaría de policía empezaron a sonar las sirenas antiaéreas.

—¡Otra vez no! —dijo el policía, que claramente sólo quería tomarse una declaración rápida para deshacerse de nosotras cuanto antes.

—Por favor, déjennos quedarnos aquí durante el ataque —rogué a un agente—. No sabemos dónde está el refugio.

El policía no parecía demasiado dispuesto a ayudarnos, pero entonces apareció su superior y nos llevó a todos a un búnker que había debajo de las celdas. Aun estando tan abajo podíamos sentir cada temblor de la tierra por el impacto de las bombas.

Era poco habitual que los aliados bombardearan un domingo; si seguían haciéndolo se acabarían nuestras escapadas de fin de semana al Prater y pondrían fin al único día de la semana en que nos sentíamos seguras.

No dieron aviso de que había pasado el peligro hasta las dos de la tarde. Los policías nos ofrecieron una taza de café *ersatz* —hecho de trigo tostado—, me tomaron declaración sobre el robo y nos mandaron a casa. Al llegar a la estación nos encontramos con un cartel improvisado indicando que no circulaban trenes en dirección a nuestro campamento debido a los daños que habían sufrido las vías durante el bombardeo.

Los taxis y los vehículos privados se habían convertido en un lujo para el ciudadano dada la escasez de combustible, de modo que no teníamos otra opción que ponernos a caminar. No sabíamos exactamente cuántos kilómetros había hasta el campamento, pero para no desgastar demasiado mi último par de zapatos, decidí quitármelos y andar descalza.

Cuando empezó a anochecer aún estábamos lejos del campo, pero no nos quedaba otra que seguir caminando. Al poco rato, la oscuridad se cernió sobre nosotras y con ella un cielo inmenso despejado de estrellas. Aquella noche de silencio inquietante no nos cruzamos con un alma.

Caminábamos embrujadas por la belleza de la oscuridad, apenas iluminadas por la luz de la luna y las estrellas y envueltas en la profunda paz de la quietud que nos rodeaba. Parecíamos completamente alejadas de la vorágine de los bombardeos y las escalofriantes cifras de muertos: como si la noche hubiera venido a llevarse todo lo que nos había hecho el día.

A las cuatro de la mañana divisamos por fin el perfil de nuestro campo en la oscuridad. Cuando llegamos, los vigilantes nos recibieron con una cruda reprimenda:

—¿Dónde habéis estado todo este tiempo?

Les explicamos que habíamos tenido que venir andando por el bombardeo y para demostrárselo les enseñé mis pies, que estaban ensangrentados y llenos de llagas. Uno de los vigilantes me preparó un barreño con agua caliente y desinfectante pero las heridas me garantizaron dos días de baja del trabajo.

Cuando volví a estar en condiciones, todas esperábamos expectantes el regreso de los recién casados, que habían tenido un par de días de permiso para disfrutar de su luna de miel en el hotel. Al ver que no llegaban, asumimos entre risillas que se lo habían pasado tan bien que estaban rompiendo las reglas y prorrogando unos días la luna de miel.

Tres días más tarde me llamaron a la oficina para traducir. Las noticias no podían ser peores, y debía decírselo a las otras chicas. Los recién casados estaban en el hotel cuando los aliados bombardearon Viena el día de su boda, y se habían refugiado en el sótano con el resto de huéspedes y los empleados, con la esperanza de que los aviones pasaran de largo.

Pero aquel día el Prater era uno de los objetivos aliados, y una de las bombas cayó directamente sobre el hotel, enterrándoles bajo los escombros.

Su vida de casados duró menos de una hora.

9

Mi suerte se había acabado. Cuando el guardia empezó a sacar nombres de una caja y los iba leyendo en voz alta, supe que el mío sería uno de ellos. Y no tuve que esperar más que a la primera tanda de nombres y escuché:

—¡Olga Czepf!

Di un paso adelante y caminé hasta el otro extremo del barracón. Era una de las elegidas.

Los alemanes querían «voluntarios» para cavar trincheras anti tanque en la frontera austro-húngara, cerca de la localidad austríaca de Gols y la húngara de Sopron. A finales de 1944 las tornas de la guerra se habían vuelto contra Alemania y todos sabíamos cómo acabaría, aunque no cuándo.

El Ejército Rojo ruso, que nos infundía verdadero pavor por todos los rumores que nos habían llegado sobre su brutalidad, avanzaba rápidamente hacia Budapest y los alemanes temían que una vez la ciudad cayera en sus manos, el camino hacia el oeste y Austria quedaría completamente abierto para los rusos.

Querían reforzar las defensas fronterizas, necesitaban «voluntarios» para ayudar y me acababan de presentar voluntaria. Las elegidas recogimos nuestras pocas pertenencias y nos despedimos de quienes se quedaban en el campo. Para mí lo más difícil fue decir adiós a Herta, pues se había convertido en una gran amiga. Nos abrazamos entre palabras susurradas de ánimo y finalmente nos separamos y nos miramos por última vez.

Los enviados a la frontera a menudo iban bastante desanimados, y yo no era una excepción, pero en cuanto miré el mapa, cambié de idea. Gols estaba en la ruta más importante que unía Viena y Budapest, a tan sólo unos kilómetros de la frontera. Del mismo modo que había llegado a la capital austríaca por cortesía de los alemanes, ellos me facilitarían llegar a la frontera de Hungría. Una vez allí, dependería de mí misma.

Evidentemente, era una locura, pues las fronteras estaban muy vigiladas y viajar al sur hacia Budapest era meterse directamente en el camino del ejército soviético —el ojo del huracán.

¿Qué otra cosa podía hacer? Julius estaba en Budapest y no podía abandonarle. Había llegado hasta aquí: después de casi doce meses desde que me propuso el matrimonio mi amor por él no había hecho más que crecer. No estaría tranquila hasta saber si estaba vivo o muerto —y si seguía con vida, si aún sentía lo mismo por mí.

Una vez más, nos hicieron subir en vagones de ganado en la estación local y de nuevo el tren estuvo detenido durante horas hasta que se puso en marcha y empezó a avanzar tortuosamente lento. Luego se detuvo. Esperamos y volvimos a arrancar.

Así avanzamos a paso de tortuga hacia Viena y allí cogimos la vía de Gols hacia el sur. Al poco tiempo el tren se volvió a detener bruscamente y oímos guardias corriendo por el tren gritando:

—¡Ataque aéreo! ¡Todo el mundo abajo!

Corrimos al campo y mientras los cañones antiaéreos empezaban su fuego *staccato* observamos la traca de explosiones en el cielo. Esta vez los bombarderos nos ignoraron y fueron directos a Viena para descargar sus proyectiles sobre la ciudad.

«¡Qué mal lo van a pasar!», pensé, sin saber que la ciudad a la que me dirigía, Budapest, iba a sufrir mucho más.

Después de pasar la noche en el tren, nos detuvimos cerca de una granja abandonada y nos ordenaron que bajáramos. No había gente en los edificios ni ninguna casa a la vista, sólo un manto de colinas onduladas. Yo esperaba que fuéramos a una localidad donde pudiera encontrar opciones de atravesar la frontera, pero al mirar a mi alrededor no veía ninguna. Se me cayó el alma a los pies.

Nos mandaron a unos cincuenta a la planta de arriba de uno de los edificios. Allí no había camas ni mantas, sólo montones de paja esparcidos por el suelo, y el frío húmedo de noviembre se dejaba notar a través de las paredes de madera. Como yo era la única que hablaba alemán, mis compañeros me urgieron a que fuera a pedir mantas.

—No hay mantas. Cubríos con vuestros abrigos —fue la cortante respuesta.

En la planta baja había un aseo y tres grifos para todos nosotros. Pusieron guardias armados a la entrada del edificio, dejando claro que ya éramos más prisioneros que «voluntarios», y se podía palpar la tensión en los soldados que nos vigilaban. No estábamos en el frente, pero sabían que en un futuro no muy lejano lo estaríamos.

Nos instalamos lo mejor que pudimos, intentando mantener el calor entre abrigos, paja y calor humano. Las mujeres dormíamos en un lado, y los hombres en el otro. Por la noche las temperaturas bajaron y el viento cortante se metía entre las ranuras de las paredes de madera. Yo no podía dejar de temblar de frío.

Me desperté con el ruido de los guardias gritando y soltando órdenes. Nos pusimos en pie, sin apenas haber dormido, e hicimos cuanto pudimos para lavarnos.

Nos dieron un pan duro y oscuro con un poco de margarina para desayunar, haciéndonos firmar para ello, y prometieron café cuando fuéramos a las trincheras. Cuando por fin nos lo trajeron, estaba frío y amargo.

Nos subimos en camiones y nos acercaron hacia la frontera, pero tuvimos que hacer a pie los últimos cinco kilómetros de camino. Cuando llegamos al lugar, nos dieron una pala a cada uno y nos mandaron a una trinchera medio cavada para empezar a trabajar.

Era un trabajo agotador y desesperante: las trincheras tenían que ser profundas y anchas para poder detener a los tanques. Una vez terminadas, venían ingenieros alemanes y construían trampas anti-tanque de hormigón y hierro. Nosotros sólo éramos los peones.

Después del primer día regresamos al edificio de la granja, cansados y doloridos. Yo me tumbé sobre la paja, completamente exhausta, pero tampoco pude descansar, me picaba todo. Tenía la sensación de que se me movía la piel de la cabeza.

Una de las chicas que dormía a mi lado era una rubia alta y esbelta que casi no hablaba alemán. No había dicho nada desde que llegamos a las trincheras, pero parecía sola y abatida. Noté que me miraba mientras me estaba rascando, de modo que le sonreí y le dije que me picaba la cabeza. Ella sonrió y dijo en un alemán vacilante:

—Son piojos. Te han dejado liendres en la cabeza.

Me quedé horrorizada, pero no había espejos para comprobar si era cierto lo que decía.

—¿De dónde eres? —le pregunté.

—De muy cerca de aquí. Soy húngara.

—¡Pues hablemos en húngaro! —le dije. Su rostro se iluminó ante la idea de poder hablar con alguien en su idioma materno. Me dijo que se llamaba Lenke y aunque iba relativamente arreglada, su ropa estaba hecha jirones. Parecía nerviosa e inquieta, como si algo le preocupara constantemente.

Lenke me ayudó a lavarme el pelo, frotando con fuerza para quitarme los piojos, y mientras lo hacía me confesó que se había presentado voluntaria para venir a las trincheras con la idea de escapar por la frontera y volver a su país.

—Mi padre es oficial del ejército húngaro y vine a trabajar a Alemania con mi madre y mi hermana por miedo a los rusos —dijo—. Nos separaron en el camino y desde entonces no las he vuelto a ver. He estado dos meses buscándolas pero no sé qué ha sido de ellas. Así que lo mejor es volver a casa.

—Pero ¿cómo, Lenke? ¿Cómo vas a llegar a tu casa?

—Tengo una tía en Gyor, está bastante cerca de aquí, al otro lado de la frontera. Si puedo cruzar ilegalmente iré adonde ella está y estaré a salvo.

Me volví y fijé la mirada en sus ojos azul claro. ¿Podía confiar en ella? Parecía demasiada casualidad que las dos hubiéramos venido con la misma intención, atravesar la frontera, pero no era imposible.

—¿Qué? —me dijo—. ¿Por qué me miras así?

De repente, se volvió a poner nerviosa, quizás temiendo que la delatara. Yo le pedí que se sentara, y con al cabello aún mojado, le conté mi historia.

Después de explicárselo, me sentí inmensamente aliviada de haber encontrado a alguien en quien confiar y que además quería cruzar la frontera como yo. Ya no estaba sola.

Le hablé de Julius y de mi larga búsqueda de su rastro, con una mezcla de emoción ante la idea de volver a verle y de desesperación ante la posibilidad de que ya estuviera muerto.

Lenke sonrió y me cogió de la mano.

—Volverás a encontrarle. Lo sé.

Una mañana gris de lunes los guardias nos despertaron al amanecer para empezar la procesión hacia las trincheras. Después de lavarnos a toda prisa, unos cincuenta de nosotros nos alineamos delante de las cabañas. Llevábamos puesto todo cuanto podíamos para intentar combatir el frío.

Al son de un grito de mando, la fila de peones se puso en marcha detrás de los dos soldados alemanes que nos llevaban hasta el campamento. Caminaban delante de nosotros, con las armas cruzadas a la espalda.

Mientras caminábamos, empezaron a cantar:

> Vor der Kaserne
> Vor dem großen Tor
> Stand eine Laterne*.

Los inquietantes primeros versos de *Lili Marleen* se habían convertido en un compañero inseparable en nuestras marchas hacia las trincheras y durante el trabajo. Poco a poco se iban uniendo voces hasta que todos cantábamos y el sonido crecía conforme avanzábamos lentamente por el paisaje silencioso.

---

* *Frente al cuartel,*
delante del portón,
había una farola.

Los guardias apenas se volvían a mirar. Éramos «voluntarios», no prisioneros. ¿Por qué íbamos a escapar? En cualquier caso, nos dirigíamos hacia donde estaba el Ejército Rojo, y nadie querría lanzarse en brazos de los rusos.

Según avanzaba el grupo, Lenke y yo empezamos a descolgarnos hacia el final de la fila. Estábamos rodeados de verdes campos y setos, y de vez en cuando pasábamos junto a pequeñas arboledas o tramos de matorrales. En el horizonte empezaba a levantarse un sol pálido y con él crecía nuestra emoción. No cabía duda: había llegado el momento.

Llegamos a un punto en el que nuestro camino se curvaba ligeramente y nos impedía ver la parte delantera del grupo, y lo que era más importante, la de los guardias. Lenke y yo nos descolgamos un poco más, hasta que ya había un buen trecho entre la cola del grupo y nosotras. Nos miramos rápidamente, asentimos, y saltamos del camino a unos arbustos y nos enterramos entre la maleza.

Contuvimos la respiración, convencidas de que no tardaríamos en oír los gritos de nuestros compañeros llamándonos y veríamos a los guardias volviendo a buscarnos enfurecidos. Nada. Sólo se oía el ruido de pasos cada vez más lejanos sobre el polvoriento camino, hasta que quedamos completamente solas.

Cuando por fin salimos de nuestro escondite, lo primero que vimos fue un interminable camino vacío que se extendía a lo lejos a través de las colinas. No había ni un alma a la vista y lo único que se oía era el cantar de algún pajarillo.

Me volví a Lenke con gesto confundido, ya que no tenía la menor idea de cómo llegar hasta la frontera. ¿Serían aquellos campos que vislumbraba a lo lejos Hungría? Lenke me sonrió.

—No te preocupes. Conozco el camino.

Anduvimos campo a través hasta que dimos con otro camino y lo seguimos en dirección sur, atravesando un hermoso paisaje salpicado de viñedos. En cuanto veíamos alguna vid con uvas, las cogíamos y nos las comíamos. No se veía ni un alma. Me acordaba del paseo de vuelta al campo con Herta, después del terrible bombardeo sobre Viena. Pero en esta ocasión el sol brillaba de lo lindo y este rincón del mundo parecía pacífico.

Entonces pensé en Julius. Cada paso que daba me acercaba a él, pero ¿qué ocurriría cuando le encontrara? Sólo el tiempo lo diría.

De repente Lenke soltó un grito y señaló unas casas a lo lejos.

—¿Dónde estamos? —pregunté yo.

—Esos edificios están cerca de la frontera. Estoy segura. Ese pueblo debe de ser Sopron —añadió sin estar completamente convencida. Lo fuera o no, ya no había vuelta atrás, así que seguimos caminando. De repente, Lenke me agarró del brazo.

—¡Mira! —exclamó mientras señalaba a una roca pintada de blanco junto al camino. Se puso a dar saltos—. ¡Ya estamos! ¡Esta es la señal de la frontera! —Me acerqué a mirar la roca con atención y vi que por un lado había una enorme D de Deutschland pintada y el otro estaba señalado como Hungría—. Una vez pasemos esta roca, estamos en tierra de nadie. Esa garita de ahí marca donde empieza Hungría —dijo Lenke, señalando una estructura de madera a unos 150 metros de nosotras. Me pareció que era demasiado terreno para ser tierra de nadie, pero pasamos el límite que marcaba la roca y avanzamos por el camino flanqueado por alambrada de espino y trincheras.

De repente oímos que alguien gritaba a nuestra espalda:

—*Halte!*

Las dos nos dimos la vuelta y vimos a dos soldados alemanes corriendo hacia nosotras con las armas en ristre.

—¿Qué estáis haciendo? ¡Volved aquí!

Nos quedamos paralizadas. No serían capaces de disparar a dos chicas, ¿no? Lenke se santiguó y las dos alzamos los brazos en señal de rendición, mientras murmurábamos «Dios nos asista». Entonces, cuando vimos que los soldados alemanes dejaban de correr, nos dimos la vuelta y corrimos a toda velocidad hacia la garita.

—Halte! Halte!

Aterrorizada y esperando a que en cualquier momento sonara el chasquido agudo del rifle y pusiera fin a mi vida, oía la respiración angustiada de Lenke mientras corríamos al borde de nuestras fuerzas.

—¡Sigue, sigue! —exclamó ella.

Me forcé a correr aún más deprisa, hasta que sólo oía mi propia respiración y la sangre golpeando mis oídos.

Pero ni un sólo disparo.

Cada vez estábamos más cerca de la garita de la frontera húngara, pero parecía que nunca fuéramos a alcanzarla. Cuando creía que ya estábamos allí, era como si la garita se alejase un poco más. Ya no oía los gritos de los soldados, quizás fueran sus fuertes pisadas persiguiéndonos, pero no me atrevía a mirar...

Ya estábamos casi a la altura de la garita y sin apenas respiración, y creíamos que en cualquier momento saldrían soldados húngaros, pero no aparecía nadie. De hecho, lo único que se oía dentro del puesto era gente cantando. No lo podía creer: «¡Aquí estamos, corriendo para salvar nuestra vida y vosotros ahí cantando!».

Aporreamos la puerta, pero las voces profundas del interior seguían a lo suyo. Entonces, con una voz dulce y clara, Lenke empezó a cantar a mi lado, la misma tonada húngara que se oía dentro de la garita.

Me armé de valor y miré hacia atrás. Los dos soldados alemanes se habían detenido a medio camino y contemplaban la extraordinaria escena.

De repente, cesó el sonido de las voces en el interior y Lenke se quedó sola cantando. Dos rostros se asomaron por la ventana de la garita e inmediatamente oímos el ruido de cerrojos y un guardia abrió la puerta. Nos miró asombrado mientras la voz de Lenke se apagaba lentamente hasta callar, y en su rostro se dibujó una enorme sonrisa.

—¡Señorita Lenke! ¿Qué hace usted por esta parte del mundo?

—¡Andras! —dijo ella fascinada y colmada de alegría—. Por favor, ayúdanos... nos persiguen los alemanes.

Andras miró hacia los guardias alemanes, abrió la puerta de la garita y dijo:

—Entrad.

Nos metimos agradecidas y nos agazapamos al calor de la garita mientras los alemanes se acercaban a la puerta. Observamos a través de la ventana cómo Andras hablaba con ellos. A los pocos instantes, volvió a entrar y dijo

—Les he dicho que sois nuestras hermanas y dicen que os podéis quedar en Hungría.

Lenke me presentó y me explicó que Andras había servido con su padre en el ejército húngaro, y que eran buenos amigos. Nos asomamos por la ventana y vimos a los dos soldados alemanes volviendo hacia el otro lado de la frontera.

Lo habíamos conseguido.

10

Cruzar la frontera era una cosa, pero lo que nos esperaba al otro lado era algo muy distinto.

Lenke y yo éramos dos jóvenes apenas conscientes del devenir de la guerra. Todo cuanto habíamos oído eran noticias de grandes victorias y de valiente resistencia. Desde que dejamos Viena no habíamos visto prácticamente ningún bombardero aliado y la guerra parecía más lejos que nunca.

Pero en realidad, nunca había estado más cerca. El Ejército Rojo había barrido todo el sureste del país y los soldados rusos se encontraban a las puertas meridionales de la misma Budapest. Los alemanes estaban enviando refuerzos y lo poco que quedaba del ejército húngaro estaba siendo enviado a la capital en un intento desesperado de defenderse de la amenaza roja.

Budapest estaba a punto de convertirse en un frente de batalla, escenario de algunos de los peores enfrentamientos callejeros de la Segunda Guerra Mundial. Y sin embargo, ¿qué hacía yo?, ir directamente hacia allí.

La población civil de Budapest no fue evacuada en ningún momento y más de 38.000 personas murieron durante la guerra, pero ¿cómo iba yo a saberlo? Todo cuanto sabía era que Julius estaba en Budapest y que tenía que llegar hasta él. Por alguna razón —quizás cegada por el amor— creía que mientras estuviéramos juntos todo iría bien.

Aquel día a principios de diciembre de 1944 sentada en la garita de la frontera húngara, simplemente sentía un enorme júbilo por volver a estar en el país.

Los soldados nos dieron algo de comida y vino, pero insistieron en que nos pusiéramos en camino lo antes posible, ya que la zona estaba plagada de soldados alemanes pidiendo documentos y cada vez más nerviosos ante la batalla que se avecinaba.

Nos subieron a un camión de provisiones y le dijeron al conductor que nos acercara todo lo que pudiera a Gyor, la ciudad donde vivía la tía de Lenke y que estaba a poco más de 100 kilómetros de Budapest. El viaje se hizo desesperantemente lento, incluso para aquella época. La carretera estaba llena de refugiados de Budapest que huían hacia el oeste y columnas de soldados con artillería yendo hacia la capital para salir al paso del Ejército Rojo.

Cada dos por tres teníamos que detenernos y dejar pasar a los vehículos militares. Lenke y yo contemplábamos a los refugiados que huían hacia el oeste en silencio cargados con sus pertenencias, y el gesto nervioso de los jóvenes soldados que marchaban hacia el este.

—¿Cuántos de ellos morirán? —le pregunté a Lenke.

—Demasiados...

Entonces el motor del camión rugía y nos volvíamos a poner en marcha pero al rato nos deteníamos otra vez. Tampoco teníamos alternativa. Ir a pie supondría exponernos al riesgo de que nos interrogaran los alemanes como a todos los civiles que iban hacia el oeste, y además, sólo los soldados iban en nuestra dirección.

Cuando por fin empezó a diluirse la aglomeración de tropas y avanzábamos mejor, nuestro conductor paró el camión y nos dijo que él se quedaba allí. Así pues, nos bajamos y empezamos a caminar.

En cuanto veíamos camiones de civiles o del ejército húngaro agitábamos los brazos hasta que paraban y les rogábamos que nos llevaran. Al atardecer, llamábamos a la puerta de cualquier casa cerca de la carretera y pedíamos que nos dejaran pasar la noche allí.

El hecho de que nunca nos dijeran que no habla mucho de la hospitalidad del pueblo húngaro. Es más, además del alojamiento, nos ofrecían comida gratis.

A menudo la ayuda llegaba de donde menos lo esperábamos. Todo el mundo estaba inquieto y nos preguntaban si sabíamos algo:

—¿Viene el Ejército Rojo?

—¿Nos matarán a todos?

—¿Piensan los alemanes que todavía pueden ganar?

Nosotras no teníamos respuesta a sus preguntas pero según avanzábamos hacia el este fuimos encontrando cada vez más miedo y desconsuelo en la gente; algunos habían perdido toda esperanza. Para agravar el pesimismo y la sensación de derrota, el clima era más duro. Cada día traía más nubes, temperaturas más gélidas y chaparrones de lluvia o de nieve. No era buen momento para viajar.

Tras cuatro días de camino, apenas habíamos avanzado 80 kilómetros, pero por fin llegamos a Gyor. Cuál sería nuestra desilusión cuando fuimos a la dirección de la tía de Lenke y nos encontramos que la casa estaba vacía. Los vecinos habían desaparecido también. Es probable que en los caminos abarrotados hacia Austria nos hubiéramos cruzado con la tía de Lenke entre los miles de refugiados que huían al oeste.

Lenke estaba muy abatida. No sabía qué había sido de su madre ni de su hermana, y ahora había perdido también a su tía.

—¿Dónde está destinado tu padre? —le pregunté.

—Está en Veszprem, con el ejército —dijo. Veszprem estaba a unos 60 kilómetros de Gyor y no me cogía de camino a Budapest, pero tampoco podía abandonarla.

Retomamos la marcha y empezamos a parar a todos los vehículos que pasaban pidiendo que nos llevaran, pero cuanto más avanzábamos hacia el sur, más insistían en que diéramos media vuelta.

—Vienen los rusos, están intentando rodear Budapest —decían.

Sus palabras infundían urgencia a nuestro viaje: Lenke quería encontrar a su padre antes de que entrara en combate con los rusos y yo necesitaba llegar a Budapest antes de que la ciudad fuera asediada. Sabíamos que el ejército ruso estaba al sur y al este de Budapest, pero nadie parecía saber dónde exactamente. Corrían muchos rumores, y la mayoría sugerían que nos estábamos metiendo directamente en su territorio.

—Dad media vuelta, chicas. No vayáis hacia allá —nos dijo una mujer, y a continuación nos ofreció una detallada descripción de lo que nos ocurriría si caíamos en manos rusas. Tanto rumor y tanta advertencia acabaron haciendo efecto en nosotras, y cuando veíamos un vehículo militar acercándose nos invadía el terror: ¿serían los rusos?

Por suerte, logramos llegar a Veszprem sin problemas, y aunque la tensión se podía cortar con cuchillo y había tropas por todas partes, todo estaba en silencio, como si la cubriera un velo atroz de expectación. De camino nos habíamos cruzado con muchos vecinos de la ciudad huyendo hacia el norte mientras podían.

Lenke y yo nos despedimos. Ella fue en busca de su padre, cuya unidad estaba destacada en las afueras de la ciudad, mientras que yo me dirigí hacia el centro de Veszprem para coger la carretera principal que llevaba a Budapest.

Por una vez la suerte se alió conmigo y logré que un camión se detuviera. Me subí a la parte de atrás y me hice un hueco entre los montones de productos. El trayecto fue sorprendentemente corto y tras una pequeña colina, volví a ver las aguas del Danubio y la preciosa ciudad de Budapest.

11

Había tardado dos semanas desde la frontera hasta Budapest. Estaba cansada, mojada y congelada. No había dormido en una cama como Dios manda desde que salí del campo cerca de Viena y tenía el cuerpo agarrotado y dolorido de viajar sentada en camiones por carreteras llenas de baches.

Me dejaron en el centro de la ciudad, y en cuanto puse el pie en tierra pensé en llegar lo antes posible a casa de la hermana de Julius, Shary. Julius me había dado su dirección cerca de Vaci Utca, en el centro de Budapest, y cuando diera con ella podría dar por concluida mi búsqueda, porque seguro que Shary sabría dónde estaba su hermano.

Cambié algunos marcos que había ganado en el campo de trabajo por moneda húngara y me dirigí hacia casa de Shary. Era una residencia privada para jóvenes mujeres profesionales, pero el portero me dijo que ella no llegaría hasta después de las cinco, de modo que tenía un buen rato de espera.

Budapest fue toda una revelación en aquellas horas. La ciudad estaba a punto de ser destruida, pero nadie lo hubiera dicho. Mientras paseaba por la calle me cautivó el delicioso olor a pan recién hecho. Vi varias personas a la entrada de la panadería, y aunque no sabía si hacía falta tener cupón de racionamiento, me uní a la cola. A los pocos minutos, salí del establecimiento con cuatro panecillos calientes. ¡Qué lujo! No había visto nada así en Viena, y aquí estaba, a pocos kilómetros del frente, devorando mi pan húngaro recién hecho, feliz.

Por la calle se oía la voz de vendedores de castañas asadas y mazorcas que cocinaban en sus parrillas. Había mucha más vida que en Viena, una atmósfera extrañamente ajena al avance de los rusos, que en poco más de tres semanas rodearon la ciudad y provocaron tal escasez de alimentos que los tiempos de panecillos, castañas y mazorcas de maíz se convirtieron en un sueño.

Evidentemente la gente estaba asustada por las historias que corrían sobre el Ejército Rojo, y muchos hablaban de unirse a la lucha por defender Budapest, pero era difícil creer que nadie lo hiciera en realidad.

El partido nazi húngaro, la Cruz Flechada, había hecho un llamamiento a la población civil para que ayudara a construir defensas en la ciudad, pero la respuesta había sido una indiferencia generalizada. Casi nadie se presentó.

Para la mayoría de los ciudadanos de Budapest la vida seguía su curso, y pocos se molestaron en huir.

Sin embargo, aquella vida era peligrosamente engañosa. Como muchos de los ciudadanos de Budapest, no tardé en empezar a creer que la guerra no estaba cerca, y que no llegaría a golpear a la ciudad. Pero sólo era un espejismo, y cuando se esfumó, dejó tras de sí decenas de miles de personas muertas.

Ahora bien, la población judía no compartía esa errónea ilusión de sus vecinos. A medida que se acercaba el Ejército Rojo, los ataques alemanes y de la Cruz Flechada sobre ellos se fueron intensificando. Miles de judíos se vieron obligados a marcharse a los campos de concentración de Alemania, golpeados y acosados a cada paso del camino. Mientras tanto, las orillas del Danubio se convirtieron en escenario cada vez más habitual de matanzas a manos de las milicias de la Cruz Flechada, especialmente por las noches.

No obstante, a principios de diciembre de 1944, gran parte de Budapest seguía disfrutando de sus últimos días de libertad, ajena en su mayoría a la realidad de lo que ocurría en los alrededores de la ciudad y cruelmente expuesta al terrible destino que se cernía sobre ellos.

Después de desayunar mis panecillos, me puse a pasear por las calles del centro y encontré una sauna, de modo que aproveché para darme un baño caliente y un masaje y para que me peinaran. Cuando volví a salir a la luz del sol de invierno, me sentía una persona distinta.

Los dolores y molestias del viaje habían desaparecido y me sentía llena de optimismo. Al pasar junto a una zapatería, me llamó la atención un par de botas. Estaban hechas de fieltro gris y negro y tenían suela de madera, igual que unas botas que Julius me regaló en Zagreb. Qué lejos parecía todo aquello.

Entré en la tienda, pensando que me dirían que no tenían mi talla o que costaban un dinero que no me podía permitir. Pero a los pocos minutos volví a la calle como orgullosa propietaria de un par de botas nuevas e increíblemente cómodas. Mi transformación era ya absoluta: bañada, peinada y con calzado nuevo.

Encontré un café donde sonaba música húngara en una gramola y entré a tomar una taza de café que me supo excepcional. La música me trasladaba a los tiempos despreocupados en los que Marta y yo bailábamos *csardas* en el club húngaro de Zagreb donde conocí a Julius.

Habían pasado 16 meses desde nuestro encuentro. ¿Quién iba a decir lo que nos depararía el futuro?

Mientras disfrutaba de mi café sorbito a sorbito y reflexionaba sobre todo lo que había pasado, mi optimismo ganó fuerza pensando que ya no tardaría mucho en volver a estar con Julius. Una vez juntos, dejaríamos pasar la guerra y seguiríamos con nuestra vida.

Pero antes tenía que encontrar a Shary. Salí del café y caminé por Vaci Utca, con la arquitectura gótica de sus altos edificios vistiendo la calle con un aire sombrío a pesar del sol de la tarde. Cogí la calle de Shary y me presenté de nuevo en la residencia. El portero me reconoció y me indicó que fuera al primer piso donde, después de llamar a un timbre, me recibió una anciana que me llevó hasta una sala de espera bastante desangelada. Había varias sillas y una mesa de centro baja con revistas desperdigadas.

No había nadie más en la sala, pero en cuanto me senté oí que volvía a sonar el timbre y la anciana regresó con otra mujer. Con voz susurrante, la anciana le dijo:

—Hay otra señorita esperando a la Srta. Shary...

Al entrar en la habitación la mujer me miró con frialdad y se sentó enfrente de mí. Iba bien vestida, cuidadosamente arreglada y llevaba un turbante verde —la última moda en aquella época.

Sin decir una sola palabra, cogió una revista para evitar mi mirada. No sabía quién era yo, pero yo la reconocí de inmediato. Sus rasgos me resultaban muy familiares, era el mismo rostro de la fotografía que vi en un visado diplomático en Zagreb... y que había sido reemplazada por la mía cuando Julius y yo viajamos a Vrapce.

La mujer que estaba sentada enfrente de mí era Giska, su ex mujer.

Al verla me vinieron todos los recuerdos de Julius: los riesgos a los que nos habíamos expuesto juntos, los ratos felices sentados en el café esperando el tren de vuelta a Zagreb, las noches en la ópera, nuestras despedidas cada vez que Julius se iba a Budapest, nuestras conversaciones, nuestras risas.

La sala de espera estaba sumergida en un silencio sepulcral. El reloj de pared marcaba los segundos y las manecillas señalaban las cinco y veinte. Giska seguía mirando con atención su revista, aparentemente decidida a no mirarme, cuando de repente se abrió la puerta y entró una preciosa mujer rubia con los mismos ojos azules que Julius. Iba vestida con un abrigo negro y un cuello de zorro plateado. Giska se levantó con rapidez y la besó en la mejilla.

—Shary —dijo.

—Entra, Giska —respondió fríamente Shary.

Las dos desaparecieron juntas y me quedé otra media hora sola, con la única compañía del tic tac del reloj.

Cuando volvieron a aparecer, se despidieron de manera muy formal, sin ningún gesto de cariño. Supuse que no eran demasiado buenas amigas. Una vez que se fue Giska, Shary se volvió y me miró durante un largo silencio hasta que por fin dijo:

—Venga.

La seguí hasta una pequeña habitación individual en la que sólo había espacio para un sofá cama. Se sentó sin invitarme a que hiciera lo propio.

—Usted debe de ser Olgi, de Yugoslavia —dijo. A Julius le gustaba cómo sonaba mi nombre en húngaro y debió de utilizarlo al hablar a su familia de mí.

—Lo soy —contesté.

—Bueno, pues parece que es mi día de suerte —dijo con un tono empapado de sarcasmo—. Primero viene Giska pidiendo dinero para el hijo de Julius y ahora usted. ¿Qué le trae por aquí? ¿Qué es lo que quiere? No la esperaba.

Entre la dureza de sus palabras y el frío de la habitación no pude evitar ponerme a temblar. De repente, todos aquellos meses de soledad, de esconder la verdad a tantas personas y del miedo constante a que me descubrieran y me detuvieran me sobrepasaron. Y me eché a llorar.

Entre lágrimas me di la vuelta para marcharme, pero Shary me detuvo.

—Espere, hablemos —dijo—. Lo siento, debe usted entender que estamos todos muy disgustados de que Julius esté en la cárcel. Somos una familia muy respetable, nuestra madre está destrozada y cree que si no hubiera ido a Zagreb y no la hubiera conocido, nada de esto hubiera pasado.

¿En la cárcel? Era la primera noticia que escuchaba de que Julius estuviera en prisión. ¿Qué demonios había pasado?

—Giska no para de pedirme dinero para Gabor y mis padres han tenido que vender parte de sus tierras para reunir líquido —continuó Shary apresuradamente y ajena a mi consternación—. La inflación ha alcanzado niveles terribles: los precios suben a una velocidad astronómica a cada minuto. Lo siento, he sido muy descortés, pero he tenido un día horrible en mi trabajo en el banco, y ahora esto. Sé que venía usted a ver a Julius. Recibí su carta desde Viena, pero temía responder y darle ninguna información. No pensé que llegara nunca a Budapest. ¿Cómo lo ha conseguido?

Por fin hizo un gesto para que me sentara mientras empezaba a contarle la historia. Le expliqué todo mi viaje y luego pregunté:

—¿Dónde está Julius?

—Está en la cárcel de Komarom —contestó. Se me cayó el alma a los pies. Komarom estaba a casi 100 kilómetros de Budapest cerca de la frontera checa. Yo esperaba encontrarle en Budapest, y ahora resultaba que ya no estaba allí.

—Nuestro abogado dice que no tienen cargos contra él, pero aun así le tienen retenido —prosiguió.

—¿Por qué le detuvieron?

Me miró sorprendida.

—Esperábamos que usted lo supiera. Nadie nos cuenta nada. Supongo que es cosa de la guerra.

—No tengo ni idea —le dije con toda sinceridad—. ¿Le ha visto alguien?

—He intentado conseguir una autorización para ir a visitarle pero no me dejan. Aparentemente hay que obtener un permiso de un ministro en concreto, y es prácticamente imposible. Al fin y al cabo, los rusos están a punto de llegar y la gente tiene otras cosas de las que preocuparse.

Me miró fijamente.

—Usted es fuerte, ¿lo intentaría? —preguntó.

Por supuesto que lo haría, de lo contrario, ¿para qué había venido a Budapest? Shary continuó algo acelerada:

—Si lo hace puedo darle algo de dinero para ayudarles a los dos. La familia le estaría muy agradecida.

Parecía que me había ganado su simpatía.

—Tengo mucha fe en usted —añadió.

Salí de la residencia al poco rato con un sobre de dinero (que no sabía cuánto valdría al día siguiente), el nombre del ministro y la dirección de su ministerio. Pero, si Shary no había logrado una autorización para visitar a Julius contando con la ayuda de un abogado, ¿qué opciones tenía yo?

En diciembre de 1944 la Cruz Flechada —o partido Nyilas— estaba endureciendo su control sobre Hungría. Instalado en el poder por Hitler, sus integrantes se pavoneaban por las calles de Budapest luciendo uniformes prácticamente idénticos a los que llevaban los nazis en Alemania, con la diferencia de que su brazalete tenía un símbolo de cuatro flechas formando una cruz.

Desataron una ola de terror en la ciudad que no se había vivido bajo el gobierno del almirante Horthy. El ruido de disparos procedente de las orillas del Danubio se convirtió en un ritual nocturno, señalando cada vez más ejecuciones.

Detenían a los judíos, los metían en camiones de ganado y los mandaban a campos de concentración en Polonia. No sabíamos qué era de ellos, pero en la ciudad corrían terribles rumores acerca de su destino.

Y en esta ciudad tomada por los bárbaros yo tenía que llegar a un acuerdo con ellos. Shary me dijo que el ministro al que debía dirigirme tenía muchos amigos en Osijek, algunos de los cuales eran miembros del partido Nyilas.

—No te olvides de mencionar Osijek —me dijo.

Encontré una pequeña habitación en un hotel barato cerca de Vaci Utca, pasé una noche intranquila por el ruido de los disparos, y desperté en un día gélido sin calefacción en la habitación. La fría luz de la mañana me hizo pensar en que me enfrentaba a una misión imposible. Las paredes desnudas de mi habitación parecían reflejar mi desesperanza, y pensé que aquél era el fin de mi viaje, en una deprimente y fría habitación de hotel en medio de una preciosa ciudad ocupada por la peor de las gentes.

¿Qué posibilidad podía tener una joven de Zagreb de conseguir audiencia de un ministro del gobierno mientras estaban asesinando judíos por todas partes y el Ejército Rojo preparaba su asalto definitivo a las afueras de la ciudad?

Abordarle de manera formal sería prácticamente inútil; al fin y al cabo, la familia de Julius lo había intentado con un abogado y no lo había logrado. Y tampoco podía decir la verdad, pues lo único que conseguiría sería que me detuvieran.

Necesitaba llamar la atención del ministro. Nuestra conexión con Osijek, por débil que fuera, parecía mi única opción. Pensé en el tiempo que pasé allí y recordé que en varias ocasiones me dieron panfletos políticos que hablaban sobre la situación en Hungría, pero en aquel momento no reparé en ellos. La política me traía sin cuidado.

En una ocasión conocí a un miembro del partido Nyilas, pero fue justo después del bombardeo, y el hombre estaba en la oficina de la funeraria llorando la muerte de sus dos hijos.

—¡Mis hijos! —decía entre gemidos—. Mi hijo era mi futuro y ahora se ha ido.

No pude decir nada para consolarle y ya ni siquiera recordaba cómo se llamaba.

Pensé entonces que ojalá hubiera anotado esos nombres y guardado esos panfletos políticos. En el fondo, estaba segura de haber oído mencionar muchas veces al líder del partido Nyilas en Osijek. El Sr. Bariaktar, mi casero, hablaba bastante de él. Pero no lograba recordar su nombre.

Mientras le daba vueltas al asunto de los nombres pensé que sería mejor que el mío pareciera más húngaro, de modo que me convertí en Olga Kovach. Sonaba bastante húngaro y común, y no llamaría demasiado la atención y sería fácil de olvidar.

Me vestí con tino, aprovechando que me habían peinado y me había comprado unas botas nuevas la víspera, procurando no parecer una refugiada sino una joven ciudadana de Budapest. Me miré en el espejo envejecido que había en la pared del baño al final del pasillo del hotel, y me dije: «Ya está».

Al llegar a la imponente entrada del edificio del ministerio, un portero de uniforme me detuvo y pidió ver mi documentación. Evidentemente, yo no tenía, y me puse algo nerviosa viendo el peligro al que me exponía.

—Por favor, dígale al ministro que soy una amiga del presidente del partido Nyilas en Osijek. He venido a darle recuerdos de sus amigos allí, y si fuera posible me gustaría verle...

La frase acabó de manera poco convincente, pero para mi sorpresa el portero levantó el auricular de un teléfono que había sobre su escritorio y se puso a hablar con alguien. Tras unos instantes y un intercambio de frases, colgó y me sonrió:

—El ministro la recibirá ahora mismo.

Entonces apareció otro portero que me saludó respetuosamente y dijo:

—Si es tan amable de acompañarme, señorita. —Y me guio hacia una escalera ancha cubierta con una hermosa alfombra que llevaba hasta el primer piso.

Me condujeron al despacho del ministro, donde esperaba un caballero rubio de rostro enjuto. Sonrió y me dio una calurosa bienvenida.

—¡Viene usted de Osijek, qué bueno! Siéntese, por favor, quiero saberlo todo de mis viejos amigos allí.

Sirvió dos copas de *barack*, un licor de albaricoque húngaro, y nos sentamos en dos sillones enfrentados. Me miró con atención.

—¿Disfrutó de su estancia en Osijek? —le pregunté mientras evitaba hablarle de personas concretas a las que no conocía. Hablamos de la ciudad, de los restaurantes y de los locales nocturnos, y siempre que podía mencionaba el nombre de alguno de los ciudadanos distinguidos de Osijek para dar la impresión de que estaba bien relacionada.

Cuando nombré a Giner, mi admirador en el local nocturno, el ministro soltó una carcajada y dijo «Granuja...». Y entonces, como por arte de magia, el nombre del líder del partido Nyilas surgió de algún rincón de mi mente y lo solté en medio de mi confuso discurso.

El ministro sonrió complacido:

—Ah, sí —dijo—. Es un gran amigo. Me alegro de saber que está bien.

Yo no tenía ni idea de si estaba bien o no, sólo que seguía vivo cuando yo estaba en Osijek. La conversación iba mejor de lo que esperaba y a pesar de la importante posición que ostentaba en el gobierno húngaro, aquel hombre de mediana edad parecía disfrutar de hablar de la localidad croata. Quizás fuera menos doloroso que pensar en el resto de asuntos que ocupaban su jornada.

Ahora bien, tampoco quería arriesgarme demasiado, de modo que aproveché una pausa para probar suerte.

—Sólo estaré unos días en Budapest, y me preguntaba si podría pedirle un favor.

—Por supuesto, querida, ¿de qué se trata?

—Una amiga mía tiene un familiar que ha sido encarcelado en Komarom, y aunque ha solicitado permiso para ir a visitarle, no se lo han concedido. Me preguntaba si podría usted hacer algo...

—Por supuesto, dígame el nombre del preso —dijo mientras abría un cajón y sacaba un impreso. Escribió el nombre de Julius cuidadosamente, luego el mío, «Olga Kovach», y con un gesto teatral, lo selló.

Me lo entregó y dijo:

—Es un placer poder ayudarla, Srta. Kovach.

Sonreí y le di las gracias mientras me acompañaba a la puerta, donde un guardia esperaba para escoltarme hasta la calle. Una vez fuera, me sentí colmada de orgullo por el éxito de mi subterfugio y emocionada al haber logrado sola lo que la familia de Julius y su abogado no había conseguido.

En el fondo de mi mente seguía revoloteando la incómoda posibilidad de que el ministro llamara a sus amigos de Osijek para contarles el gran favor que me acababa de hacer y que me descubrieran, pero el riesgo era mínimo. En tiempos de guerra, y especialmente en Budapest a finales de 1944, las llamadas de teléfono no eran algo habitual.

Caminando de vuelta al centro de la ciudad, sentí confianza en que no se descubriría mi engaño. Volví a mirar la tarjeta verde que me había dado el ministro y que llevaba bien guardada en el bolso. Sólo se veía una palabra: «Julius».

Komarom es una ciudad situada a orillas del Danubio, al noroeste de Budapest, cerca de la frontera con Checoslovaquia. Cuando yo fui era un objetivo de ambos bandos. Alemanes y húngaros estaban reuniendo tropas y provisiones mientras los rusos avanzaban vertiginosamente desde el sur y rodeaban Budapest, con la idea de unirse con el flanco oriental al norte de la capital.

Allí también enviaban a presos políticos húngaros, judíos y «enemigos del Reich», de camino a Alemania y al destino que les esperara. Y muchos refugiados paraban en Komarom como escala en su huida de la capital asediada.

En la estación central de Budapest, todos los trenes que salían hacia el norte de la ciudad estaban llenos, y su destino no estaba claro, o ni siquiera se anunciaba. Los pasajeros sólo querían salir de la ciudad como fuera y alejarse lo más posible de los rusos. El Ejército Rojo estaba cada vez más cerca de la ciudad, y con ello menguaban las posibilidades de escapar.

Me subí al tren y me metí en un compartimento lleno de personas. Era la única que no llevaba equipaje —el resto de pasajeros parecía llevar todo lo que tenían en el mundo.

Por fin salimos de Budapest, pero el tren avanzaba a una velocidad lastimosamente lenta, y cuando llegamos a Bicske, a unos 40 kilómetros al norte de la capital, las agobiantes condiciones en el tren y la lentitud del viaje pudieron conmigo. Me bajé y salí a la entrada de la estación, donde pedí al conductor de un camión que iba en la misma dirección si me podía acercar un poco a Komarom. Tampoco era muy cómodo, pero salvando una parada para que pasaran vehículos militares, avanzábamos más deprisa.

La carretera estaba plagada de soldados y vehículos blindados. Estábamos en una zona que formaba parte del pasillo que llevaba de la capital a los destacamentos húngaros y alemanes en el norte. A ambos lados estaban los rusos, y podíamos oír el ruido sordo de sus disparos.

El Ejército Rojo no tardaría mucho en cerrar el paso e iniciar su terrible asedio de Budapest. El conductor del camión me avisó de que Komarom era una ciudad peligrosa.

—Hay muchas bombas sin detonar, debes tener cuidado —me dijo—. ¿Por qué quieres ir allí?

—¡Los rusos! —dije—. Huyo de los rusos.

Mi respuesta fue suficiente para él, como lo sería para cualquier persona. La reputación de brutalidad y violaciones del Ejército Rojo hacía comprensible que una mujer joven quisiera escapar.

Llegamos a Komarom al amanecer, y tras dar las gracias al conductor por su ayuda, pregunté a un transeúnte cómo se llegaba a la cárcel.

Me indicó el camino y dijo:

—¡Cuidado con las bombas!

Fue un paseo largo por una ciudad sombría y fantasmal. Muchas de las calles habían quedado completamente en ruinas, y donde antes habría casas sólo quedaban montones de escombros con los restos de alguna chimenea aún en pie. ¿Y la gente? Supuse que si no habían muerto estarían de camino a Austria; sus hogares, sus pertenencias, todo había desaparecido bajo los escombros de Komarom. De vez en cuando, encontraba un enorme cartel de aviso que decía PELIGRO. NO PASAR y que bloqueaba la calle, y me desviaba hasta retomar el camino hacia la cárcel.

Encontré una panadería, y aunque no era tan buena como la que había descubierto en Budapest, me compré unos panecillos duros y me senté a comerlos sobre un montón de escombros. Las pocas personas que vi parecían abatidas y desesperadas, salían de las casas y edificios que aún seguían en pie y se metían por callejones hasta que desaparecían de la vista.

Tras otro largo rato caminando, llegué a la entrada de un enorme edificio con banderas nacionales ondeando en lo alto de la fachada. Entre ellas estaba la bandera húngara, y por supuesto, la *swastika*.

«Han sacado las banderas en mi honor», pensé sonriendo, pero entonces vi a un guardia armado mirándome desde la azotea, y dejó de parecerme gracioso.

Me dirigí a la puerta principal, mientras comprobaba que el pase seguía en mi bolso. Estaba hecha un manojo de nervios y podía sentir cómo me latía la sangre del miedo a ser descubierta. ¿Habría telefoneado el ministro para avisar de que era una impostora? También tenía una extraña emoción nerviosa ante la idea de volver a ver a Julius después de catorce meses. ¿Cómo le habrían tratado? ¿Estaría enfermo? ¿Le habrían torturado? ¿Y qué sentiría por mí ahora?

Entonces pensé que había otro problema. Cuando le dijeran que había venido a verle una tal «Kovach», era posible que dijera que no conocía a nadie con ese nombre y anularían la visita.

Justo en ese momento oí una voz que gritaba: *Halte!*

Ni siquiera había alcanzado la puerta cuando un guardia armado se acercó.

—¿Qué hace usted aquí?

—Tengo autorización para ver a un preso —respondí a aquel hombre alto y delgado.

—¿Su pase?

Cuando vio quién había firmado la autorización cambió el gesto y saludó fríamente.

—Sígame, por favor.

Fuimos hacia la puerta principal y antes de llegar el soldado dio una orden y la abrieron lentamente. Una vez dentro, apareció otro guardia, intercambiaron unas palabras y uno de ellos me condujo hasta una habitación al final de un pasillo. Dentro había una mesa con dos sillas y varias estanterías con libros. A través de un ventanuco con barrotes entraba un resquicio de la luz del día.

Sin mediar palabra el guardia se sentó a mi lado y se quedó mirando a una puerta que había en la pared de enfrente. Pasaban los minutos y el silencio se hacía cada vez más angustioso.

Por fin, la puerta se abrió despacio y entró un guardia alto y corpulento con un arma en el cinto. Se detuvo unos instantes, hizo un gesto con la cabeza al guardia que estaba conmigo y se hizo a un lado.

Detrás de él, de entre la oscuridad, vi aparecer a un hombre de menor estatura, también vestido de uniforme. Delgado y pálido, con su cabello castaño y aquellos ojos inolvidables, me miró asombrado.

Era Julius.

12

Todos nos quedamos completamente inmóviles. Nadie hablaba.

Miré a Julius y le supliqué con los ojos que no nos delatara. Di un paso adelante, extendí la mano y dije:

—Encantada de conocerle, Sr. Koreny.

Me cogió de la mano y durante un instante pensé que no era capaz de contestar. Tenía los ojos abiertos como platos, era la pura estampa de la sorpresa. Pero finalmente dijo:

—Srta. Kovach, es muy amable de venir a verme.

Habíamos roto el hielo. Los guardias se retiraron cada uno por una puerta, dejándolas abiertas para poder ver y escuchar todo lo que ocurría en la habitación y nos dijeron que teníamos media hora.

Entonces la que se quedó muda fui yo. Le miraba y me preguntaba si volvería a tener una oportunidad como aquélla. Después de catorce meses de viajes, miedo y peligro constantes, sólo podía pensar en dar un paso adelante y abrazarle, sentir sus brazos rodeándome, que me dijera que por fin había acabado mi odisea, que todo iría bien.

Pero imaginarlo era lo único que podía hacer, porque los guardias estaban vigilándonos. Y se suponía que era amiga de una amiga suya, nada más. Era una exquisita agonía.

Tomamos una silla cada uno, nos sentamos uno enfrente del otro, con la mesa entre los dos y empezamos a hablar. Llevaba un uniforme de oficial del ejército húngaro, aunque le habían arrancado los galones de rango. Era la primera vez que le veía de uniforme, porque en Zagreb siempre vestía de traje.

Se encendió un cigarrillo y dejó que el humo se deshiciera lentamente en la luz que caía por la ventana.

—Vi a Shary en Budapest, también he estado en Osijek y en Viena —mis palabras sonaban ridículas. ¿Era eso todo lo que tenía que decir? Claro que no. Quería decirle tantas cosas: cuánto le había echado de menos, lo preocupada que había estado, compartir con él los peligros de mi viaje, reírnos de los líos en los que me había metido y de que me había convertido en una mentirosa consumada. Pero no era posible. Podíamos oír a los guardias al otro lado de la puerta, moviéndose y hablando con sus compañeros.

Julius tenía buen aspecto y parecía alegre, y pasada la sorpresa de verme allí, encantado con mi presencia.

—¿Y usted? —pregunté.

—No se preocupe por mí —contestó—. Me cuidan bien y estoy trabajando en una oficina de la cárcel...

Parecía querer contarme muchas más cosas, pero tampoco podía hacerlo delante de los guardias.

—¿Le llegaron el abrigo de invierno y la cámara Leica? —pregunté.

—Ah, sí, por fin me llegaron —dijo sonriendo.

Quería preguntarle por qué le habían detenido, pero estaba prohibido hacer este tipo de preguntas y, en su lugar, tuvimos que ceñirnos a aquella falsa conversación. Julius era el único hombre del mundo al que podía confiar mis sentimientos más profundos, y, sin embargo, allí estaba, incapaz de decirle más que una sarta de perogrulladas que escondían lo que de verdad sentía.

Aquella media hora se pasó como un relámpago. Me moría por saber si le pondrían en libertad pronto, pero tampoco podía preguntárselo, y de todas formas, era poco probable que lo supiera.

Afortunadamente, él estaba pensando lo mismo.

—¿Se quedará usted mucho tiempo en Komarom? Creo que dentro de poco nos iremos a trabajar a Alemania —y alzando el tono para que lo oyeran los guardias—. Tengo muchas ganas.

Se me cayó el alma a los pies. Alemania. Algunos presos eran obligados a hacer todo el camino a pie desde Hungría y muchos no lo superaban. Julius no era fuerte físicamente, ¿cómo iba a sobrevivir?

No vi a ninguno de los guardias en la puerta, de modo que saqué un trozo de papel del bolso, anoté la dirección de Herta en el campo de trabajo de Viena, lo doblé y se lo pasé por encima de la mesa. Nuestras manos se tocaron por un instante, pero rápidamente cogió el papel y lo guardó con cuidado en el bolsillo.

—Escríbeme, iré a buscarte —le susurré.

Y sin apenas darnos cuenta se nos acabó el tiempo. Los guardias volvieron a aparecer y mientras me acompañaban hacia la salida, al pasar por la puerta me giré y saludé por última vez a Julius. Él me sonrió y la puerta se cerró delante de él.

De camino a la salida pregunté en las oficinas de la cárcel si mi permiso era válido para más visitas. El guardia lo examinó cuidadosamente, y al ver la firma del ministro, dijo:

—Es válido para una visita a la semana durante tres semanas; le quedan dos visitas.

Le di las gracias, volví a salir a la calle y me encaminé de vuelta al centro de la ciudad. Por una parte estaba entusiasmada de haber encontrado a Julius, pero por otra, me sentía más angustiada que nunca. ¿Qué quería decir cuando dijo que le iban a mandar a Alemania? ¿Por qué lo harían?

Entre las ruinas de Komarom encontré una pensión y alquilé una pequeña habitación con el dinero que me había dado Shary. No podía hacer nada sino esperar a mi siguiente visita a la deprimente cárcel fortaleza.

La ciudad parecía cada vez más un arsenal militar. Todos los días llegaban más tanques y vehículos blindados rugiendo de camino al sur, hacia Budapest, para unirse a una nueva ofensiva contra el Ejército Rojo.

Cada vez que salía a pasear y a tomar un poco el aire, los soldados me miraban con ojos cansados y vacíos. Muchos de ellos estaban demasiado exhaustos como para sentir miedo, y parecía como si aceptaran lo que les iba a deparar el final de la guerra.

La semana pasó lentamente hasta que por fin volví a encontrarme a la entrada de la cárcel. Esta vez había mucho movimiento: las puertas se abrían y cerraban constantemente, no dejaban de pasar soldados corriendo de un lado al otro y había más guardias en la azotea.

Enseñé mi pase al guardia de la entrada y me mandó a las oficinas de la cárcel. Allí me dijeron que habían cancelado todas las visitas, y que los presos se estaban preparando para viajar a Alemania. De hecho ya había una hilera de vagones de ganado esperando en las vías de la estación cercana a la cárcel.

La noticia me cayó como un mazazo. Julius había dicho que esperaba que le enviaran a Alemania, pero no pensé que fuera tan pronto. Tan sólo le había visto una vez.

No quería dejarme abatir por la desilusión, pero después de todo lo que había pasado, de todos los riesgos a los que me había enfrentado sólo por encontrar a Julius, el ver que volvían a arrebatármelo era demasiado para mí.

Mientras salía de la cárcel mis ojos se empañaron de lágrimas y al llegar a la calle estaba sollozando. Nunca me he permitido compadecerme de mí misma: creo en el destino, lo que tenga que ser, será. Pero en aquel momento la guerra unida a la soledad y aquel revés pudieron conmigo.

Volví lentamente a mi pequeña habitación en la pensión, hundida en la misera. Quizás fuera el momento de abandonar. A lo mejor debía hacer lo que todo el mundo me aconsejaba desde el principio, volver a Zagreb y esperar al final de la guerra, y Julius vendría a buscarme.

El invierno se recrudecía con el paso de los días, las temperaturas alcanzaban los 5 grados bajo cero casi a diario y el campo empezaba a amanecer cubierto de nieve. Las calles eran una ciénaga de barro, donde todo el mundo se movía cansinamente y con mirada desesperanzada.

Y, sin embargo, ¿por qué me costaba tanto irme? Podía volver a Viena y retomar el trabajo en la fábrica Horniphon. Había guardado la tarjeta de empleo por si acaso y allí podría esperar al final de la guerra —si sobrevivíamos los bombardeos, claro está— y ponerme a buscar a Julius una vez restablecida la paz.

Sería lo más conveniente. Las calles de Komarom estaban llenas de refugiados. Las pensiones y los hostales no daban abasto y una vez dejara mi habitación sería casi imposible encontrar otra. Pero ¿y si los alemanes cancelaban sus planes de llevarse a Julius? ¿Y si se quedaba allí esperando mi siguiente visita y yo no volvía?

Aquella noche dormí fatal, con el constante ruido de la calle, pero sobre todo porque no dejaba de pensar en Julius, el júbilo en su mirada al verme, nuestro amor.

El día siguiente amaneció muy frío. Me puse todas las prendas que pude, incluido mi abrigo de piel, que cada vez estaba más raído, y salí en dirección a la estación de clasificación que había cerca de la cárcel. La larga fila de vagones de ganado seguía allí, y estaban cargando provisiones para los guardias y para el vagón cocina donde se preparaba la comida de los presos.

Pasé gran parte del día observando y esperando, aterida de frío. Al caer la tarde el tren seguía inmóvil, y yo tenía los ojos tan cansados que me costaba ver en la creciente oscuridad. El día siguiente fue más de lo mismo y empecé a pensar que mi presentimiento era acertado y se había cancelado el plan de trasladar a los prisioneros a Alemania.

Sin embargo, a la tercera mañana de vigilia, la estación despertó envuelta en una atmósfera de tensión. Un grupo de soldados armados apareció y formó junto a las vías, y se empezó a oír a lo lejos el ruido de un tren aproximándose en el aire de la mañana. Alcé la mirada y pude distinguir una columna de vapor alzándose hacia el cielo.

La locomotora se acercó traqueteando sobre las vías e hizo rechinar los frenos hasta que se detuvo por completo en la estación. En cuanto se paró, los guardias empezaron a correr por la vías abriendo las puertas de todos los vagones al grito de *Schnell!! Schnell!!*

Empezaron a bajar presos y más presos, no podía creer que hubiera tantos hacinados en aquellos vagones, y los metieron directamente en otro tren que esperaba inmóvil. Iban donde se les mandaba, sin siquiera mirar a derecha o izquierda, por no hablar de discutir las órdenes. Los guardias les atosigaban para que fueran más deprisa, sin mostrar respeto alguno por los presos en peores condiciones físicas, que sólo contaban con la ayuda de sus compañeros.

Después de obligarles a subir al otro tren, los guardias cerraron las puertas y *se relajaron*. No sabía de dónde venían, pero no eran de Komarom, tenían que ser de más lejos.

Los soldados se quedaron en la estación, charlando en pequeños grupitos. El humo de sus cigarrillos iba dibujando nubes en el gélido aire mientras ellos golpeaban los pies contra el suelo para mantener el calor. De repente, se oyó el grito de mando de un superior, tiraron los cigarrillos, cogieron sus rifles y se pusieron en formación otra vez. Llegaban más presos, esta vez a pie, y los guardias los guiaron hacia los vagones de ganado.

A algunos les mandaban al vagón cocina a recoger comida, mientras que otros iban a llenar recipientes de agua de un depósito que había junto a la valla de la estación. Me quedé mirando a estos últimos, y entre ellos vi una figura delgada y rubia que reconocí de inmediato. El corazón me dio un vuelco al verle y empecé a avanzar rápidamente junto a la valla hacia el depósito.

—Julius —susurré en cuanto vi que estaba suficientemente cerca. Se volvió sorprendido al oír mi voz, y su rostro se iluminó con una enorme sonrisa.

—¡Olgi! —dijo él mirando fugazmente hacia los guardias—. Nos vamos esta tarde.

—¿Dónde te llevan?

—A Alemania, pero aún no sabemos adónde exactamente.

—Escríbeme a la dirección de Viena que te di. Manda una carta allí y la recibiré.

—Lo haré, lo prometo —dijo mientras yo arrastraba los dedos sobre la valla con la esperanza de que me tocara la mano. Justo en ese momento, un guardia gritó:

—¡Volved al tren, todos! —Y empezó a caminar hacia el grupo de Julius con el rifle en ristre.

Todos dieron media vuelta y se apresuraron hacia los vagones. Julius se volvió a mirarme mientras le saludaba con la mano. Se metieron en los vagones de ganado y vi cómo varios presos ayudaban a subir a Julius. A los pocos instantes, cerraron bruscamente la puerta y se volvió a hacer el silencio.

Esperé hasta el atardecer, pero el tren no se movía, de modo que decidí volver a mi habitación en la pensión para descansar.

Cuando volví a la mañana siguiente el tren había desaparecido y dentro de él, Julius. Me quedé mirando a través de la valla de la estación, llorando amargamente. Después de un año buscando al hombre al que amaba, y después de todos los peligros que había vivido, por fin le había encontrado, y le había vuelto a perder.

13

Se acercaba la Navidad y el torrente de personas que abandonaba Budapest huyendo del Ejército Rojo se convirtió en una avalancha. Las carreteras estaban desbordadas por la marea humana. Todo el mundo estaba allí, jóvenes y viejos, sanos y enfermos, y entre ellos, yo.

Quienes iban a pie llevaban cuantas pertenencias podían cargar, ya fuera a hombros, en carretilla o a empujones. Y los camiones pasaban llenos a rebosar y hundidos por el peso de los refugiados.

No tenía sentido quedarme en Komarom si Julius ya no estaba, de modo que decidí volver a Viena para ponerme en contacto con Herta y retomar mi trabajo en la fábrica Horniphon. De camino me inventaría alguna historia para explicar mi ausencia.

Así fue como me uní al éxodo masivo de Hungría, subiéndome a camiones y andando junto a las interminables filas de refugiados. Dormíamos en graneros y henares, utilizando todo lo que encontrábamos para luchar contra el terrible frío.

Al llegar la víspera de Navidad, estaba en Sopron, cerca de la frontera con Austria, tras pasar la noche en una casa de una aldea cercana. Era un día soleado pero gélido. Quería cruzar la frontera sola, pensando que una chica que viajaba sola llamaría menos la atención.

Los grupos numerosos a menudo eran enviados a campos de concentración, y yo tenía que llegar a Viena, pues la única dirección que Julius tenía para ponerse en contacto conmigo era la de Herta en el campo de Neue Erlaa. No podía ir a otro lugar.

Observé el paso de la frontera desde lejos. Camiones llenos de personas y gente que viajaba a pie esperaban pacientemente a que registraran sus documentos para llegar a la zona segura. Avanzaban con relativa rapidez, y la marea de refugiados que había cruzado al otro lado de la frontera se extendía por la carretera hasta perderse en el horizonte.

Me sentí confiada y decidí unirme a la multitud que se acercaba al puesto fronterizo, tratando de caminar detrás de uno de los pocos camiones que iba en la cola. Los guardias echaron una mirada superficial al conductor y a los pasajeros, examinaron por encima sus papeles e hicieron un gesto para que pasaran.

Llegué a la altura del primer guardia, que parecía cansado y aburrido.

—¿Adónde vas? —preguntó.

—Tengo miedo del ejército ruso —dije—, quiero ir a trabajar a Alemania y pasar la Navidad allí.

—¿Tienes pasaporte?

—No, lo he perdido.

—¿Puedo registrar tu bolso?

Le entregué la pequeña bolsa que tenía, donde sólo llevaba lo poco que me quedaba de dinero y unas cuantas prendas de ropa. Cuando empezaba a registrarla, recordé que también estaba la tarjeta de trabajo de la fábrica Horniphon. Y por supuesto, la encontró.

—¿Estabas trabajando en la fábrica Horniphon y ahora estás aquí, intentando volver? —su voz se encendió con un tono de sorpresa. El cansancio y el aburrimiento se habían esfumado. Otro guardia oyó la pregunta y se acercó para examinar la tarjeta. Me quedé muda.

—Dejaste la fábrica y ahora que se acercan los rusos te parece que Hungría no está tan bien como pensabas y quieres volver, ¿verdad?

No dije nada. ¿Me harían dar la vuelta? No lo sabía, pero tampoco se me ocurría nada que decir para convencerles de lo contrario.

—Sabemos que todo el mundo quiere entrar en el Reich, pero primero debemos averiguar por qué dejaste Viena —dijo el primero, llamando a otro soldado que se acercó y se puso a mi lado. Hizo un gesto para que nos apartáramos con la mano y se volvió a los refugiados que iban detrás y que habían estado observando la escena, probablemente con la esperanza de que mis problemas les facilitaran el paso. No podía culparles, yo habría pensado lo mismo.

El soldado me llevó hacia un edificio bajo y blanco cerca del puesto fronterizo.

—¿Qué me va a pasar? —pregunté.

—Te vamos a llevar a la cárcel de Wiener-Neustadt mientras hacemos averiguaciones.

Dicho eso, me condujo a través de la entrada del edificio y me dejó en una sala donde había otras personas esperando. Alzaron la mirada angustiados cuando vieron que la puerta se abría y entraba el guardia.

Cuando pensé en volver a una cárcel se me cayó el alma a los pies, pero al menos era una cárcel austríaca que estaba a menos de 50 kilómetros de Viena, y no me mandarían de vuelta a Komarom.

Tras unos minutos sentada en silencio, se abrió la puerta y una voz gritó:

—¡Kovach!

Al principio esperé a que se levantara alguno de los demás, pero luego me di cuenta de que me llamaban a mí.

Salí al vestíbulo y me llevaron ante otro soldado, un hombre mayor y grueso, que estaba comiendo unas costillas ahumadas bastante descarnadas. Al verle royendo los huesos y manchándose la barbilla de grasa y de salsa, recordé que no había comido en todo el día, y empecé a sentir calambres del hambre.

—¿Podría comer algo, por favor? —pregunté.

El soldado dejó de comer y me miró.

—Los que no trabajan no tienen derecho a comer. —Luego cogió otra costilla y se recreó masticando la poca carne que había pegada al hueso.

—Me han puesto a tu cargo —dijo aún con la boca llena—. El tren llegará en cualquier momento y te llevaremos a Wiener Neustadt. —Luego siguió comiendo, conmigo allí delante, de pie, hasta que terminó el plato. Se limpió las manos y la barbilla, se levantó y me llevó afuera, donde nos sentamos en un banco junto a la vía a esperar al tren, en medio del gélido aire mientras iba oscureciendo, aunque apenas eran las tres de la tarde.

El resto de pasajeros mantenía la distancia con nosotros, aunque de vez en cuando me miraban, preguntándose qué habría hecho para que me pusieran un guardia armado. Veía cómo todos sacaban comida de sus bolsas, y yo aún sin comer nada.

—Por favor —le dije al guardia—, de veras necesito comer algo. Me muero de hambre.

Esta vez fue algo más comprensivo y sacó de su bolsa un trozo de pan seco y un cubito de mermelada. No tenía cuchillo para extenderla, y me lo comí como pude, saboreando cada bocado. Cuando terminé, le dije que tenía que ir al servicio, me acompañó a regañadientes por el andén hasta el aseo de mujeres y se quedó esperando en la puerta.

Dentro había una mujer austríaca entrando en uno de los cubículos. Parecía amable, de modo que me metí en el cubículo de al lado y le dije en un susurro:

—¿Podría ayudarme, por favor?

Hubo un largo e inquietante silencio, hasta que por fin respondió:

—¿Qué quiere?

No lo dijo con tono agresivo, aunque sí cauteloso.

—¿Tiene papel y bolígrafo? —continué—. Tengo que enviar un mensaje a una amiga en Viena.

De nuevo un largo silencio, y entonces apareció una mano bajo el panel divisorio con un pedazo de papel y un bolígrafo. Los cogí y garabateé una breve nota para Herta diciéndole lo que había pasado y que me llevaban a la cárcel de Wiener-Neustadt. Luego escribí la dirección del campo en la parte superior y volví a pasar el papel y el bolígrafo a la señora.

—¡Gracias, muchísimas gracias! —susurré, y volví a toda prisa a reunirme con el guardia para que me llevara de vuelta a nuestro banco.

No sabía si aquella mujer austríaca me delataría. Podía perfectamente acercarse al guardia y entregarle la nota, pero tenía el presentimiento de que no lo haría. Salió de los aseos y para mi alivio, se reunió con sus acompañantes sin siquiera mirar hacia mí.

Entonces se nos acercó otro guardia con un perro enorme. Después de una breve conversación entre ellos, el que venía conmigo se marchó y le relevó el otro soldado. El viaje sería largo pero pensé que por lo menos, al ir con un soldado armado tendríamos el asiento para nosotros solos, y podría estirarme y echar un sueñecito envuelta en mi abrigo. Desafortunadamente, el perro no paraba de olisquear y ladrar, y no hubo manera de descansar.

A las nueves de la mañana llevábamos seis horas esperando en el andén y aún no había ni rastro del tren, pero al menos el guardia del perro fue relevado por otro que no llevaba ningún animal. Cada vez había más personas en el andén, y todo el mundo decía que no tardaría en llegar el tren. Al final fueron tres horas más de gélida espera hasta que por fin oímos el ruido de la locomotora y el tren entró lentamente en la estación.

Los pasajeros se agolparon en las puertas antes de que se hubiera detenido, y en cuanto el guardia y yo nos levantamos del banco nos arrastró la multitud. Nos empujaron hacia el tren y me subieron a un compartimento que estaba tan lleno que tuve que quedarme a la pata coja. No podía darme la vuelta, pero al mirar a mi alrededor no vi ni rastro del guardia que me acompañaba. Supuse que estaría en el compartimento de al lado, pero él tampoco podría hacer nada —había demasiada gente a bordo como para moverse.

El tren se puso en marcha y poco a poco fue acelerando. El hecho de que ya fuera de noche nos evitaría preocuparnos de los constantes ataques aéreos y el viaje sería más rápido.

La gente hacía lo que podía para ponerse cómoda. Yo me dormí de pie, acunada por el sonido repetitivo de las ruedas girando sobre los raíles, hasta que el chillido de los frenos y el movimiento de la gente me despertaron y abrí los ojos. Allí afuera, en plena oscuridad, vi una señal que anunciaba Wiener Neustadt. Algunos pasajeros se bajaron entre empujones y gritos mientras yo esperaba a que apareciera mi escolta, pero al poco tiempo oí cómo cerraban las puertas y el personal de la estación daba la señal para que el tren saliera. Empezamos a movernos, y sólo entonces me permití creer que había perdido a mi guardia —aunque tendría que esperar hasta Viena para estar completamente segura.

Al rato alcanzamos las oscuras afueras de la capital, y el tren se detuvo a varios centenares de metros de la estación. Era algo habitual, pues las estaciones eran objetivo regular de los bombarderos, de modo que nos bajamos todos del tren y caminamos junto a las vías hasta el andén. Mientras caminábamos, miré a mi alrededor en busca de mi guardia, pero no había ni rastro de él.

La primera vez que crucé la frontera austríaca había salido corriendo para huir de un guardia, y esta vez parecía como si él hubiera huido de mí. Sería un regalo de Navidad bastante extraño, pero pensé que quizás ese año fuera el de mi propia la libertad.

Una vez más, me uní a una cola de gente para que registraran los documentos que no tenía, en esta ocasión al final del andén. En realidad, los documentos eran lo de menos, pues no tenía ni billete ni dinero, después de que el soldado del puesto de la frontera austríaca se los quedara al registrar mi bolsa.

A mi alrededor, la gente sonreía y se deseaba feliz Navidad, colmada de alegría por estar de vuelta en Viena y a salvo de los rusos.

Quería compartir su felicidad, pero lo único que sentía era miedo de que me volvieran a detener por haberme separado del guardia fronterizo. Miré alrededor pero no vi ninguna salida. Los andenes estaban completamente rodeados de soldados. Entonces empecé a examinar los rostros de las personas que tenía cerca, buscando a alguien que pareciera capaz de ayudarme. Pero no tuve tiempo, porque al siguiente empujón de la multitud, me encontré delante del inspector de billetes.

—Billete, por favor —me dijo sonriendo.

—No..., no lo tengo —dije tartamudeando—. Vengo de Hungría y he perdido todo mi dinero.

—¿Adónde va?

—Voy a Neue Erlaa, pero no sé cómo llegar hasta allí...

Sorprendentemente el inspector sonrió aún más, se metió la mano en el bolsillo y me dio un poco de dinero.

—Tome, con esto se podrá comprar un billete. Feliz Navidad —dijo y luego me indicó cómo llegar hasta la estación más cercana donde podría coger un tren hacia Neue Erlaa.

Me deshice en agradecimientos y tras mirar una vez más para ver si estaba mi guardia, salí de la estación lo más rápido que pude.

Ese mismo día los rusos terminaron de rodear Budapest y comenzó el sitio de la capital. Duró cien días, murieron 38.000 civiles y al retirarse los alemanes quemaron todos los puentes sobre el Danubio que unían Pest con Buda. Más del 80 por ciento de los edificios de la ciudad quedaron reducidos a escombros o acabaron muy dañados por los enfrentamientos.

La Budapest de abundancia que había disfrutado durante unas semanas había desaparecido para siempre.

14

—¡Olga! —La cara de Herta era la imagen del asombro—. ¿Qué haces aquí?, ¿cómo has vuelto?

Las preguntas se encadenaban como en una avalancha mientras me acompañaba al dormitorio que habíamos compartido en el campo. Nos sentamos la una junto a la otra sobre una cama y le expliqué todo lo que había pasado desde que me llevaron a cavar las trincheras anti-tanques.

—Creíamos que te habías ido para siempre —dijo sonriendo aliviada—. Creía que nunca te volvería a ver.

Cuando Herta me abrió la puerta, lo primero que pensé es que estaba muy elegante, con un bonito vestido blanco, zapatos nuevos y hasta algunas joyas. Iba a comer a la casa de su médico de las SS por Navidad.

—¿Por qué no vienes conmigo? Estoy segura de que no le importará.

Yo no estaba tan segura, viendo lo raída que estaba mi ropa, pero la idea de una buena comida el día de Navidad, aunque fuera en compañía de las SS, era demasiado tentadora. Así pues, accedí a su invitación y nos pusimos a buscar ropa para mí mientras me aseaba un poco. Con toda la cháchara y el ajetreo, no nos dimos cuenta de que alguien se acercaba hasta que de repente aporrearon la puerta:

—¡Guardias, abran!

Nos quedamos heladas. Pensé que venían a por mí. Los guardias fronterizos no habrían tardado en descubrir que la mayoría de las chicas que trabajaban en Horniphon vivían en nuestro campo. Herta me miró aterrorizada y contestó:

—¡Un minuto, por favor, me estoy vistiendo!

—¡Dese prisa! —Se escuchó desde el otro lado de la puerta.

Herta señaló una estantería muy profunda que había en lo alto de la pared al otro extremo del dormitorio, donde las chicas solían poner sus maletas, y empezó a bajar algunas. Trepé hasta allá arriba y me arrimé todo cuanto pude a la pared. Luego Herta colocó varias maletas y bolsas en la estantería para ocultarme.

Oí cómo se abría la puerta y entraba el guardia.

—¿Está sola? —preguntó.

—Sí, me estaba arreglando para ir a una comida de Navidad —respondió Herta.

—Estamos buscando a Olga Czepf. ¿La conoce?

Al oír que pronunciaban mi nombre me quedé helada tras aquellas maletas. Los guardias de la frontera habrían denunciado mi desaparición y me estarían buscando. Además, tenían mi tarjeta de trabajo, de modo que sabían que había estado viajando con un nombre falso.

No podía moverme ni hacer el mínimo ruido —si lo hacía iría directamente a la cárcel—. Pero cuando uno no debe moverse, cuando no puede moverse en absoluto, es cuando más lo necesita. De repente te empieza a picar todo, te viene un estornudo, se te acalambran los músculos y te mueres por moverte. Pero te tienes que quedar quieto.

Por un momento me recordó a cuando jugaba al escondite con mi madre en Sisak, aunque aquello no era ningún juego.

La cabeza no paraba de darme vueltas. «Por favor, Herta, no me delates...», pensaba para mis adentros.

Entonces escuché la voz de Herta:

—Sí, conozco a Olga, pero en noviembre la mandaron a cavar trincheras con otras chicas.

—¿Y no la ha visto desde entonces?

—No.

Se hizo el silencio. ¿Qué estarían haciendo? ¿Habrían descubierto mi escondite?

Entonces escuché pasos. Herta dijo:

—*Heil Hitler.* —Y la puerta se cerró de un portazo.

Respiré aliviada y moví las maletas que tenía delante.

—¡Sssssh! —susurró Herta—, puede que siga ahí fuera.

Me quedé quieta hasta que creía que podía bajar de la estantería, pero en cuanto pisé el suelo, nos entró un tremendo ataque de risas, como el de un par de niñas que creen haberse zafado de los mayores.

Cuando nos calmamos, seguimos hablando entre susurros.

—Karl no tardará en venir a buscarme. Tendremos que tener cuidado para evitar a los guardias.

—¿Y qué hacemos si no le dejan entrar?

—Es de las SS. No se atreverían a pararle.

Tenía razón. En cuanto el elegante coche negro de Karl se presentó ante las puertas del campo, le dejaron pasar y nos subimos al asiento trasero, ocultándonos de manera que los guardias no nos pudieran ver.

De camino a Viena Herta le dijo a Karl que yo había estado en Hungría, y que había perdido todos mis papeles huyendo del avance del Ejército Rojo. Era verdad —aunque no toda la verdad— pero fue suficiente para convencerle y cuando llegamos a su apartamento a las afueras de la ciudad, fue a explicarle a su mujer que tendría una comensal más para la comida, mientras que Herta y yo fuimos a asearnos al cuarto de baño.

Nos presentaron a la esposa de Karl, una mujer rubia muy amable y hospitalaria, y nos sentamos a la mesa impecable del comedor, donde habían dispuesto un cubierto más de plata y delicada porcelana. Tenía la impresión de que había pasado toda una vida desde que me senté por última vez a una mesa tan elegante. De repente, me entró la timidez.

A través de las ventanas podía ver un pequeño jardín en la parte trasera del edificio de apartamentos, un lugar tranquilo que había quedado ileso de las bombas. Todo aquello quedaba muy lejos de la cárcel de Wiener-Neustadt, donde debía estar pasando la Navidad.

Karl recorrió la mesa sirviéndonos champán, y luego alzó su copa.

—Feliz Navidad —dijo. Chocamos nuestras copas mientras yo miraba alrededor. Ahí estábamos el oficial de las SS, su mujer aria, la judía y yo, la fugitiva: un grupo bastante poco habitual en una comida en el Tercer Reich en 1944.

Yo también levanté mi copa:

—Feliz Navidad.

Estuve tres días en aquella casa. Herta les dijo que no había sitio para mí en el campo —todas las literas estaban ocupadas— y la esposa de Karl no dudó en ofrecerme que me quedara allí. Yo no podía decir que no; no tenía adónde ir, aunque tampoco podía permanecer indefinidamente en casa de un oficial de las SS.

Herta volvió para decirme que la policía había estado buscándome en el campo y que habían vuelto a interrogarla. Estábamos sentadas en el dormitorio de invitados de la casa.

—¿Qué puedo hacer? —dije yo—. No puedo quedarme mucho tiempo aquí.

—Conozco un sitio donde venden leche cerca del campo. Tengo varios amigos allí, y estoy segura de que te pueden dar trabajo, pero...

—¿Qué? ¿Qué problema hay?

—Bueno, muchos de los guardias del campo van a comprar leche allí, y también las chicas. Puede que alguien te reconozca...

—No, no. No puedo arriesgarme —contesté, viendo cómo se esfumaban mis esperanzas.

Herta se puso a rebuscar en su bolso y de repente sacó una botella, me la mostró sonriendo y dijo entre risas:

—¿Has sido rubia alguna vez?

Miré la botella de lejía, y gruñí. No me gustaba la idea: aún me dolía la cabeza de los piojos y me preocupaba que la lejía lo empeorara. Pero tampoco me quedaba otra opción.

Herta le dijo a la esposa del oficial que me había dado por hacerme rubia y, naturalmente, a ella le pareció una buena idea.

—Estarás preciosa, Olga —me dijo convencida. Yo no estaba tan segura: tenía el pelo oscuro, era parte de mí. Pero mis sentimientos no importaban. Al día siguiente pusimos en marcha la operación y ellas se turnaron empapando mi cabello de lejía y masajeándome el cuero cabelludo para que no quemara demasiado. Fue una verdadera tortura y el color distaba mucho de la perfección, pero al final me dejaron rubia, la única vez en mi vida que lo he sido.

Al mirarme en el espejo no me pareció tan terrible como esperaba, y pensé que con el tiempo me acostumbraría a mi nuevo aspecto. ¿Qué habría pensado mi madre si me viera ahora? ¿Me vería aún demasiado fea para encontrar un marido?

Lo más importante era que en cuanto me ponía unas gafas oscuras parecía otra persona. Como disfraz no era demasiado sofisticado, pero sí muy eficaz.

Podía volver a enfrentarme al mundo.

Tras mi primer día vendiendo leche pensé que había dado con el trabajo más fácil del mundo. La gente entraba, pagaba la leche, yo se la daba y se marchaban. Hasta entraron unos prisioneros de guerra serbios y les atendí.

Pero se me había olvidado una cosa: los cupones de racionamiento. No pedí a nadie que me mostrara sus cupones, lo cual no habría tenido importancia para los lugareños y los guardias del campo, pero sí para los prisioneros de guerra.

—¡Estúpida húngara! —me gritó el dueño al despedirme.

Al menos, me consolaba el hecho de que creyeran que de veras era húngara, pues mi disfraz estaba surtiendo efecto.

Eso sí, volvía a estar sin trabajo, sin alojamiento, y para colmo aún no sabía nada de Julius. Había prometido que me escribiría y tenía la dirección de Herta... ¿qué habría sido de él desde que le vi en la estación de clasificación de Komarom?

Corrían los primeros días de 1945. Budapest era una ciudad sitiada, Viena sufría cada vez más bombardeos, las alarmas antiaéreas sonaban sin cesar y el número de víctimas era horroroso.

Herta me llevó a la oficina de empleo.

—Tienes que trabajar, Olga. Necesitas un sitio donde vivir.

Me encontraron un trabajo en la cafetería de empleados de Neue Erlaa, donde acudía el personal de las fábricas vecinas. Yo sería la cocinera encargada del guiso diario. El menú era siempre el mismo. Las raciones eran tan escasas que echaba el envoltorio de los bloques de margarina en el guiso y lo dejaba dentro hasta que se hubiera desprendido toda la margarina del papel.

El propietario de la cafetería era un soldado retirado con una grave cojera consecuencia de las heridas que había sufrido en el frente oriental. Era alto, muy enjuto y rubio. Su mujer era todo lo contrario: baja, gorda y morena. Parecía eslovena, lo cual era perfectamente posible dado que venían de Villach, una localidad en la frontera con Yugoslavia.

Eran una pareja agradable y me dieron una buena habitación enfrente de la suya. Como creían que era húngara y Budapest seguía resistiendo los embates rusos, me trataban como una amiga, una aliada del Reich. Tratando de ser honesta, les dije que no me interesaba la política y aunque les costara admitirlo, tampoco les interesaba a ellos. Él era un hombre sencillo que había cumplido con su deber y ahora tenía que sobrellevar las terribles consecuencias de ello, como muchas personas de ambos bandos. Era muy popular entre los clientes habituales del local, y al ser un ex combatiente, le gustaba mucho charlar con soldados y con los guardias del campo que venían a por un plato de mi guiso.

El lugar era agradable e idóneo para esperar hasta que Julius escribiera a Herta diciéndole dónde estaba. Por su parte, Herta se había cansado de compartir dormitorio con las compañeras del campo y había alquilado una habitación en una casa de la ciudad, pero iba a menudo a recoger el correo.

Yo tenía la sensación de que se acercaba el final de mi viaje. La guerra estaba alcanzando su clímax y aunque corrían rumores de que Viena no tardaría en caer en manos del Ejército Rojo como Budapest, no me parecían ciertos. Los bombarderos seguían atacando Viena y seguía muriendo gente, pero por alguna razón nunca pensé que yo fuera a ser uno de ellos.

El trabajo en la cafetería era la primera rutina agradable que tenía en meses. Me levantaba temprano para preparar los ingredientes, luego ponía el guiso al fuego en el caldero y entonces llegaban los primeros clientes a tomar el desayuno —generalmente obreros de camino a la fábrica o guardias de camino a casa después de hacer el turno de noche—. El aire del local se llenaba rápidamente de sus conversaciones y el humo de sus cigarrillos. Hablaban de todo, y algunos hasta coqueteaban con la rubia húngara de la cocina mientras el dueño les reprendía amablemente con un tono paternal.

Una mañana entró un soldado y se puso a charlar con el dueño, pero no me quitaba los ojos de encima. Yo trataba de evitarle, pero cada vez que miraba hacia donde él estaba, le veía observándome fijamente. Al levantarse, se volvió a mirarme una vez más y desapareció por la puerta.

Tenía 21 años y acababa de volverme rubia. Quizás tuviera un admirador, pero por algún motivo su mirada no era de ésas, me inquietaba.

Al día siguiente en plena hora punta de desayunos, volvió a aparecer, esta vez luciendo un uniforme que me recordaba al de los guardias que nos vigilaban a Lenke y a mí cuando cavábamos trincheras anti-tanques cerca de la frontera. Mi desasosiego se hizo aún mayor.

Intenté evitar su mirada y centrarme en el trabajo, pero de repente se acercó a la barra y se puso a charlar con el dueño. En un momento, se volvió a mí y dijo:

—¿De dónde eres?

—Oh —dije sintiendo de repente todo el calor y el humo que había en el local. Noté que me sonrojaba, y dije—: De Hungría.

Me miró con frialdad.

—¿De veras? Sabes, no estoy seguro de dónde vienes, pero hace unos meses estuve de guardia cerca de la frontera, vigilando a gente que cavaba trincheras. Un día empezamos con 50 personas y al caer la tarde nos faltaban dos. Nunca las encontramos.

De repente el ruido y el barullo del café parecieron esfumarse y se quedaron en un murmullo de fondo, mientras el guardia me observaba fijamente y el dueño nos miraba algo desconcertado.

—Yo vine de Budapest huyendo del Ejército Rojo; pero siga, siga hablándome de mi doble —le dije, sonriendo.

—Bueno, yo qué sé... me recuerdas mucho a ella.

Se hizo el silencio entre nosotros y justo entonces empezó a sonar cada vez más fuerte, algo que todos conocíamos bien: la sirena antiaérea. En aquella ocasión me salvó de verdad. Cogí mi abrigo y salí del café con el resto de empleados y los clientes. Los demás corrieron a los refugios o hacia la relativa seguridad que ofrecían los bosques de Viena, pero yo fui en dirección contraria hacia casa de Herta. Lo último que quería era tener que compartir refugio con el soldado que me había reconocido y darle la oportunidad de interrogarme durante horas. No, prefería arriesgarme y no ir al refugio.

A los pocos minutos me arrepentí de mi decisión. Los bombarderos no se dirigían a Viena, sino a las fábricas y los complejos industriales de la zona de Modling. Esta vez, el objetivo éramos nosotros.

La primera batida del bombardeo dejó a su estela un silbido chirriante de proyectiles, y después fue como si el mundo entero estallara en llamaradas de fuego y estruendo. El ruido de las explosiones era ensordecedor y de repente sentí como si un huracán de aire caliente me levantara del suelo y me lanzara al otro lado de la calle, donde me golpeé contra una pared y caí al asfalto. Los edificios se estaban derrumbando, y por un instante aterrador pensé que me enterrarían viva. No dejaba de llover arena, piedras y escombros, y el aire era irrespirable por el polvo.

Había vivido varios bombardeos, pero ninguno tan intenso como éste. Estaban cayendo tantas bombas en un área tan reducida que parecía imposible que nadie sobreviviera a aquello.

Al disiparse el polvo, oí el ruido de bombas cayendo algo más lejos y deseé con todas mis fuerzas que hubiera acabado todo. Me concentré para escuchar si venían más aviones, pero el ruido y las contusiones de las explosiones me habían dejado sorda temporalmente. Me puse en pie con muchas dificultades y lo primero que vi fue un paso elevado de tren al final de la calle. Corrí hacia él y me encontré con tres hombres refugiándose con la espalda pegada a la pared de ladrillos del puente y el rostro pálido de terror. Uno de ellos tenía un libro en las manos. Me senté junto a ellos, pero ninguno dijo una sola palabra. Tan sólo esperamos, aturdidos por el terror. Lo único que se oía a nuestro alrededor era explosiones, pero nuestra zona estaba relativamente en calma. Cuando de repente miré hacia la casa de Herta, no había más que escombros.

Desde que dejó el campo de trabajo Herta ya no iba a protegerse al bosque ni a los refugios. Creía en el destino.

—Olga, si ha llegado mi hora, que así sea —me dijo en muchas ocasiones—. Prefiero estar en casa cuando llegue. No quiero estar tirada en la nieve en medio del bosque.

Desde mi refugio bajo el paso elevado miré hacia su casa a través del humo y el polvo, deseando desesperadamente que no estuviera allí, que por una vez hubiera salido a protegerse.

Tras media hora de espera, los cuatro empezamos a respirar con más facilidad. No habían caído más bombas después de la primera batida, y pensamos que quizás habían seguido en busca de otros objetivos. Pero antes de atrevernos a verbalizar nuestra esperanza, oímos el rugido de otra oleada de bombarderos, acompañados por el zumbido de los aviones de combate escoltándolos. Pensé, «por favor, a nosotros no», mientras me hacía un ovillo y apoyaba la frente sobre las rodillas. Podía sentir cómo temblaba el hombre que tenía a mi lado, y al oír a los bombarderos acercándose cerré los ojos y empecé a rezar.

La primera explosión hizo que un edificio al otro extremo de la calle se derrumbara en una avalancha de escombros y llamas. De repente, oí un grito escalofriante. Las explosiones avanzaban por la calle, abriendo enormes cráteres en el suelo y arrojando todo por los aires. El humo se iba acumulando debajo del puente, asfixiándonos y cegándonos mientras el ladrillo temblaba con cada explosión.

La onda expansiva generada por las explosiones alcanzó nuestro refugio y nos sacudió. Miré al hombre que llevaba el libro, y vi que entre la presión y su fuerza aterrorizada el libro que tenía en las manos había quedado reducido a un amasijo.

Una sola bomba más y el puente se nos caerían encima. De repente, me invadió una claustrofobia horrible, sentí que iba a morir, y tuve el instinto de levantarme, salir corriendo y lanzarme a la vorágine de las calles.

Pero, tan pronto comenzó la segunda oleada de bombas, cesó. Dejaron de caer proyectiles y el ruido de los bombarderos se diluyó en el aire. Eso sí: nadie se movía, nadie decía una sola palabra.

Al atardecer seguíamos debajo del puente y cuando por fin dieron la señal de que había pasado el peligro, los cuatro salimos sin mediar palabra y nos encaminamos hacia un mundo de polvo y destrucción en medio de la oscuridad.

Me abrí paso hacia casa de Herta entre cráteres, restos y —lo que era peor— bombas sin detonar. Cuando llegué al lugar, lo único que encontré fueron escombros iluminados por las llamas de los incendios que salpicaban la calle. No quedaba nada de aquel edificio pequeño y bonito. Recordé entonces el escalofriante grito que había oído cuando los bombarderos lanzaron el segundo ataque.

—¡Herta! ¡Herta! —grité aferrándome a la esperanza, aunque en el fondo intuía una realidad atroz. No hubo respuesta a mi llamada. No se veía ni un alma. En ese momento, comprendí que había perdido a mi mejor amiga.

Al ver un grupo de personas saliendo del bosque, corrí hacia ellos y les pregunté si habían visto a Herta.

—Sabes que Herta no viene al bosque ni a los refugios —contestó uno de ellos.

Hacía mucho frío, pero me senté en el suelo, junto a la casa de Herta, y empecé a llorar. ¿Quién podría ayudarme ahora?

Varios vecinos amables se acercaron a consolarme y me ofrecieron comida. Algunos creyeron que el edificio destruido era mi casa y me invitaron a quedarme con ellos, pero fue en balde.

Al poco rato la calle volvió a quedarse desierta. Los vecinos habían rescatado todo lo salvable y se habían ido a buscar un lugar donde pasar la noche.

Estábamos a varios grados bajo cero, y me levanté tratando de cerrarme lo más posible el abrigo de piel. En ese momento supe lo que era el sabor de la derrota. Todas mis esperanzas, todas mis ilusiones se habían hecho añicos. No tenía nada: ni trabajo, ni casa, y ya ni siquiera a mi mejor amiga. Estaba completamente sola en un mundo hostil. Después de que el soldado me hubiera reconocido, no podía volver al café. Y tampoco podría averiguar dónde estaba Julius porque él debía escribir a Herta, y Herta estaba muerta. Sus palabras se perderían, sus esperanzas se harían trizas como las mías, y pensaría que le había abandonado.

Inmersa en mi llanto, de repente noté que alguien se acercaba desde el bosque. Apenas podía ver entre las lágrimas y la oscuridad de la noche; sólo distinguía vagamente la figura de una mujer. Mientras se acercaba dijo:

—¿Olga?

Me sequé las lágrimas y miré con atención. Tenía aspecto desaliñado, sucio y tembloroso, pero para mi alegría comprendí que era Herta. Corrí a abrazarla y nos estrechamos, llorando de alivio, fue un arranque de vida entre dos amigas que acababan de escapar de las fauces de la muerte.

Herta observó aterrorizada lo que hasta unas horas antes era su casa y que había quedado reducida a escombros humeantes.

—Sabes que siempre que vienen los bombarderos me quedo en casa, pero hoy había salido a comprar cigarrillos a los italianos del campo cerca del nuestro, y cuando empezaron a caer las bombas me quedé con ellos —dijo.

Parecía consternada al pensar lo que le habría pasado si hubiera seguido su costumbre de quedarse en casa.

—Es el destino —añadió—. Puro destino.

El mes de febrero de 1945 nos regaló un clima sorprendentemente apacible y pudimos disfrutar charlando con amigos y compañeros al aire libre. El bombardeo nos había dejado sin casa. Herta volvió al campo y yo encontré una habitación en casa de una familia ucraniana que había venido a Alemania a trabajar en una fábrica de armamento. La hija, Olya, y yo nos hicimos amigas y al poco tiempo empecé a trabajar con ellos produciendo munición. Fabricar partes de armas era un trabajo duro y sucio.

En realidad, el único motivo para permanecer allí era recibir noticias de Julius, pero la esperanza de que eso ocurriera empezaba a esfumarse. Había pasado tanto tiempo desde la última vez que le vi en Komarom, y nos habían llegado historias tan terribles de los prisioneros obligados a caminar cientos de kilómetros en medio del duro invierno para llegar a Alemania, que me preguntaba si no le habría perdido para siempre.

Podía haber muerto en algún lugar entre Budapest y Alemania, como tantas víctimas de una guerra que ya se había cobrado millones de vidas.

Sólo podía alimentar la esperanza o pasar el duelo, y a veces tenía la sensación de estar haciendo ambas cosas.

Pero un día, al volver Olya y yo a casa después del trabajo, nos encontramos con Herta sentada en la entrada, sonriendo pletórica y claramente ilusionada.

—¡Sorpresa! —gritó mientras corría hacia mí con un sobre en la mano.

Mi corazón dio un vuelco. Era una carta, y con los dedos temblando de la emoción abrí el sobre. Dentro había una hoja de papel.

Querida Olga:
Estoy aquí en Alemania, y estoy bien. La comida es buena. Lo único que necesito es un cepillo de dientes.
Tu prometido, que te quiere,
Julius

Eso era todo, apenas un par de frases garabateadas sobre una hoja de papel. Pero el sobre contenía una historia mucho más dolorosa. Llevaba un número de prisionero y en el reverso, una dirección.

Lo leí todo con mucha atención, y al ver que estaba fechada a principios de enero comprendí que había tardado más de un mes en llegar. Estaba entusiasmada por el hecho de que Julius siguiera con vida y que hubiese sobrevivido el viaje hasta Alemania, pero de no haber sido tan ingenua, también hubiera debido estar aterrorizada.

Porque había una palabra en la dirección remitente que aún hace retumbar los ecos de la Historia: Dachau.

15

Las torres de la catedral de San Esteban habían sobrevivido los peores bombardeos sobre Viena y aunque el resto del edificio de Stephansplatz había sufrido daños todavía ofrecía un remanso de paz en medio de la guerra.

Hacía mucho que no pisaba una iglesia, pero estando en Viena me sentía atraída por la tranquilidad y el refugio de la catedral. A veces rezaba, otras simplemente me quedaba sentada y contemplaba cómo otros venían a orar.

Herta me acompañaba muchas veces. Ya no quedaban sinagogas y declarar su fe en público era demasiado peligroso.

—Nunca rezo —me confesó—. Ya no creo en nada. Después de perder a mis padres y todo lo que teníamos sólo me queda creer en mí misma y guardar la esperanza de que algún día, cuando vuelva la paz, pueda trabajar duro para tener una vida mejor.

Cuando se está rodeado de tanto horror, es fácil comprender a los demás y difícil aferrarse a las creencias religiosas. Me había acostumbrado a aquella vida de constante peligro hasta tal punto que vivía completamente al día. No podía permitirme soñar en el futuro, porque una bomba podía acabar con todo.

Mi único objetivo era encontrar a Julius. Estaba en un campo de concentración y tenía que llegar hasta allí. No me lo pensé dos veces.

Herta y yo habíamos venido a pasar el día en Viena por última vez. El campo cerca de Modling estaba a punto de cerrar, las fábricas se trasladaban al norte a Alemania y todos los empleados se irían cada uno por su lado.

Yo sabía adónde iba. Herta decidió poner rumbo a la frontera yugoslava y volver a casa. Visitamos por última vez el Prater, y compré algo de ropa para primavera en el mercado negro: una falda, una blusa blanca de encaje y zapatos.

Nos despedimos en aquella ciudad que se había convertido en un lugar muy importante para ambas. A pesar de la guerra, las tragedias y las penurias, lo habíamos pasado bien en Viena. Le di a Herta mi pulsera antigua y le dije:

—Toma, has sido una buena amiga. Siempre te recordaré.

Nos abrazamos.

—Buena suerte. Piensa en lo contento que se va a poner Julius al verte cuando le encuentres —me susurró.

Y con esas palabras nos separamos. Me quedé observando cómo caminaba apresuradamente entre la gente hasta que desapareció en la multitud.

Ya sabía lo que era huir del Ejército Rojo, lo hice en Hungría y ahora tendría que volver a hacerlo en Austria. A finales de marzo de 1945, Viena estaba presa del pánico.

El país había formado parte del Tercer Reich desde que Hitler lo anexionara en 1938, y ahora que el Ejército Rojo había conseguido cruzar las fronteras del imperio, la capital era un objetivo principal.

Muchos de los que habían huido de Hungría se preparaban a hacer lo propio de nuevo. Un día acudí a un enorme centro de refugiados habilitado en un edificio gubernamental en el centro de la ciudad, y allí escuché tantas voces hablando en húngaro como en austríaco.

Habían cubierto todo el espacio disponible con colchones, y logré hacerme con uno en una habitación con otras treinta mujeres. El ambiente y la comida eran sorprendentemente buenos; la gente hablaba entre sí e intentaba ayudarse. Todos parecían animados ante la idea de huir del Ejército Rojo. La adversidad puede ser un factor de unión y sacar lo mejor de la gente, pero también lo peor.

Nos dijeron que emprenderíamos el viaje al día siguiente, e iríamos a otro campo de refugiados a las afueras de la ciudad.

Aquella noche dormí profundamente, reconfortada por la presencia de las otras mujeres y por la calidad de mi colchón.

Cuando desperté, estaba completamente sola.

Me incorporé y miré alrededor. No había nadie; todos los colchones estaban vacíos y el edificio se había quedado en un silencio inquietante. Fui a coger mi ropa, pero también había desaparecido. La busqué desesperadamente, pero no había ni rastro de ella.

—¡Vamos! —gritó una mujer alemana desde la puerta—. ¿Qué haces aquí todavía? Están todos esperando. Vamos, vístete.

—No puedo —contesté—. Alguien se ha llevado mi ropa.

Me dijo que me cubriera con una manta gris polvorienta mientras registraba el resto del edificio para comprobar si quedaba alguien más. Unos minutos después volvió a aparecer, esta vez con aspecto consternado. Llevaba en las manos lo que parecía un montón de ropa. Desde el principio supe que no era la mía y estaba a punto de decírselo, pero ella se me adelantó:

—Mira lo que he encontrado.

Entonces escuché el llanto de un bebé. Envuelto entre aquellas prendas había un niño de no más de cinco meses. Nos miró, primero a mí y luego a la mujer alemana, buscando el rostro de su madre. Tenía unos ojos azules preciosos, ojos que me recordaban a Julius. Le cogí entre mis brazos y lo apreté contra mi pecho.

La mujer desenvolvió el montón de prendas de bebé y encontró algo de comida y una nota escrita en alemán incorrecto que decía que el padre del niño era un soldado alemán y su madre ya no podía cuidar de él. Qué desesperada debía estar para abandonar a su hijo.

La madre debía estar entre los refugiados, pensé. Si de verdad me importaba el niño, la buscaría y les reuniría de nuevo.

Recordaba haber charlado la víspera con una mujer húngara que tenía un bebé. Ella me había dicho que le gustaba mi ropa y teníamos más o menos la misma talla. Pero no podía ser: aunque estuviésemos en guerra, nadie sería capaz de cambiar a su hijo por un montón de ropa.

Salimos lentamente del edificio, yo con el niño en brazos intentando mantenerme envuelta en la manta para que no vieran que iba desnuda. Afuera había un pequeño camión lleno de mujeres. Nos ayudaron a subir a la parte trasera y nos pusimos en marcha. Miré alrededor, observando a todas aquellas mujeres, una por una. «¿Cómo habéis sido capaces de robarme la ropa?». Empecé a llorar. Era la mejor ropa que había tenido en mucho tiempo y me desconsolaba el haberla perdido.

Me abracé aún más fuerte al bebé y la mujer alemana me rodeó con su brazo.

—No te preocupes. Todo se arreglará en el otro campo. Estaremos allí al menos un par de días. Hasta podemos fabricarte algo con esta manta. ¿Sabes coser?

Recordé entonces las noches que había pasado con mi madre a la luz de la lámpara de aceite, en nuestra casa de Sisak, trabajando amorosamente en nuestra labor de encaje.

—Sí, sé coser —respondí, aunque en realidad no tenía ninguna intención de hacerme ropa con una vieja manta.

Mientras el camión avanzaba a trompicones sorteando los agujeros de la carretera, mi nuevo bebé se quedó apaciblemente dormido entre mis brazos. Mirando su dulce carita, me pregunté qué sería de él —y, por supuesto, de mí.

Los disparos de los cañones de artillería y de las ametralladoras se oían bastante cerca. La batalla por Viena era cada vez más inminente y si no acelerábamos la marcha corríamos el riesgo de quedar atrapados en la ciudad cuando comenzara el asedio ruso.

Al poco rato, nos detuvimos delante de un edificio grande y nos dijeron que bajáramos del camión. El conductor me ayudó a bajar, aún envuelta en la manta y con el niño en brazos, y me acompañó hasta un pequeño despacho donde me dejó esperando. El bebé se despertó, de modo que le di algo de comer y volví a acunarle hasta que volvió a quedarse dormido.

Los alemanes me trajeron algo de comida: pan, margarina y un huevo duro. Me quedé perpleja, ¿un huevo? Hacía tanto que no veía uno, que casi no recordaba cómo eran. Huevos, tomates y fruta se difuminaban en una nebulosa para mí.

Al ver cómo miraba la comida, uno de los soldados me dijo:

—¿No te gustan los huevos?

—Sí, sí —le dije cogiendo con rapidez el huevo antes de que alguien me lo quitara. Era como un manjar de reyes y estaba decidida a saborearlo. Durante la guerra, especialmente para los refugiados, la comida se convierte en una obsesión, porque nunca sabes cuándo será la próxima vez que podrás llevarte alimento a la boca.

La mujer alemana al mando entró en el despacho mientras comía lo que me habían traído. Había interrogado a varias chicas y mis sospechas sobre la húngara eran ciertas: se había llevado mi ropa y había abandonado a su bebé antes de huir. Nadie sabía dónde estaba.

Miré al niño durante unos instantes y me invadió una ola de ternura. ¿Cómo podía una madre dejar a su propio hijo? La guerra tiene un efecto horrible sobre la gente, y de formas muy distintas.

De repente aparecieron dos chicas húngaras que se habían enterado de lo ocurrido. Una de ellas me dio una blusa, y la otra un par de zapatos con suela de goma. No se podían comparar con las cosas que me habían robado, pero era toda una ayuda y me sentí muy agradecida.

Mientas acunaba al bebé, empezaron a hablar de hacerme unos pantalones con la manta. Las tijeras que tenían no servían, pero cuando un soldado las vio intentando cortar el grueso material les ofreció su navaja para que cortaran mejor la manta. Evidentemente, no teníamos botones ni cremalleras, de modo que las chicas hicieron los pantalones lo suficientemente grandes como para cubrirme las caderas y utilicé dos imperdibles para sujetarlos.

—A ver, date la vuelta, Olga —dijeron entre risas, orgullosas de su habilidad. Y lo hice, aunque no podía evitar pensar en la ropa que me había comprado y agradecí que no hubiera ningún espejo para verme con aquellos pantalones bombachos.

Aquella noche volvimos a tener un colchón individual sobre el suelo. Envolví cuidadosamente al bebé en una manta y lo abracé contra mí hasta que se quedó dormido. De vez en cuando, se despertaba y yo le consolaba mientras me miraba con aquellos ojitos azules.

Al día siguiente nos dijeron que nos íbamos de Viena, subimos otra vez a los camiones y nos volvimos a poner lentamente en marcha hacia el norte a través de las calles de la ciudad. Cruzamos el Danubio por el puente de Floridsdorf, que unos días más tarde sería destruido por los alemanes al abandonar la defensa de Viena y entregarla al Ejército Rojo.

Al cruzar el río, todos escuchamos mudos el ruido de los intensos combates en la ciudad que dejábamos atrás.

Aquella misma tarde, las carreteras estaban atestadas de vehículos intentando salir de Viena. Nos hacinaron en el suelo del camión y me senté con el bebé dormido entre los brazos. Había conseguido una pequeña mochila para meter la comida y su ropa, pero no tenía prendas de recambio para mí.

Vimos a muchos húsares húngaros viajando en nuestra misma dirección a caballo o en carros, liderados por sus oficiales que intentaban abrirse paso a través del tráfico. Los soldados que nos escoltaban no nos querían decir adónde nos llevaban y era peligroso hacer demasiadas preguntas.

Cuando el camión se detuvo y bajamos a estirar las piernas, cogí al bebé y la mochila y me escabullí entre la multitud de refugiados. Sabía el riesgo que corría viajando sola, especialmente ahora que tenía un niño a mi cargo, pero necesitaba libertad de movimiento para ir hacia Dachau en busca de Julius. Si me quedaba con el resto, tendría que ir adonde nos llevaran. Avancé en la fila de refugiados con el bebé aún dormido en mis brazos, pero sabía que no tardaría en despertarse hambriento.

Tenía algo de leche en polvo, así que paré en una casa a pedir un poco de agua caliente para mezclarla. La mujer que me abrió la puerta era muy amable, calentó leche para el bebé y me ofreció algo de comer.

Reconfortada por el calor de la acogida y el alimento, me volví a unir a la marea de refugiados y caminé varios kilómetros junto a un grupo de húsares húngaros, hasta que el cansancio empezó a pasarme factura. El viajar sin descanso y la nueva responsabilidad de cuidar al niño me estaban dejando física y mentalmente exhausta.

Apenas unos metros delante de mí, vi a un soldado junto a un caballo que tiraba de un carro vacío con una manta extendida en la parte trasera. Con mucho cuidado coloqué al bebé y luego me subí para echarme a su lado.

De repente, algo gritó desde debajo de la manta, y empezó a moverse hasta que salió la cabeza de un hombre.

—¿Qué crees que estás haciendo? —dijo furioso—. Casi me matas con ese paquete pesado.

—No es un paquete —contesté en húngaro—, es un bebé. Necesita dormir un poco, llevamos mucho tiempo de viaje. —El gesto en su rostro se suavizó y entonces añadí—: Yo también estoy muy cansada. ¿Me podría quedar en el carro y descansar un poco, por favor?

Al ver mi cansancio y que hablaba su idioma, se disculpó, me ayudó a acomodarme con el bebé, se bajó del carro y se puso a caminar junto a nosotros.

Era un hombre de mediana estatura, de piel oscura y llevaba un pequeño bigote. Se presentó como Istvan, dijo que era de Budapest y que antes de la guerra trabajaba como funcionario. Su mujer, su hija de 4 años y su hijo de 18 meses seguían atrapados en la ciudad cuando el Ejército Rojo empezó a sitiarla.

—Espero que alguien les ayude si lo necesitan, ya sabe lo mal que tratan los rusos a las mujeres —dijo.

Dio por hecho que el bebé era mío y me preguntó por mi marido. Era evidente que le preocupaba mi situación, y me trató con tanta amabilidad que le empecé a coger cariño. Así fue cómo mientras avanzábamos lentamente al atardecer, le confié la historia de mi vida a aquel desconocido.

Cuando terminé dijo:

—Julius es un tipo afortunado. Pocas prometidas, ni siquiera esposas, viajan por todo el mundo buscando a su amado. —Sonreímos y luego añadió—: ¿Cómo le vas a encontrar en Dachau? Es un lugar peligroso.

No era la primera vez que me avisaban. Me habían dicho lo mismo de Budapest y de Viena, pero no me di cuenta de que Istvan sabía mucho más que yo acerca del campo. Para mí era una cárcel como cualquier otra, y el lugar donde encontraría a Julius. Aunque la aterradora realidad de Dachau no tardaría en golpearme.

Quizás por ello al escuchar las palabras de aviso de Istvan tan sólo dije:

—Pues no lo sé. Nunca hago planes: simplemente dejo que las cosas sigan su curso.

Él soltó una carcajada.

—Me alegro de que no hicieras planes para hoy, de lo contrario no nos habríamos conocido.

El carro siguió su marcha a trompicones por aquella carretera llena de baches con los húsares caminando detrás e Istvan marchando siempre a nuestro lado.

—¿Habla alemán? —me preguntó de repente. Cuando contesté afirmativamente dijo—: Podríamos sernos útiles el uno al otro. Otros dos oficiales y yo tenemos treinta soldados a nuestro cargo y necesitamos desesperadamente descansar una noche como es debido. El caso es que ninguno hablamos alemán y es imposible hablar con la gente para pedirle si podemos pasar la noche en su casa. Quizás nos pueda ayudar como traductora...

Istvan me explicó que tenían mucha comida y que a cambio de mi ayuda se asegurarían de que el bebé y yo nos mantuviéramos sanos y salvos.

Accedí sin pensarlo dos veces, pero luego comprendí la responsabilidad que sería encontrar un alojamiento para tres oficiales y treinta soldados antes de que cayera la noche.

Istvan me presentó a los otros oficiales, que parecían satisfechos con nuestro acuerdo. Estuvimos hablando un rato, pero cuando les pregunté hasta dónde iban respondieron con evasivas:

—Aún no lo sabemos —contestó uno—, pero con un poco de suerte no nos tendrá que aguantar demasiado.

No era habitual que una unidad del ejército no supiera adónde se dirigía y desde entonces siempre he pensado que podían ser desertores, aunque es posible que mi juicio no sea justo y que fueran los últimos remanentes del ejército húngaro que cruzaban la frontera austríaca cuando el Ejército Rojo se adueñó del país.

En cualquier caso, habíamos hecho un trato. Cuando los oficiales encontraron un lugar que les parecía adecuado me dirigí a los dueños y les pedí ayuda en alemán. No podíamos quedarnos todos en una sola casa, pero entre los graneros, los establos, y varias habitaciones en casas distintas conseguí que todos tuvieran un sitio donde descansar aquella primera noche.

Algunos propietarios lo estaban pasando muy mal, y me preguntaban si teníamos comida de sobra. En esos casos yo regateaba con ellos y les sugería que nos dieran una habitación mejor a cambio de alimento.

Cuando el reguero principal de refugiados llegó al pueblo aquella noche, los soldados ya estaban instalados en sus alojamientos, lo cual me enorgulleció mucho, e Istvan se encargó de repartir comida entre la gente a la que se la habíamos prometido.

Los tres oficiales y yo nos alojamos con una misma familia. Todos se deshacían en atenciones hacia el niño y me ayudaron a calentar la leche para él.

Sentarme a cenar con los oficiales y la familia que nos acogía fue todo un lujo para mí. Después de las privaciones de la guerra, aquello era un verdadero banquete, entre la comida y la bebida. Uno de los oficiales notó que tenía reparos para acabarme el plato, pues mi instinto me hacía guardar un poco para el día siguiente.

—No te preocupes —dijo—, con nosotros no vas a pasar hambre.

Hasta el bebé parecía disfrutar del ambiente distendido, sonreía entre las mantas a todas aquellas caras nuevas y se alborotó cuando Istvan empezó a tocar el piano que había en una esquina de la sala.

Todos nos unimos a tararear aquellas canciones húngaras, aunque la familia que nos acogía no conociera la letra, y en un momento Istvan tocó una balada que parecía dirigida a mí. A pesar del duro viaje que nos esperaba a la mañana siguiente, fue una velada relajada y agradable, un respiro de alivio en medio de la brutalidad de la guerra.

Con el paso de los días nuestro grupo se hizo a una especie de rutina diaria. Salíamos al amanecer, yo iba con el niño sentada en la parte trasera del carro e Istvan caminaba junto a nosotros, charlando, mientras el resto de los soldados marchaban detrás.

Al caer la tarde, en el primer pueblo o aldea que encontrábamos, me bajaba del carro y empezaba a llamar a las puertas para pedir habitaciones en las que pasar la noche y negociando con la comida como moneda de cambio. Por suerte, a los austríacos les caían bien los soldados húngaros y no tuve ningún problema para encontrar alojamiento.

Cuando nos dirigíamos hacia Passau, ya en la frontera con Alemania, empecé a preocuparme por el bebé. Se había acabado la leche en polvo que dejó su madre y aunque podía conseguir más leche sobre la marcha, la comida que llevaban los soldados no era adecuada para él.

Cada vez estaba más intranquilo y cuanto más lloraba, más me costaba lidiar con él. Suponía que gran parte de sus berrinches eran por hambre, pero ¿qué podía hacer yo?

Un par de días más tarde, nos paramos al lado de un camión. En la parte trasera vi a una mujer yugoslava dando el pecho a un bebé más o menos de la misma edad que el mío. Nos pusimos a hablar y le pregunté si tenía algo de comida para bebés.

—Lo siento. Le estoy dando el pecho y tengo mucha leche. ¿Tú no tienes?

Le expliqué que el bebé no era mío y cómo lo había encontrado.

—¿Quieres que me ocupe yo de él? —preguntó—. Tengo suficiente leche, y lo cuidaré. Sé que le quieres, pero...

Su voz quedó suspendida en el aire. Ambas sabíamos que tenía razón.

—Sería mejor para el niño y para ti —concluyó.

Con mucha tristeza, accedí a su oferta. Claro que le quería, pero me preocupaban los cuidados en un viaje tan peligroso, aquella joven parecía amable y su oferta de cuidar del bebé sincera.

Entre lágrimas y en medio de las quejas de los soldados, que se habían encariñado del bebé, recogí todas sus mantitas y su ropa del carro y se las di a la mujer. Finalmente, abracé al niño por última vez, le besé suavemente la frente y lo levanté hasta que unas manos entusiastas lo cogieron y lo metieron en el camión.

Desde que dejé Zagreb lo había perdido prácticamente todo. Me habían robado los anillos, la cartera, las joyas y la ropa; había dado mi pulsera antigua a Herta como regalo de despedida; lo único que me quedaba era la medalla de San Antonio que mi querida tía Alice me había dado en Navidad de 1940. Y ahora había entregado a mi pequeñín.

Unos instantes después el camión se puso en marcha y me quedé observando hasta que desapareció, luego me subí al carro con una sensación muy extraña de soledad por no tener al bebé entre mis brazos.

Los días siguientes pasaron mecánicamente dentro de la misma rutina, mientras seguíamos el cauce del Danubio alejándonos de Viena en dirección a la frontera con Alemania en Passau, a unos 320 kilómetros de distancia.

Atravesamos paisajes preciosos, con las azules aguas del río serpenteando a través de unos campos que en tiempos de paz debían ser un remanso de tranquilidad y sosiego, y que ahora estaban inundados de refugiados huyendo en una misma dirección.

Los bombarderos seguían sobrevolando nuestras cabezas de vez en cuando, de camino a Viena o a Linz, la ciudad natal de Hitler, pero no se ensañaban con las largas colas de refugiados. No éramos una amenaza para nadie.

Cada mañana Istvan me recibía con una cálida sonrisa y un alegre «buenos días» y pasábamos horas charlando sobre nuestras vidas y lo que nos depararía el futuro, sobre nuestras ilusiones y nuestros miedos. Me dio su dirección de Budapest y me hizo prometer que si alguna vez volvía a la ciudad acabada la guerra, le visitaría. Siempre se portó como un caballero y tenía la sensación de que le conocía de toda la vida.

Por la noche buscaba alojamiento para soldados e Istvan organizaba un sistema de turnos para que todos pudieran disfrutar de las mejores habitaciones. Todos se preocupaban por mí hasta tal punto que en aquel viaje me sentí más relajada y protegida que en mucho tiempo.

Lo más fácil era vivir al día, y pensar poco en el futuro. Pero no tenía otra opción. No estaba allí por la misma razón que el resto de refugiados que huían de los rusos. Yo tenía un objetivo.

Una vez dejamos atrás Passau y nos adentramos en Alemania, empecé a preguntarme cómo encontraría Dachau. Los húngaros aún no me habían dicho adónde se dirigían y empezaba a sospechar que no tenían ningún destino en mente, pero yo sí lo tenía y era crucial que llegara hasta allí.

Seguimos el curso del río hasta Regensburg, donde Istvan me dijo que en unos días llegaríamos a Núremberg, y que allí nos tendríamos que separar, aunque no me dijo por qué. Llegamos dos días más tarde. Al mirar alrededor desde el carro me quedé perpleja. La ciudad estaba completamente destruida. Era como si los bombarderos no hubieran dejado ni un sólo edificio en pie. El esqueleto de la Frauenkirche seguía allí, en la plaza principal, pero el resto era escombros.

Núremberg se había hecho famosa en la década de 1930 por ser la sede de grandes desfiles nazis, y ahora me parecía el más elocuente testimonio de la derrota de Alemania.

Los húsares también la observaban consternados y en silencio.

Istvan se me acercó con un gesto tímido que nunca había visto en él.

—Nos tenemos que separar —dijo con un tono muy formal—. Le agradecemos mucho todo lo que ha hecho y quisiera darle las gracias de parte de todos.

Entonces hizo una pausa, miró hacia abajo y me entregó un trozo de papel doblado:

—Es un poema que escribí anoche para usted, sabiendo que hoy nos tendríamos que decir adiós. Guárdelo para acordarse de nosotros.

Desdoblé el papel y leí aquellas palabras escritas en letra clara.

Esta noche vamos al frente
y quiero decirte
que espero volvamos bien,
mas si desde el cielo una voz nos llama
siempre te recordaré...

Era la letra de la balada que me había cantado al piano unas noches antes. Istvan me miraba mientras yo los leía en alto. Cuando terminé dijo:

—Lo siento, pero me he enamorado de usted...

Parecía incómodo. Al fin y al cabo era un hombre casado.

—¿Quién no lo estaría? —dijo—. Espero que encuentre a Julius. Es un hombre afortunado.

Aunque sus palabras me cogieron desprevenida tampoco me sorprendía. Durante el viaje nos habíamos hecho íntimos, disfrutábamos mucho de la compañía del otro, descubrimos que teníamos muchas cosas en común y nos dábamos consuelo en los peores momentos. En esas circunstancias es difícil no intimar con alguien.

Me despedí de todos ellos y me puse en camino hacia la ciudad por una pequeña colina. Apenas había dado unos pasos cuando oí que alguien se acercaba por detrás. Era Istvan, que quería darme las gracias de nuevo.

—Si no estuviera felizmente casado esto no acabaría aquí —añadió con cierta melancolía. Nos miramos durante unos instantes mientras los húsares hacían como si no entendieran lo que estaba ocurriendo.

Me quité la medalla de San Antonio que llevaba al cuello y se la di.

—Tenga, Istvan, cójala. Que Dios le ayude y guarde, y que le haga volver sano y salvo a su mujer y sus hijos. Prometo que si algún día voy a Budapest iré a visitarle.

Allí dejé la última joya que guardaba y al hombre que me había ayudado y cuidado durante el viaje desde Austria. Le susurré un último adiós y me encaminé hacia las ruinas de Núremberg.

16

Ya era de noche cuando el tren entró en Múnich. La ciudad estaba sumida en la oscuridad y en un tenso miedo bajo el gemido de las sirenas antiaéreas.

Todos se bajaron de los vagones y se alejaron lo más rápido que pudieron de las vías y de la estación. El tren me traía de Núremberg siguiendo la misma ruta que había hecho con los húsares: vía Passau. Un centro de refugiados de Núremberg me consiguió un permiso para viajar hasta Miesbach, al sur de Múnich, pero yo había tachado el nombre y había escrito Múnich encima. El conductor del tren ni siquiera lo había comprobado. Supongo que en un país al borde de una aplastante derrota comprobar billetes de tren puede parecer una ocupación bastante inútil.

La multitud que había en el andén me arrastró y no me dejó recoger mis pertenencias hasta que todos salimos a empujones a la calle.

Luego todo el mundo se evaporó de repente en medio de la noche, y en apenas unos minutos me quedé completamente sola.

Las únicas luces que veía eran las linternas de bolsillo que llevaban algunos residentes para abrirse paso entre los edificios en ruinas, los cráteres y los escombros.

En ese momento oí unas voces gritando, empezaron a disparar los cañones antiaéreos y el cielo se iluminó con las luces de sus proyectiles explosionando. Los bombarderos habían llegado.

Nunca había estado en Múnich, y no tenía ni idea de dónde estaban los refugios. No podía quedarme allí, sabía que tenía que meterme en algún sitio. Me puse a correr por una calle cuyos edificios estaban completamente destruidos, me tropezaba entre los escombros, me levantaba y seguía corriendo mientras oía a los bombarderos acercándose.

Cuando empezaron a caer bombas cerca, comprendí que no tenía más tiempo y me escondí bajo las ruinas de una vieja casa. Aún estaba demasiado cerca de la estación de ferrocarril pero tampoco me atrevía a salir para buscar un refugio mejor. Así pues, dejé mi mochila medio vacía en el suelo, me senté entre los escombros húmedos, cerré los ojos y me cubrí los oídos con las manos —como si aquello fuera a salvarme.

Las bombas caían sin cesar, y hacían temblar el suelo y las ruinas del edificio a mi alrededor. Una densa nube de humo inundó la calle envolviéndolo todo, pero aún podía oír cómo se derrumbaban los edificios cercanos.

«Por favor», pensé. «Otra vez no».

Estaba aterrorizada, sola y hambrienta. Había vivido tantos bombardeos y me había salvado por tan poco en Viena, que pensé que quizás sólo era cuestión de tiempo antes de que yo me convirtiera en otra víctima de la guerra.

Por si las bombas no fueran suficiente, llovía a cántaros y yo estaba calada hasta los huesos. Pasada la media noche, todavía no habían dado señal de que hubiera pasado el peligro. Quizás presintieran que los bombarderos iban a dar otra batida sobre la ciudad en ruinas. Lo peor no era cuando un avión sobrevolaba, sino los momentos inmediatamente después, porque sabía que las bombas ya estaban en el aire, cayendo en silencio hacia la tierra. Hacia mí.

Sin embargo, aquella noche, tras la segunda batida de explosiones se escuchó el ruido del avión dando la vuelta antes de desaparecer en el cielo de la noche, rumbo a su base en Inglaterra. Había acabado al menos por unas horas.

Salí de mi refugio improvisado, empapada y cubierta de polvo, para ver los destrozos del ataque. Como siempre sentí una mezcla de terror y rabia contra los bombarderos.

Dondequiera que fuera en Alemania, lo único que veía era destrucción: edificios reducidos a escombros y supervivientes confinados en sus ruinas, rodeados de vecinos muertos en las calles y ambulancias tratando de ocuparse de las escalofriantes cifras de heridos y muertos.

El peligro no acababa cuando se iban los bombarderos. Muchas de las bombas que caían cada noche no se detonaban al impactar contra el suelo, y se quedaban en medio de la calle o entre los escombros, listas para explosionar.

Mientras me abría paso con cautela entre ellas, empecé a ver luces de antorchas de los muniqueses que habían sobrevivido e iban saliendo de sus refugios. No tenía documentos, pasaporte ni dinero. Tenía 22 años, y estaba sola en el Tercer Reich entre toda aquella muerte y destrucción.

Estaba desesperadamente hambrienta y le pregunté a una transeúnte dónde podía encontrar algo de comida. Me indicó el camino hacia un comedor para refugiados. No albergaba demasiada esperanza de encontrarlo abierto a esas horas de la madrugada y después de un bombardeo, pero para mi sorpresa lo estaba, aunque prácticamente vacío. En cuanto llegué me dieron un plato caliente de sopa de judías.

La mujer tras el mostrador me observaba mientras comía.

—¿Un poco más? —me preguntó en cuanto me terminé el primer cuenco de sopa, y añadió que aquella noche había ido poca gente por el bombardeo.

—¡Sí, por favor! —respondí agradecida.

Me contó que habían abierto el comedor para ayudar a las personas que huían del avance ruso desde el este, pero pocos habían logrado llegar hasta Múnich. Le dije que yo también huía: de Budapest, de Viena y sobre todo de los rusos.

Se quedó perpleja al oír mi siguiente pregunta:

—¿Sabe cómo puedo llegar a Dachau?

Pensó que no me había entendido bien y me pidió que se la repitiera. Así lo hice, y ella contestó con otra pregunta:

—¿De veras quieres ir a Dachau?

Me indicó el camino, aunque podía ver cierto recelo en su mirada, así que me terminé la sopa y me fui.

Pasé una noche de perros en la estación de tren, esperando al amanecer. Cuando anunciaron el tren con destino a Dachau, me perdí entre la multitud que se arremolinaba para subir a bordo. No tenía billete y me sentía tensa, nerviosa y exhausta. Mucha gente quería simplemente salir de Múnich para refugiarse en la tranquilidad del campo. Parecía como si todos los pueblos y ciudades que encontraba a mi paso hubieran sido aplastados por el puño de un gigante, y que viajaba por un mundo devastado, en el que cada día me descubría un nuevo horror.

«No dejan de bombardear, pero tengo que llegar a Dachau. Y tampoco sé qué esperar, pero tengo que encontrar a Julius», pensaba sentada en el vagón abarrotado mientras el tren salía lentamente de Múnich.

Dachau se encuentra a menos de 20 kilómetros de la ciudad, y si Julius estaba allí, mi viaje habría llegado a su fin. Podía quedarme en el pueblo y esperar. No sabía qué me aguardaba, pero después de todo lo que había vivido tampoco podía rendirme.

No tardamos en alcanzar las afueras de Dachau. Yo iba sentada junto a la ventanilla y vi un grupo de hombres con la cabeza afeitada, gorras negras y uniformes de rayas azules y blancas, marchando por un camino. Aquello fueron los primeros prisioneros del campo que vi y la magnitud de lo que me esperaba hizo que me empezaran a temblar las piernas.

Atravesamos otro camino y vi otro grupo de prisioneros. Seguían a un tipo con el mismo uniforme que llevaba un brazalete con la palabra «Kapo». ¿Quién sería?

Empecé a fijarme en los rostros de los prisioneros, buscando desesperadamente a Julius. Uno de los pasajeros del tren debió darse cuenta de mi ansiedad, porque dijo:

—Señorita, parece usted muy interesada en todos estos presos: ¿No los había visto nunca?

Negué con la cabeza.

—Entonces debe de venir de muy lejos. Son de un campo, y van a trabajar. —Tenía que tener más cuidado; no podía correr el riesgo de llamar la atención, porque si me cogían, no me atrevía a imaginar lo que podía ocurrir.

Fue un gran alivio cuando el tren llegó a la estación de Dachau y pude bajarme del vagón y huir de la mirada inquisitiva de aquel hombre.

Dachau era una localidad pequeña, de poco más de 7.000 habitantes, con calles adoquinadas que ascendían hacia el casco antiguo, formado por un conjunto de casas pintadas de colores pastel siguiendo la tradición bávara. Desde lo alto de la ciudad se podía ver Múnich a lo lejos.

Al salir de la estación me pregunté si estaría cometiendo un error. Aquella ciudad no podía ser la base de un campo de concentración. Parecía demasiado pintoresca, demasiado rica, demasiado respetable.

De hecho, el trayecto que acababa de realizar era el mismo que el que hicieron muchos prisioneros al principio de la guerra. Les llevaban hasta la estación de ferrocarril de Dachau y desde allí marchaban hasta el campo, construido en las afueras. Así fue hasta que se habilitó una vía especial para trasladar a los prisioneros directamente al campo.

Una vez en la calle mi primer objetivo fue buscar un trabajo. Sin trabajo no tendría dinero, y sin dinero, tampoco alojamiento. Una vez tuviera un lugar donde vivir podría decidir cómo averiguar si Julius estaba en el campo.

Alemania estaba cayendo aplastada a una velocidad vertiginosa entre las acometidas paralelas de los americanos y los británicos por el oeste y los rusos por el este, y en Berlín, Hitler ya se había confinado al búnker del que nunca más saldría con vida. Sin embargo, en Dachau la agencia de trabajo local seguía abierta.

Había una mujer sentada tras el mostrador. Me preguntó por qué había venido a Dachau en lugar de quedarme en Múnich.

—Por los bombardeos. Tenía miedo de los bombardeos. Una gente del comedor de refugiados me vio asustada y me dijo que viniera a Dachau —contesté. No podía decir la verdad, que había venido a buscar a mi prometido en el campo de concentración.

En cualquier caso mi explicación era perfectamente razonable. Dachau no estaba entre los planes de bombardeo de los aliados por el propio campo, y aunque había alarmas antiaéreas debido a la cercanía de Múnich, la ciudad estaba prácticamente intacta.

La mujer sacó una tarjeta de su fichero con información sobre un empleo.

—Hay una farmacia a unos cinco minutos de aquí; ve y pregunta por el farmacéutico —dijo mientras escribía la dirección en un pedazo de papel y me lo entregaba.

Salí a la calle y no tardé en encontrar la farmacia. Al abrir la puerta sonó una campanilla. El farmacéutico era austríaco, de Viena, y cuando le expliqué que venía de allí parecía encantado de verme. Me pidió que le contara noticias de su vieja ciudad, de qué zonas habían sido bombardeadas y cómo era la vida allí ahora.

Me cayó bien y estuvimos charlando un buen rato. Entonces me presentó a su mujer, y ella me preparó una habitación en su casa, un edificio de dos pisos con vistas sobre la ciudad. Por primera vez en meses, no veía rastro de los bombardeos.

La mujer del farmacéutico era más alta que su marido y parecía menos simpática.

—Soy del Tirol —me dijo—. ¿Has estado alguna vez allí?

—Una vez pasé el día en Innsbruck —contesté tratando de complacerla.

—¿Te gustó?

—Sí, pero tampoco pude ver mucho en un día. —Ella sonrió con sequedad.

Después de tanto tiempo durmiendo mal me entusiasmaba la idea de dormir en la impecable habitación que me prepararon en el ático. Todo parecía tan limpio y cómodo que sólo tenía ganas de echarme en aquella cama blandita y dormir.

Me asomé a la ventana y contemplé los tejados de la ciudad. Justo debajo tenía un jardín con todos los árboles en flor que creaba un precioso abanico de tonos luminosos blancos y rosas. Y flores, ¡tantas flores! «Las primeras que veo en mucho tiempo», pensé.

Bajé a la farmacia, y me pidieron que fregara los suelos y las estanterías, y que limpiara los tarros. El olor tóxico de las medicinas me dio un dolor de cabeza horroroso. Cuando volvimos a la casa por la noche, el farmacéutico siguió preguntándome acerca de Viena. Su mujer parecía cada vez más irritada al vernos enfrascados en la conversación, pero no le di demasiada importancia.

La primera noche en mi nueva cama fue maravillosa, a salvo de las bombas y con la esperanza de ver a Julius pronto. Pero cuando bajé a desayunar y el farmacéutico empezó a hablar conmigo, su mujer se lo llevó aparte. De camino a la tienda me dijo que su esposa era una mujer muy celosa y que no me quería trabajando junto a él.

—No te preocupes, luego vamos a la agencia y te encontraré otro trabajo —dijo.

Pero yo contesté enfadada:

—No se preocupe, ya me buscaré yo uno.

Volví a la casa, cogí mis cosas ante la mirada gélida de la mujer del farmacéutico y entré en el café del barrio antes de regresar a la agencia de empleo.

Estaba muy disgustada. Justo cuando por fin había encontrado refugio, me echaban sin que la culpa fuera mía. Era repugnante.

De camino a la agencia empezaron a sonar las sirenas antiaéreas y me refugié en un parque cercano para alejarme de los edificios que corrían el riesgo de derrumbarse por el bombardeo. Me senté en un banco y contemplé cómo los bombarderos descargaban otra manta de destrucción sobre Múnich, dejando una inmensa columna de humo negro sobre la ciudad, mientras el aire del parque de Dachau olía a primavera.

De repente, una chica rubia vestida con un vestido rosa y el pelo recogido a la última moda apareció por la verja de entrada. Me sonrió, se sentó a mi lado, y nos quedamos observando el bombardeo juntas.

Empezamos a hablar. La chica era holandesa y se llamaba Helga. Le pregunté dónde trabajaba, y su respuesta me dejó helada.

—Trabajo en el campo de concentración.

—¿En el campo de concentración?

—Sí —dijo ella sin darle importancia—. ¿No sabías que hay uno aquí?

—No —contesté—. Llegué ayer.

—¿A qué te dedicas?

Le dije que venía de Viena y que había pasado la noche en una cama decente por primera vez en meses, pero que había perdido el trabajo y la cama.

Después de un largo silencio Helga continuó:

—¿Sabes escribir a máquina? Mi novio tiene un buen puesto en el campo de concentración. Es posible que te pueda dar un trabajo. No estoy segura, pero podemos intentarlo cuando pase la alarma.

Asustada y confundida, no sabía qué hacer. ¿Sería capaz de trabajar para los alemanes en un campo de concentración? Deseaba que no acabara el ataque aéreo para no tener que decidir, pero a las cuatro los bombarderos dieron su misión por acabada y desaparecieron en el horizonte.

Helga y yo nos pusimos en camino hacia el campo de concentración a través de la ciudad. Ella no dejaba de hablar, mientras yo iba sumida en mis pensamientos. Cuando vi la alambrada y a los prisioneros custodiados por los guardias armados, recordé que no tenía documentos de ningún tipo.

Y si había un sitio donde uno podía esperar que le pidieran los papeles, era a la entrada de un campo de concentración.

Pensé en darme la vuelta y echar a correr mientras Helga avanzaba hacia la entrada principal, pero ya era demasiado tarde. Sólo conseguiría llamar la atención, me cogerían fácilmente y acabaría en el campo de concentración, pero como prisionera. Ahora bien, cuando descubrieran que no tenía documentos, me detendrían igualmente.

Estaba atrapada y sin salida. Helga enseñó su pase al guardia y me dijo que esperara allí mientras pedía permiso para mi entrada.

En aquel momento me resigné ante mi destino. «He llegado hasta aquí; ahora tengo que atenerme a las consecuencias», pensé. La entrada principal del campo era prueba evidente del riesgo que estaba corriendo. Los guardias eran arrogantes y llevaban las armas como si estuvieran acostumbrados a utilizarlas contra los prisioneros.

Estaba asustada. Dachau era el primero de los campos de concentración construidos por Hitler antes de empezar la guerra. Parte del complejo estaba formado por los barracones de las SS y podía divisar varias entradas levantadas con grandes bloques de cemento y el símbolo del águila y la *swastika* sobre grandes puertas de madera.

El campo de concentración en sí era bastante más pequeño. Esperé hecha un manojo de nervios ante la mirada de los guardias que se preguntaban quién era yo y qué hacía allí.

Después de quince minutos Helga volvió sonriendo y agitando en la mano una hoja de papel. Se la entregó al guardia, que me hizo señal de entrar, y atravesé el umbral. Primero cruzamos dependencias de las SS, y luego cruzamos a una zona rodeada de alambradas con altas torres de vigilancia, y una ametralladora sobresaliendo de cada una. Aquello tenía que ser el campo de concentración.

La entrada estaba encastrada en una estructura de dos pisos difícil de describir, con una torre de madera en la parte superior. Tampoco tenía nada de especial, de no ser por el escalofriante eslogan cuidadosamente trazado en hierro forjado sobre las puertas, que decía *Arbeit Macht Frei* («El trabajo hace libre»).

Una vez dentro el primer edificio que vi fue el bloque administrativo principal, a la derecha, y directamente enfrente de nosotras, un enorme patio de armas. A mi izquierda estaban los 34 barracones de prisioneros, dispuestos en filas ordenadas. En el otro extremo del campo se veía una altísima chimenea de la que salía humo. Las cocinas, pensé.

Helga me llevó al edificio de administración y me condujo hasta un despacho donde nos esperaba un oficial alemán sentado tras su escritorio. Supuse que era su novio. Era mayor de lo que esperaba, tenía el pelo cano y parecía bastante formal, pero me miró y sonrió.

Había llegado el momento que tanto temía. Me iba a pedir los papeles y me descubriría.

Me lanzó una mirada de lince.

—Helga me ha hablado de ti —dijo—. No tienes que empezar hoy. Mañana te darán un pase para todas las entradas y salidas. Puedes compartir dormitorio con Helga y otras dos señoritas.

Dicho eso volvió a su trabajo y sólo añadió:

—Helga te mostrará la habitación.

Y así fue. Ni una pregunta, ni una sola mención a mis documentos. No podía creer la suerte que tenía.

Helga estaba muy ilusionada. Me llevó a un pequeño edificio en el campamento de las SS donde vivían los funcionarios alemanes del campo. El alojamiento era sorprendentemente bueno y las chicas con las que debía compartir habitación no paraban de preguntarme cosas mientras me ayudaban a hacer la cama.

Todas parecían totalmente normales. Nada en su actitud ni en su conversación hacía pensar que trabajaran en uno de los campos de concentración más infames del Tercer Reich. Para ellas era sólo un empleo.

Aquella noche, tumbada en mi cama en plena oscuridad, mientras las otras chicas dormían con el sonido de fondo de las órdenes de los guardias me dije: «Estoy en un campo de concentración y empiezo a trabajar mañana. Que Dios me ayude».

17

A la mañana siguiente el ruido del campo volviendo a su sombría rutina diaria me despertó temprano. Los prisioneros marchaban hacia el trabajo al son de gritos y órdenes mientras quienes esperaban castigo eran trasladados a las celdas subterráneas del Búnker, un bloque de hormigón situado detrás del edificio de administración donde se llevaba a cabo las ejecuciones.

Las oficinas donde trabajaba estaban junto a la entrada principal en el campamento de las SS al lado de la línea de tren donde descargaban a los prisioneros para llevarlos al campo.

También teníamos que ir de vez en cuando al edificio de administración. De camino hacia allí en mi primer día Helga me explicó que los barracones estaban clasificados del 1-29 y del 2-30. Otros se identificaban con las letras B, C, D y E, y se solían utilizar para prisioneros enfermos, que nunca escaseaban.

Helga me señaló varias ventanas en un edificio de administración.

—Ese es el museo del campo —dijo—. Tiene fotos y modelos de todas las clases de prisioneros.

De hecho, era una sala llena de las típicas caricaturas nazis: los criminales aparecían siempre representados con rostros hoscos y duros; y los judíos como hombres de negocios encorvados estafando a sus clientes.

Me sorprendió la cantidad de prisioneros que había. El campo se había construido para 6.000 reclusos y en ese momento, en abril de 1945, había 32.000 hacinados en el complejo. Muchos morían de enfermedad o de hambre, y las epidemias se extendían rápidamente en los barracones atestados de gente y diezmaban la población del campo.

Prácticamente cada día había ejecuciones. Los guardias de las SS se encargaban de los fusilamientos, que se llevaban a cabo delante de un muro a la entrada del Búnker, pero para los ahorcamientos obligaban a un recluso a actuar de verdugo. A menudo los prisioneros tenían que desfilar delante de los cadáveres de sus camaradas, aún colgados de la horca.

La mayor crueldad eran los experimentos médicos en los que congelaban literalmente al prisionero o le reducían el oxígeno hasta morir para recrear las condiciones de una gran altitud.

En el campo todo el mundo vivía constantemente aterrado. Si les enviaban a otro campo tenían posibilidades de morir en el camino. Y no es de extrañar que el suicidio fuera común.

Helga seguía hablando mientras caminábamos, aparentemente ajena al horror que le rodeaba. Era como si estuviera enseñando la oficina a una nueva compañera de trabajo en un lugar cualquiera en el mundo.

—Todos los prisioneros llevan un distintivo para que sepas por qué están aquí —me dijo—. El amarillo es para los judíos, el negro para los delincuentes comunes.

Me pregunté qué significaría «común» en un lugar como aquél.

Los nazis estaban obsesionados con la burocracia y tenían una impresionante gama de distintivos triangulares de color para distinguir a los presos: rosa para los homosexuales, rojo para los presos políticos y violeta para los testigos de Jehová, entre otros. Nunca me los aprendí todos, pero tampoco quería hacerlo. Al mirar la multitud de reclusos vestidos con el pijama de rayas me preguntaba cuál de esos triángulos llevaría Julius.

Era un lugar aterrador, mucho peor que la cárcel de Komarom y que las celdas de Andrassy Utca en las que estuve presa. Todo el campo de Dachau vivía sumido en una atmósfera de terror, y el aire hedía a muerte. Los presos estaban espantosamente desnutridos y esqueléticos, y más que andar arrastraban los pies, como si cada paso pudiera ser el último. Sus ojos aterrados evitaban cualquier contacto visual, incluso con las chicas que trabajábamos en las oficinas.

Y día tras día, aquella masa humana luchaba por sobrevivir en medio de un escenario frío y desolado, entre un conjunto de edificios y horizontes vacíos.

Helga me llevó hasta una oficina donde había cajas azules alargadas apiladas en estanterías. Eran los archivos con los nombres de todos los prisioneros: los que seguían en el campo, los enviados a otro lugar, los muertos, y los ejecutados.

Un supervisor cogió dos cajas de las estanterías, una con la letra C y otra con la D, y las puso en la mesa delante de mí. Mi misión era clasificar las tarjetas por orden alfabético y separar las de los prisioneros que hubieran sido enviados a otro lugar.

Alcé la mirada al resto de los archivos y recorrí las filas de cajas en busca de la letra K. En aquella caja encontraría lo que necesitaba saber: si Julius estaba en el campo, en otro lugar o muerto. La vi, pero no podía mirar; me habían asignado un trabajo y tendría que esperar hasta que se presentara la oportunidad de hacerlo.

Helga volvió a aparecer a mediodía diciendo que era la hora de comer. Me llevó al comedor principal donde nos sentamos a una mesa larga con oficiales de las SS y otros empleados. No sabía qué decir a nadie. Me resultaba extraño y aterrador estar sentada con agentes de las SS y escuchar el rumor de las conversaciones diarias del almuerzo en uno de los peores campos de concentración de Alemania.

Nadie hablaba del campo ni mencionaba que los americanos estaban a apenas unos días de distancia. Era como si todos hubieran decidido hablar exclusivamente de los asuntos más triviales para mantener a raya el espanto.

La comida la servían prisioneros del campo que trabajaban en la cocina. Dos hombres con distintivos rojos identificándoles como presos políticos sacaron grandes soperas. Todos fuimos a servirnos, y la comida estaba muy buena. Ninguno de los demás parecía sorprendido por la calidad de la sopa, pero yo estaba fascinada. Después de tanto tiempo sin alimento suficiente y teniendo que recurrir a cupones de racionamiento para conseguir alimentos de lo más mediocres, la comida en Dachau me parecía todo un lujo. Era evidente que los alemanes cuidaban muy bien de los empleados de sus campos. De postre, los prisioneros sacaron cuencos llenos de una fruta verde.

—¿Qué es esto? —pregunté a Helga.

Me miró extrañada.

—Ruibarbo. ¿Nunca has comido ruibarbo?

Ni siquiera lo había visto, por no hablar de probarlo. Sabía un poco amargo, pero me gustó.

Después de la comida me mandaron a una oficina a recoger mi pase para el campo, que al final no era más que un pedazo de papel, ni siquiera una tarjeta. Llevaba mi falso nombre húngaro,

Kovach, y tenía un sello con la *swastika*, y una firma ilegible. Según el oficial que me lo entregó, aquel pase me autorizaba a utilizar las cuatro entradas al campo de concentración.

Le di las gracias y añadí «*Heil Hitler*» tal y como me había recomendado Helga cuando estuviera ante oficiales.

—Es más seguro —me dijo—. Ellos lo esperan.

Sus palabras se me quedaron tatuadas en la garganta.

Un guardia de las SS se me acercó cuando salía del despacho.

—Hola, quiero enseñarte algo —dijo. No sabía a qué se refería, pero no se podía decir *no* a las SS. Le seguí obedientemente hasta un edificio grande. Abrió la puerta con llave, subimos unos escalones y dimos con otra puerta que permanecía cerrada—. Aquí estamos —me señaló, mientras cogía una llave distinta—, aquí hay bastantes cosas para una chica guapa como tú.

Entramos en una sala enorme con techos altos, donde había una mesa a nuestra derecha con un asombroso despliegue de joyas: anillos, pulseras, collares, relojes, todo de oro y plata, todo de gran valor y de la mejor calidad.

El guardia cogió una cadena de oro y la levantó a la luz.

—Mira —dijo—, ¿no te parece preciosa? Te quedaría bien.

Yo estaba muda. Aquella sala me recordaba a los grandes almacenes a los que íbamos la tía Alice y yo en Zagreb antes de la guerra. A un lado había ropa de hombre: colgadores repletos de trajes planchados, una estantería de bombines, una de sombreros tiroleses y otra de sombreros de fieltro. Al otro lado, vestidos de mujer, abrigos de piel, faldas, blusas y lencería. Y en un estante muy alto y fuera del alcance, montones de cabello humano.

—Elige lo que quieras y cógelo —dijo el guardia de las SS.

Después de perder tanta ropa durante mi viaje, no me hubiera venido mal algo nuevo pero aquellas prendas y joyas tenían que ser de los prisioneros, algunos de los cuales estarían muertos. Era incapaz de coger nada.

—No puedo...

—¿Por qué no? —preguntó el guardia, claramente desconcertado—. Todas las chicas que trabajan en las oficinas del campo vienen a buscar su ropa aquí.

—Ah, yo tenía mucha ropa buena y la perdí en los bombardeos. La verdad es que fue tan deprimente que no me gustaría revivirlo. Ya tengo suficiente.

Yo misma sabía que era una excusa muy mala y el guardia de las SS parecía contrariado.

—Si no quieres nada no puedo obligarte, pero me sorprende que una buena chica como tú rechace ropa tan buena como ésta.

—Es muy amable de su parte. Quizás cuando lleve algo más de tiempo aquí...

Murmuró algo y me condujo hasta la puerta, cerrándola con llave al salir. Me despedí de él diciendo *Heil Hitler* y volví a mi despacho a toda prisa, aliviada de alejarme de aquella ropa y de la ausencia de sus propietarios.

Más tarde supe que cuando los prisioneros llegaban al campo lo primero que hacían era llevarles al *schunbraum* (sala de maniobras) en el edificio principal donde les quitaban toda su ropa y sus pertenencias y les daban el famoso pijama de rayas. No es de extrañar que hubiera tanta ropa en el almacén...

Para los funcionarios, la jornada laboral empezaba a las ocho en punto de la mañana, el almuerzo era a las doce y por la tarde había un descanso hasta las cuatro, y seguíamos hasta las siete de la tarde.

Había bares y comedores en el campamento de las SS y las oficinistas estaban muy solicitadas, dada la escasez de guardias femeninas en el campo. Las relaciones amorosas eran bastante habituales —Helga no era la única que tenía un novio entre las SS—. Una noche me invitaron a salir con ellos pero dije que estaba demasiado cansada y volví a la habitación, aliviada de evitar la oferta.

Me quedé tumbada en la litera mientras la noche se cernía sobre el campo. Afuera, los gritos me parecían cada vez más fuertes. Entre todos aquellos prisioneros, había quienes estaban exprimiendo sus últimas horas de vida. Cada amanecer en Dachau descubría nuevos cadáveres de personas que no habían sobrevivido la noche, y aquélla no sería una excepción. Y sin embargo, a poca distancia de donde yo yacía, un grupo de jovencitas como yo cantaban y bailaban con soldados de las SS. ¿Qué nos había pasado a todos?

Cuando oí pisadas y risillas anunciando la llegada de mis compañeras de habitación, me volví de lado y fingí estar dormida.

Al día siguiente sonaron las sirenas antiaéreas, pero en vez de bombas, cayó sobre nosotros un aluvión de panfletos aliados, prometiendo que los americanos no tardarían en liberar el campo.

Los guardias recogieron rápidamente cuantas octavillas pudieron y las destruyeron, pero ya nadie era ajeno a la realidad de que pronto estaríamos en manos aliadas. Sin embargo, eso no parecía afectar al funcionamiento del campo. La disciplina y el trabajo siguieron tal cual, y cada día llegaban nuevos prisioneros. Conforme retrocedía, el ejército alemán iba capturando prisioneros, y aunque algunos campos del norte del país ya habían sido liberados, Dachau todavía no.

Aquel día empecé mi trabajo como de costumbre y a través de la ventana de la oficina vi que llegaba un tren. Como era habitual, los guardias abrieron las puertas de los vagones de ganado, pero cuando yo esperaba ver gente bajando de ellos de repente hubo un silencio, y empezaron a caer cadáveres del tren al suelo polvoriento. Luego comenzaron a sacar a hombres y mujeres consumidos y la mayoría más muertos que vivos. A aquellos que podían mantenerse en pie, les llevaban al *schubraum*, y mandaron grupos de reclusos del campo a limpiar los cadáveres que habían quedado en el vagón y junto a las vías.

Fue una escena grotesca y espantosa, una imagen que jamás he olvidado. Al ver la llegada de aquel tren fue cuando de veras comprendí lo que ocurría en Dachau.

Iba a retirarme de la ventana cuando de repente vi que un camión de comida se detenía cerca del edificio de administración. El conductor no había cerrado bien la puertecita de atrás y cayeron unas cuantas zanahorias al suelo. Entonces vi aterrada que un prisionero famélico y que apenas podía andar (en la jerga de los campos conocidos como *musselman*) empezaba a arrastrarse hacia las zanahorias.

Cuando estiró la mano para cogerlas, un guardia de las SS le golpeó en la cabeza con la culata de su rifle, con tanta fuerza que oí perfectamente cómo le partía el cráneo, y se desplomó en el suelo, con el brazo aún estirado.

Unos momentos después, se llevaron su cadáver a rastras.

Aquella brutalidad me dejó asqueada y aterrada. Los guardias y los empleados del campo parecían indiferentes ante el sufrimiento de los prisioneros, pero yo no. El presenciar esa crueldad y ver personas tan débiles que sólo se podían arrastrar, tan hambrientas que parecían esqueletos, era algo que no podía soportar.

La epidemia de inhumanidad había alcanzado hasta a los propios prisioneros. Los guardias confiaban en reclusos que llevaban más tiempo en el campo, conocidos como Kapos, para llevar a cabo tareas diarias. Les ponían a cargo de grupos de prisioneros y se mostraban igual de dispuestos a aplicar ese poder arbitrario que los propios alemanes. Varios prisioneros me confesaron más adelante que para ellos los Kapos eran peores que las SS. Ellos servían la sopa a diario, y cuando se trataba de un prisionero que les caía bien o les hacía favores, removían hasta el fondo de la sopera para llenar de verdura sus cazos de hojalata —la única pertenencia que podían tener los reclusos del campo—. Pero al servir a aquellos que les caían mal, los Kapos simplemente pasaban la cuchara por la superficie de la sopa y les ponían sólo agua caliente sin apenas sabor.

Nunca vi a ningún Kapo demasiado débil como para caminar, pero con toda justicia, hay que admitir que ellos también eran víctimas del sistema y a la menor transgresión de la estricta normativa impuesta por los nazis les volvían a relegar al nivel de los *musselmen* y los grupos de trabajo. Para los prisioneros, lo único que importaba era sobrevivir.

Aquellos que enviaban a trabajar fuera del campo eran más afortunados y recibían mejores raciones que los que se quedaban dentro, que apenas recibían alimento, especialmente los presos políticos, que sólo comían sopa y pan duro.

Recordaba la carta que me había enviado Julius diciendo que la comida era buena. ¿Significaba eso que él trabajaba fuera del campo? Si fuera así, debía tener buena salud cuando llegó a Dachau. ¿O simplemente quería complacer a los censores y mostrarme que no había perdido su sentido del humor?

De camino a la oficina o de regreso al dormitorio que compartía con las otras chicas, siempre me fijaba en la chimenea de la cocina que no dejaba de escupir una nube de humo negro. Un día le comenté a Helga que me sorprendía que la comida de los prisioneros fuera tan mala cuando las chimeneas de la cocina estaban siempre encendidas, y me miró asombrada.

—Eso no son las cocinas —dijo—. Es el crematorio, donde llevan los cadáveres. No vayas allí. Mejor evitarlo.

La muerte era tan rutinaria que no es de extrañar que las chimeneas del crematorio emitieran humo constantemente, inundando el campo con el olor a cadáver.

Al principio me sentí estúpida e ingenua por no haberme dado cuenta antes, pero aquello me ayudó a decidir que tenía que averiguar qué había sido de Julius y salir del campo lo antes posible. Tenía que actuar deprisa.

Al término de mi primera semana en Dachau noté que el ambiente del campo estaba cambiando de un día para otro. La desmoralización estaba cada vez más generalizada entre los guardias conforme se extendían los rumores del avance americano. Los prisioneros que llegaban —es decir, los que llegaban vivos— decían que los aliados estaban a sólo días de distancia del campo, pero los que ya estaban en Dachau no sabían si aguantarían hasta el momento de la liberación.

Entonces surgió otro rumor pavoroso de que las SS estaban cavando una zanja inmensa para meter a todos los prisioneros y sellarla con hormigón como acto final de venganza masiva.

Estaba en el campo con un nombre falso y ni siquiera tenía papeles, de modo que me aterraba hacer cualquier cosa que no fuera cumplir con mi trabajo en la oficina de archivos. Evitaba prácticamente cualquier conversación con otros empleados por miedo a delatarme. Pero lo que tampoco podía hacer era abandonar mi búsqueda de Julius.

En la larga mesa de la oficina de archivos seguía enfrascada en la clasificación de las cajas C y D. La caja K también estaba sobre la mesa, pero delante de otra chica que estaba charlando con su amiga.

En aquella fase avanzada de la guerra, la exigencia de los alemanes con la eficacia de la burocracia seguía siendo implacable. No paraban de llegar trenes y camiones llenos de prisioneros, algunos de los cuales sólo permanecían unas horas en Dachau antes de seguir el viaje, pero aun así teníamos que registrarlos.

Por fin, la chica encargada de la caja K se fue a tomar un descanso con su amiga y me dejó sola en la mesa. Esperé el momento en el que los compañeros de la oficina parecían distraídos y de la manera más despreocupada que pude estiré el brazo para coger la caja K y la acerqué.

Con los dedos temblando de nervios, fui pasando las tarjetas tan rápido como pude, y vi cientos de nombre polacos hasta que finalmente di con «Koreny, Gyula». El corazón me dio un vuelco. Había llegado hasta aquí, pero ¿qué diría aquella tarjeta? ¿Le habrían ejecutado? ¿Habría muerto por enfermedad? ¿O seguiría en Dachau, cerca de mí?

Respiré hondo, traté de contener los nervios y leí las palabras escritas sobre la tarjeta:

Koreny, Gyula 15/1/1913. Eger.
Nacionalidad: Húngaro
Número de prisionero: 136232
21/12/1944 -Trasladado desde Hungría
20/01/1945 - Trasladado a Ohrdruf

Me derrumbé, completamente rota: estaba en el lugar equivocado, y desde el principio. Sí, Julius había sido trasladado a Dachau después de vernos en Komarom, pero su carta había tardado tanto tiempo en llegarme que le habían mandado a otro campo antes de siquiera empezar yo mi viaje.

Me quedé sentada a la mesa, presa de la angustia. ¿Cómo podía ser tan cruel el destino? El viaje a Dachau, todo el sufrimiento y las penurias, ¿para qué? Para nada. Mi viaje había sido completamente en balde.

Los ojos se me llenaron de lágrimas, pero tampoco podía dejar que mis compañeros me vieran llorar. Volví a mirar la tarjeta. Ohrdruf era otro campo, pero ni siquiera sabía dónde estaba.

Y eso no era lo peor. En los últimos días del Tercer Reich muchos prisioneros fueron obligados a marchar de un campo a otro, huyendo del avance de las tropas aliadas, y todo aquel que caía enfermo o que se quedaba descolgado era ejecutado in situ. Incluso muchos afortunados que eran trasladados en tren tampoco sobrevivieron, como había podido comprobar con mis propios ojos en Dachau.

Intenté pensar con claridad: ¿debía quedarme en Dachau a que nos liberaran o marcharme rápidamente mientras podía? Nadie sabía lo que ocurriría una vez llegaran los aliados. Estábamos completamente desconectados del resto del mundo, sin acceso a las noticias oficiales, sin periódicos ni boletines de radio. Ahora que sabía lo que había sido de Julius, tenía una cosa clara, y era que ya no me quedaba ninguna razón para permanecer en aquel espantoso lugar. Había llegado hasta allí por un capricho del destino, y con el único deseo de encontrar al hombre al que amaba, no a los alemanes.

Cuando se acercaba el término de la jornada de trabajo, recogí mis pertenencias del despacho y sin pasar a buscar las cosas que tenía en el dormitorio, me dirigí directamente a la entrada principal del campo. Les enseñé mi pase, atravesé la puerta con la señal de *Arbeit Macht Frei* y volví la espalda al campo y sus torres de vigilancia, a sus prisioneros famélicos y a su crematorio humeante.

Caminé hacia la ciudad bajo el cálido sol de primavera, decidida a olvidar el horror que había visto en Dachau.

Jamás lo he olvidado. Me sigue obsesionando hasta el día de hoy.

18

La agencia de trabajo de Dachau estaba muy tranquila. La mujer del mostrador charlaba con una señora elegante y atractiva. Ninguna de las dos me prestó atención durante unos momentos, hasta que la funcionaria se volvió hacia mí y dijo:

—¿Sí?

—Me preguntaba si hay algún trabajo disponible.

La señora elegante sonrió y dijo:

—¿Te gustaría cuidar de una niña de 4 años?

Asentí con la cabeza y ella se presentó como la Sra. Buchler. Me dijo que sus padres se habían encargado de su hija Bárbara hasta ahora, pero que ya eran demasiado ancianos y necesitaba una niñera. Por eso había venido a poner un anuncio en la bolsa de trabajo.

Cansada de nombres falsos y trampas, le di mi apellido verdadero, Czepf, y nos pusimos en camino hacia su casa. Desde el principio nos comunicamos con mucha facilidad y nos hicimos amigas inmediatamente.

La Sra. Buchler era profesora de inglés. Nos abrió la puerta su marido, un abogado jubilado mucho mayor que ella. Era un hombre menudo y amable, que me enseñó la casa inmediatamente.

Tenían un jardín grande con una curiosa red colgada entre dos árboles. No tenía ni idea de lo que era.

—Es una hamaca —dijo el Sr. Buchler—. Puedes tumbarte en ella cuando Bárbara esté jugando en el jardín, así descansas mientras la vigilas. Pero ten cuidado de no caerte.

En ese momento apareció una niña pelirroja sonriendo.

—Esta es Bárbara —señaló el Sr. Buchler, lleno de orgullo por la niña, que se parecía mucho a él. En cuanto me miró sentí una inmensa alegría de estar allí. Después del campo de concentración, conocer a una familia tan encantadora era una bendición, y la confirmación de que no todo era maldad en este mundo.

Nos sentamos a comer con los abuelos Buchler y todos empezaron a hacerme preguntas sobre el campo. No pretendía ocultarles la verdad y quería que comprendieran por qué había estado trabajando allí y que supieran quién era Julius.

Durante la comida y a pesar de la conversación, la guerra seguía inevitablemente latente. Se oían disparos y explosiones a lo lejos. Venían los americanos.

Al día siguiente celebramos una fiesta por el cumpleaños de Bárbara, brindamos con una botella de champán que sus abuelos habían guardado celosamente y que trajeron consigo cuando los bombardeos les obligaron a abandonar su casa en Renania.

El Sr. Buchler iba en bicicleta cada día a Múnich a comprar comida y había traído verduras y un trozo de carne para el almuerzo.

Bárbara estaba entusiasmada con la celebración y la Sra. Buchler hasta se puso a tocar el piano. Todo habría sido idílico, de no ser por el ruido de las explosiones provocadas por los alemanes, que se estaban batiendo en retirada y aprovechaban para destruir todos los puentes a su paso para ralentizar el avance americano.

El Tercer Reich estaba a punto de desplomarse y en Dachau todos estaban obsesionados con dos preguntas: ¿cuándo acabaría todo? ¿Y qué les ocurriría cuando eso ocurriera?

La respuesta llegó antes de lo esperado. El sábado 28 de abril me asomé a la ventana de mi habitación y me quedé atónita al ver que Dachau estaba completamente blanca. Todas las casas de la ciudad estaban vestidas de blanco. Sábanas, manteles, fundas de almohada, hasta pañuelos colgados de los balcones, cubriendo las ventanas y hasta los tejados. Parecía como si la ciudad hubiera sufrido una nevada de ropa blanca.

Corrí a buscar al Sr. Buchler:

—¿Qué está pasando? ¿Por qué está colgando todo el mundo sábanas blancas en sus casas?

Me miró con tristeza:

—Hemos perdido la guerra. No queremos seguir luchando en Dachau. El blanco es símbolo de rendición. Ocuparán la ciudad en cualquier momento.

Abrió un armario y se puso a buscar una sábana.

—Tengo que darme prisa y poner algo blanco en casa.

Fuera veíamos a las tropas alemanas retirándose de la ciudad mientras se extendía el rumor de que los guardias del campo ya habían huido, y la gente empezaba a temer que los prisioneros se cobraran venganza sobre la población local.

El domingo por la mañana oímos nuevas explosiones y las calles se inundaron de soldados alemanes corriendo. La Sra. Buchler subió a Bárbara al alféizar de la ventana para que viera a las tropas y con lágrimas en los ojos le dijo:

—Mira, Bárbara, esto es lo que queda de nuestro pobre ejército alemán. Recuerda que luchamos duro, pero perdimos la guerra.

Las lágrimas se derramaron por sus mejillas mientras abrazaba a su hija, demasiado pequeña para comprender lo que estaba ocurriendo.

Cuando por fin desapareció el último soldado alemán y el ruido de las explosiones se diluyó por completo en el aire, la ciudad quedó inmersa en un inquietante silencio. Nadie salía de casa, no circulaba ningún vehículo, todo permanecía inmóvil.

En todas las calles, los vecinos se asomaban por la ventana. Esperando.

Al mediodía oí un ruido metálico atronador. Me asomé tímidamente desde detrás de la cortina, y vi un largo cañón unido a un tanque enorme, con una estrella blanca pintada en un lado. Giró por la esquina a la calle principal y avanzó lentamente hacia nosotros, seguido de otros tanques. Las sirenas antiaéreas sonaban como locas y todos nos metimos en el sótano, temiendo que los tanques empezaran a disparar contra nosotros. Nos quedamos acurrucados durante una media hora hasta que de repente oímos que alguien aporreaba la puerta. Hablaban en inglés, así que la Sra. Buchler se levantó a abrir la puerta, y allí, en el quicio de la entrada, se encontró con ocho soldados americanos armados hasta los dientes. Venían buscando alojamiento.

La Sra. Buchler les llevó al primer piso y les dijo que podían quedarse allí, aunque no tenía camas para todos. Ellos le dieron las gracias amablemente, mientras el resto de nosotros salimos del sótano y por primera vez vimos soldados americanos.

Al ver a Bárbara, uno de ellos extendió la mano y dijo sonriendo:

—Toma un poco de chocolate.

La niña alargó el brazo para cogerlo pero su madre la detuvo.

—No —dijo clavando la mirada en el soldado—. No, gracias. Ya tenemos chocolate.

Evidentemente, no teníamos. El soldado se encogió de hombros y sus compañeros y él fueron a recoger sus mochilas, las armas, la munición y los cascos y los dejaron en un mismo cuarto.

—Vamos a comer algo —anunció uno de ellos, y salieron por la puerta de entrada.

El ejército de ocupación había llegado, y se había vuelto a marchar. Al día siguiente, viendo que los soldados que se alojaban en casa no regresaban, la Sra. Buchler salió en busca de algún oficial americano para preguntarle qué había sido de ellos. Le preocupaba tener tantas armas y munición en casa.

Encontró a un tal mayor Franck que la acompañó hasta casa y nada más verla decidió que quería quedarse, de modo que mandó a que vinieran a recoger el equipo de sus soldados. Nunca supimos qué les había pasado.

El mayor Franck se trajo a su ayudante, el soldado Bloom, y se instaló en el primer piso. Aunque el mayor estaba fuera gran parte del tiempo, Bloom parecía omnipresente, y no paraba de pedirnos cosas prestadas, especialmente la plancha y la tabla de planchar, y agua para lavar su jeep. Se esforzaba en ser amable con nosotros —hasta llegó a sugerir que me casara con él, pero yo puse fin a sus planes amorosos diciéndole que ya estaba casada.

En casa nos sentíamos a salvo y tratábamos de disfrutar al máximo de nuestras nuevas circunstancias, pero en la calle las cosas eran muy distintas. No sólo nos habían invadido, sino que la ciudad estaba marcada por el legado del campo de concentración. Dachau era un nombre que nadie olvidaría.

Los americanos impusieron toque de queda a las seis de la tarde para los residentes pero eran bastante más permisivos con los ocupantes del campo, que a menudo tomaban la ciudad con violencia, saqueando y robando a los alemanes.

Dentro del campo, los americanos ejecutaron a varios guardias y acabaron con la disciplina establecida.

Los prisioneros llamaban a la puerta de nuestra casa a menudo, y solía abrir yo, porque al ser extranjera no me pedían nada, incluso me daban cosas que habían cogido de otras casas. El odio se lo reservaban para los alemanes.

Debí escuchar todos los idiomas europeos en aquella puerta, pero el hecho de ser yugoslava ayudaba bastante. Los partisanos de Tito eran héroes tanto para los aliados como para los prisioneros. A menudo volvía de abrir la puerta con pan, mantequilla y hasta carne y me encontraba a los Buchler escondidos en la cocina.

Ahora bien, ni me planteaba salir a la calle. Ni siquiera de día me sentía segura. Los soldados americanos estaban exultantes con la victoria, y aunque se comportaban bien, su presencia intimidaba mucho y solían hacer la vista gorda ante el comportamiento de los prisioneros de Dachau.

El primero de mayo, entrada la noche, nos reunimos en torno a la radio para escuchar un anuncio desde Berlín. Tras una sintonía marcial, una voz rotunda dijo que el Führer había muerto asesinado a la cabeza de su ejército en la batalla por Berlín. Era cierto que había muerto, pero lo había hecho de su propia mano y en el búnker de la Cancillería. Los nazis mintieron a su gente hasta el último momento.

Los Buchler no se mostraron demasiado conmovidos por la noticia. Para entonces todos sabían que la guerra estaba perdida. Ahora se trataba de la supervivencia de Alemania.

Un día, un prisionero ruso me dijo a la puerta de casa que los americanos estaban distribuyendo comida entre los extranjeros en el campo, así que el Sr. Buchler y yo montamos una caja grande en uno de los viejos cochecitos de Bárbara y fuimos al campo.

El Sr. Buchler se quedó fuera esperando —sabíamos que no darían comida a ningún alemán—, mientras yo empujé el cochecito a través de las mismas puertas de hierro que había atravesado cuando entré a trabajar en el campo. Vi el edificio de administración donde estaba mi oficina, y aceleré el paso, temblando ante todos aquellos recuerdos.

Me uní a una multitud formada principalmente por ex prisioneros y conseguí latas de comida, margarina, mermelada, leche en polvo y huevo en polvo. Cuando me vio aparecer con el cochecito a rebosar los ojos del Sr. Buchler se encendieron de alegría, regresamos deprisa a casa, lo descargamos en la cocina y volvimos al campo a por más.

Al final del día teníamos una buena provisión de comida y un enorme sentimiento de satisfacción.

—Nos has caído del cielo —me dijo la Sra. Buchler mientras contemplaba admirada toda la comida que habíamos conseguido.

La vida se convirtió en una agradable rutina. Disfrutaba cuidando de Bárbara y una vez cogido el truco a la hamaca, me sentaba y columpiaba mientras ella jugaba.

Los Buchler eran buena compañía y me hacían sentir como parte de la familia, pero tampoco podía olvidar el motivo por el que estaba en Dachau: Julius. Me torturaba pensar en todo lo que podría haberle ocurrido. Conforme avanzaban los americanos, se iba esclareciendo la espantosa verdad de los campos de concentración.

Los alemanes habían tratado a los supervivientes de los campos con una brutalidad vengativa hasta los últimos días de la guerra, y las muertes por enfermedad y por abusos habían alcanzado cifras escalofriantes. Viéndolo de manera realista, ¿cuántas opciones tenía Julius de haber sobrevivido?

La Sra. Buchler me mostró en un mapa dónde estaba Ohrdruf —el último destino conocido de Julius—. Estaba cerca una pequeña ciudad llamada Erfurt, a unos 400 kilómetros de Múnich, pero no había trenes que llegaran hasta allí, porque todas las vías habían sido destruidas por los bombardeos aliados o por los propios alemanes en retirada.

La Sra. Buchler intentó convencerme de que me quedara, al menos hasta que la situación se aclarara un poco más, e hizo hincapié en lo difícil que sería viajar para una chica sola, sin inglés ni papeles.

El 8 de mayo el mayor Franck estaba en su habitación del primer piso y podíamos oír las fuertes pisadas sobre nosotros. De repente sonó una radio, de nuevo se hizo el silencio, seguido del aporreo de sus pasos bajando las escaleras a toda prisa, entró en la cocina, donde estábamos todos alrededor de la mesa y le dijo a la Sra. Buchler:

—¿Ha oído las noticias?

—No, ¿qué ha pasado?

—La guerra ha terminado. Alemania se ha rendido.

Los Buchlers no mostraron ninguna emoción. El mayor Franck, un judío alemán que había viajado con sus padres a América de pequeño, dio media vuelta sin añadir una sola palabra y salió de la cocina.

Como tantos millones de personas, me alegré de que acabara la lucha —nunca había sido mi guerra— pero me preocupaba mucho el futuro.

Los líderes nazis emprendieron la huida de Alemania, quienes tenían mucho que esconder se lanzaban a la carretera y todo aquel que no fuera capaz de identificarse podía ser detenido y encarcelado, en el mejor de los casos.

El imperio de la ley se había derrumbado en muchos lugares y apenas empezaba a restablecerse de forma progresiva. Mientras tanto, bandas violentas deambulaban por todas partes saqueando y asaltando a la población local, especialmente a las mujeres.

Por si fuera poco los soviéticos insistían en que Erfurt era una de las ciudades que les correspondía ocupar y que los americanos debían retirarse. Y ninguna mujer querría cruzarse con el Ejército Rojo, bajo ninguna circunstancia.

—Tengo que ir —dije—. He llegado hasta aquí, y ahora tengo que encontrar a Julius, sea lo que sea lo que haya ocurrido con él.

La Sra. Buchler estaba horrorizada:

—Tu madre se revolvería en su tumba si viera que te dejo ir. Te metes en lo desconocido con el ejército por todas partes y todos esos refugiados y presos de los campos de concentración sueltos. —Siguió con sus ruegos—: ¿Qué te hace pensar que Julius sigue en Ohrdruf? No debemos ponernos en lo peor, pero es posible que lleve mucho tiempo muerto—. ¿Qué pasará si no le encuentras allí? No hablas inglés y los americanos apenas saben alemán. Las autoridades de los campos han quemado casi todos sus documentos para destruir pruebas y estarás atrapada aún más lejos de tu casa. ¿Cómo pretendes volver a Yugoslavia con sólo unos reichsmarks en el bolsillo? ¿Cuánto tiempo sobrevivirás?

Todo lo que decía era cierto y me hablaba como si las palabras vinieran de mi propia madre. Todos sabemos escuchar un consejo, pero no siempre lo seguimos, especialmente cuando se es joven. Yo lo era, estaba enamorada y había sacrificado tanto para llegar hasta allí que no veía otra opción que continuar con mi búsqueda. De una forma u otra tenía que averiguar qué había sido de Julius.

Si eso significaba que mi viaje acabase junto a una fosa común en un campo de concentración, al menos lo sabría. Tenía que emprender ese viaje final. Me lo debía y se lo debía a Julius.

La Sra. Buchler seguía insistiendo desesperadamente y con lágrimas corriendo por sus mejillas:

—No te vayas. Quédate aquí. Me pondré en contacto con Ohrdruf cuando las cosas estén un poco más tranquilas. Escribiremos a las autoridades y le encontraremos. Si no está allí, ¿qué sentido tiene que vayas?

Era inútil. Estaba decidida. Viendo que no iba a convencerme, la Sra. Buchler se enjugó las lágrimas y empezó a reunir ropa y alimentos para mi viaje. Me vistió con un traje bávaro verde y me dio un par de botas gruesas para caminar, luego corrió a la habitación del mayor Franck y le pidió una hoja de papel con membrete oficial, donde escribió en inglés: «Por favor, ayude a la Srta. Czepf. Está buscando a su prometido, que estuvo preso en Dachau y fue trasladado a Ohrdruf».

La dobló cuidadosamente y me la entregó.

—¡Ay, calcetines! —dijo—. Se me había olvidado, necesitarás calcetines buenos para todo lo que vas a caminar o te saldrán unas ampollas horribles.

Me eché a reír. Después de todo lo que había pasado, y quién sabe lo que me esperaba, sólo una madre se preocuparía por algo como los calcetines. Volvió a aparecer con varios pares e insistió en que me pusiera unos blancos nuevos.

«No van a durar blancos mucho tiempo», pensé, pero le di las gracias de nuevo.

Había llegado la hora. Nos abrazamos y nos echamos a llorar.

—Puedes volver cuando quieras; si ves que no puedes con ello, vuelve a casa —dijo la Sra. Buchler.

Yo estaba demasiado triste como para hablar. Me di la vuelta y eché a andar una vez más, con mis calcetines blancos nuevos, en medio del caos, la confusión y el peligro de la Alemania en ruinas de Hitler.

19

El tiempo era cada vez más caluroso. Atrás quedaban los días de luchar contra gélidas tormentas, pero no los refugiados: toda Alemania parecía estar en movimiento. Los del oeste iban hacia el este, prefiriendo la perspectiva de un futuro bajo el gobierno de las potencias occidentales que del soviético. Miles de soldados desmovilizados emprendían el lento regreso a casa, sin saber qué esperar cuando llegaran. Los líderes nazis y altos cargos de la Gestapo se habían deshecho de sus uniformes y viajaban de incógnito, huyendo de los aliados. Y millones de personas desplazadas de los países ocupados por los nazis comenzaban el largo viaje de regreso a su hogar.

La desesperanza, la derrota y la desconfianza se extendían como una epidemia por las carreteras y entre todos los que teníamos que movernos por ellas.

Apenas tres horas después de dejar la casa de la Sra. Buchler en Dachau, ya me sentía cansada y perdida. El sol golpeaba fuerte y la carretera estaba bloqueada en muchos puntos, obligándonos a dar rodeos constantemente. Además, no había señales indicando las direcciones, de modo que no tardé en perder el sentido de la orientación.

De vez en cuando pasaba un camión lleno de soldados americanos, agitando los brazos y sonriendo, pero yo les ignoraba. Eso sí, los que pasaban cargados de civiles me infundían esperanza.

Cuando ya no aguantaba el cansancio por caminar tanto intenté parar uno de ellos, pero pasó por delante de mi sin frenar siquiera. Desde la parte de atrás, los refugiados me miraban con gesto inexpresivo.

Al atardecer sentía que no podía más, y me acerqué a una granja aislada. La anciana que abrió la puerta me invitó a entrar y me ofreció algo de comer insistiendo en que no quería dinero a cambio. Luego llegó su nuera, vestida con un traje azul marino y verde que parecía hecho con retales de aquí y allá, y nos pusimos a charlar. Los maridos de ambas habían estado luchando en el frente oriental y aunque no sabían nada de ellos desde hacía bastante tiempo, albergaban la esperanza de que volvieran a casa pronto.

Sentí lástima por ellas. ¿Qué había sido de sus hombres? Era imposible saberlo, igual que no había manera de saber qué le había ocurrido a Julius. Tenía la impresión de que en aquella guerra los hombres se encargaron de la lucha, y las mujeres de la preocupación, pero nadie se libró del miedo.

Parte de la granja había sido dañada por los bombardeos y las dos mujeres vivían en las habitaciones que quedaban en pie, pero no dudaron en ofrecerme su amabilidad y su hospitalidad. En todos mis viajes había conocido a gente muy distinta y en circunstancias muy diversas, desde campos de concentración a despachos ministeriales, y aún no dejaba de sorprenderme de lo variado de la condición humana.

Algunos eran codiciosos y mezquinos, acaparaban todo para sí y estaban dispuestos a quedarse con las últimas miguitas de los demás. Otros se deshacían en generosidad, compartían lo que tenían y ayudaban en todo lo que podían. Había dado con gente de ambos tipos, pero en aquella casa aislada, recién acabada la guerra, volví a ver la generosidad y el optimismo del espíritu humano.

Mis dos anfitrionas pusieron un disco en la vieja gramola, descorcharon una botella de vino y se pusieron a cantar y a bailar. A pesar del cansancio, no podía evitar sonreír. Cada vez que se acababa el disco, una de ellas cortaba unos trozos de queso, mientras la otra ponía otro disco y se ponían a dar vueltas de nuevo por la habitación, dando sorbitos al vino y comiendo queso, exhaustas pero felices, al menos por un rato.

La madre se disculpó por no poder ofrecerme una habitación propia:

—Pero puedes pasar la noche en el establo, si no te importa compartirlo con nuestras dos vacas —dijo. En aquel momento podría haberme quedado dormida en una era rodeada de vacas, así que acepté agradecida y me llevaron a un granero sorprendentemente pequeño. Olía tan mal y la paja parecía tan incómoda, que me pregunté si sería capaz de pegar ojo y recordé con nostalgia mi cómoda habitación en el ático de la Sra. Buchler.

Me tumbé sobre la paja con la cabeza dando vueltas, entre todo lo que había ocurrido aquel día y la preocupación por lo que me depararía el día siguiente.

Y de repente desperté con el mugido de una vaca, sorprendida al ver que tenía compañía humana en el granero. Ya había amanecido y yo había dormido del tirón, sin molestia alguna por parte de mis compañeras de establo ni el hedor de la paja. Me sentía fresca y lista para seguir viaje.

En la casa me recibieron con sonrisas y me sentaron a la mesa a desayunar pan recién hecho y leche fresca.

—Por favor —le dije a la anciana cuando me disponía a marchar—, déjeme darle algo de dinero por su amabilidad. Tengo algunos reichsmarks.

—No, no —contestó—. Me alegro de haber podido ayudarla. No podríamos aceptar dinero de usted. —Su nuera también negó con la cabeza.

Prepararon un paquete con pan y queso, me desearon buen viaje y me acompañaron hasta la carretera, donde se quedaron saludándome hasta que no pude verlas.

Esta vez, estaba teniendo suerte. No llevaba mucho rato de camino cuando pasó un camión cargado de civiles y se detuvo a mi lado. Un soldado americano se bajó de la cabina y me pidió por gestos que le enseñara mis papeles. No tenía, pero le dije que venía de Yugoslavia y le mostré la nota de la Sra. Buchler, y quedó satisfecho. Dio orden a su compañero para que abriera la puerta trasera y me ayudó a subir.

El primer soldado se llevó la mano a la boca haciendo un gesto para preguntarme si tenía hambre. Negué con la cabeza y dije que ya había comido suficiente, pero aparentemente no me entendió, porque a los pocos instantes volvió con un pequeño paquete envuelto en papel de estraza, me lo dio y me dijo:

—*Yugolsavia, good. Tito, partisans. Nice people**.

No comprendí exactamente lo que decía, pero al oír las palabras «Yugoslavia» y «Tito» acepté su regalo agradecida.

Entonces, tras un fuerte portazo, el camión se puso en marcha. Cubrimos una distancia considerable por aquella carretera, y pasa-

---

* «Yugolsavia, bien. Tito, partisanos. Buena gente».

mos al lado de muchos refugiados que avanzaban con paso lento en la misma dirección, que yo creía era la correcta.

El paisaje que recorríamos era desolador. Aunque la guerra había acabado era imposible no darse cuenta de que había pasado por allí, dejando una estela de pueblos destruidos, puentes reducidos a escombros amontonados en el lecho del río, carreteras salpicadas de cráteres abiertos por las bombas y vías de tren hechas un amasijo. La tragedia de la guerra no reside solamente en el combate, sino en lo que viene después.

Sentí la tentación de abrir mi paquete, pero me acechaban muchos ojos hambrientos. En la parte trasera de aquel camión íbamos representantes de prácticamente todos los países de Europa, y oía conversaciones en idiomas que entendía y otros que jamás había oído.

En cualquier momento, pensaba, veríamos alguna señal indicando la dirección en la que viajábamos. Estábamos ya bastante lejos de Dachau, pero ¿dónde exactamente?

El hombre que viajaba sentado a mi lado se encogió de hombros cuando le pregunté adónde íbamos. Hablaba un poco de alemán y por lo que pude entender era estonio y había sido liberado de un campo de trabajo, pero no sabía dónde le habían tenido preso, y aún menos dónde nos llevaban.

En cualquier caso, le interesaba mucho más mi paquete, y ofreciéndome su cuchillo me indicó que me ayudaría a abrirlo y podíamos compartir el contenido. Al final el cuchillo estaba desafilado, pero después de un rato luchando con el cordel, logramos abrir el paquete y empecé a sacar latas de carne, pescado, café y chocolate ante la mirada envidiosa de mis compañeros de transporte.

Cuando el camión se detuvo a repostar, nos bajamos a estirar las piernas y aproveché para compartir la comida con la gente que tenía a mi alrededor, mientras otros abrían sus paquetes de comida. Me guardé una lata de cerdo con salsa de manzana, que por cierto me parecía una mezcla de lo más rara y ni sabía si me gustaría.

El conductor y su compañero salieron del comedor del ejército cerca de la gasolinera con gesto contento y me dieron otra chocolatina. Evidentemente me estaba convirtiendo en su favorita, lo cual no era demasiado bueno entre un grupo de refugiados.

Cuando el conductor nos hizo una señal para que subiéramos al camión, me acerqué a él con un mapa que me había dado la Sra. Buchler y le pedí que me indicara dónde estábamos. Tras algo de dificultad, comprendió lo que le estaba preguntando y señaló nuestra posición. Habíamos cubierto una distancia enorme desde Dachau y, para mi tranquilidad, íbamos hacia el noreste, en dirección a Erfurt.

El conductor hizo también un gesto como diciendo que no nos podrían llevar mucho más allá, y así era, porque a los pocos kilómetros el camión se volvió a detener, nos hicieron bajar y se fueron, dejándonos en medio de la nada.

Los americanos no tenían la obligación de llevarnos. Lo habían hecho por amabilidad y yo les estaba muy agradecida por el transporte y la comida.

Y allí nos quedamos a la vera de la carretera un grupo de unas treinta personas de distintas nacionalidades hablando idiomas distintos y sin saber qué hacer. Estábamos en el cruce entre varios países, sin ningún edificio a la vista.

Mis compañeros parecían abatidos y desesperanzados. Me pregunté adónde se dirigirían todos ellos. Dios sabe lo que habrían pasado, y ahora que la guerra había terminado se enfrentaban a un futuro incierto e igual de difícil. Debían mirarme con recelo al ver a una chica de Yugoslavia viajando en dirección contraria a su país.

Pero nadie me preguntaba nada. En esas circunstancias, no había lugar para preguntas personales. Todos éramos conscientes de la posibilidad de que entre nosotros hubiera nazis huyendo o guardias de prisiones desertores.

Todos huíamos de algo o hacia algo, y no conseguiríamos nada con preguntas.

A mucha de aquella gente le esperaba otro campo de refugiados, o seguir deambulando por el campo, buscando comida y luchando desesperadamente por su vida. Y por mucho que quisiera a Julius, nadie me iba a ahorrar esas mismas penurias.

Poco a poco, los integrantes del grupo empezaron a desaparecer, llevándose sus pertenencias y embarcándose en el largo camino que se extendía ante nosotros, hasta que sólo quedábamos cinco mujeres y un hombre, esperando junto a la carretera a que pasara algún camión.

De vez en cuando, el hombre se volvía a hablarme. Cuando lo hacía giraba el rostro y podía ver que sólo tenía un ojo, lo cual me provocaba escalofríos.

Cuando de repente apareció otro camión americano en el horizonte todos nos levantamos y empezamos a agitar los brazos, aliviados. Se detuvo delante de nosotros, el conductor nos hizo un gesto para que subiéramos a la parte trasera y los seis nos montamos y nos pusimos nuevamente en marcha.

Desgraciadamente aquel camión no iba demasiado lejos y sólo nos llevaron hasta que se puso el sol. El conductor me dijo que iba bien encaminada a Erfurt, así que seguí andando hasta que di con una pequeña granja cuyos propietarios me alojaron en un cobertizo durante la noche.

Pasé los siguientes cuatro días como un labriego itinerante, caminando y haciendo autostop a través de los bosques de Bohemia y Turingia, recogiendo zanahorias, ayudando en los campos y haciendo cualquier trabajo que me diera comida y alojamiento por una noche.

Al quinto día estaba a unos pocos kilómetros de la ciudad de Ohrdruf.

Lo primero que me llamó la atención del campo de concentración fue lo tranquilo que estaba. Todo era silencio; ni una voz, ni un grito, ni un ruido de pies marchando, ni un vehículo. Tras la alambrada podía ver barracones de prisioneros abandonados, algunos de ellos reducidos a cenizas y otros derrumbados y con la madera podrida.

El campo era más pequeño que el de Dachau y más tarde supe que había sido el primer campo de concentración nazi en ser liberado. Cuando vieron que se acercaban los americanos, los guardias de las SS habían asesinado a muchos prisioneros y enviaron a los que aún podían caminar en una marcha de la muerte a Buchenwald, otro campo situado a casi 60 kilómetros.

Los americanos quedaron tan horrorizados con lo que encontraron en Orhdruf —montones de cuerpos, algunos cubiertos con limo y otros parcialmente incinerados en piras— que hicieron circular fotografías del campo por todo el mundo. Para muchos, aquélla fue la primera prueba fehaciente de la verdadera y espantosa naturaleza del Tercer Reich.

Ahora, todo aquello había quedado reducido a un páramo. Partes del campo estaban inundadas y las torres de vigilancia que un día se erguían imponentes sobre los reclusos habían sido demolidas.

¿Qué había sido de los prisioneros? ¿Les habrían dejado los americanos en la carretera para que se buscaran la vida por sí mismos? No, eso era impensable.

Me senté sobre la hierba, sin quitarme la mochila, y sentí ganas de llorar. Haber venido hasta aquí y encontrar tanta desolación era terrible. No habrían dejado registros del campamento, ni un solo archivo para buscar el apellido «Koreny» y averiguar qué le había ocurrido a Julius.

De repente oí el ruido lejano del motor de un camión avanzando por el camino. Se fue acercando hasta que pude distinguir la estrella blanca del ejército americano, que ya me resultaba familiar. Se detuvo con gran estruendo, el conductor me miró y con la mano me indicó que subiera. Le mostré la nota que había escrito la Sra. Buchler, que parecía minúscula entre sus enormes manos. La leyó cuidadosamente, sonrió y me dijo por gestos que todos los prisioneros de Ohrdruf habían sido trasladados a Buchenwald y que él se dirigía hacia allí con el camión cargado de verdura.

Acepté agradecida su oferta. Era mi última oportunidad de encontrar a Julius, pero a esas alturas, mis esperanzas empezaban a esfumarse, pues un hombre encarcelado durante tanto tiempo y obligado a pasar por Dachau, Ohrdruf y Buchenwald en cuatro meses tenía muy pocas papeletas de seguir vivo, por no decir ninguna.

Sentada en la cabina de aquel camión de camino a Buchenwald, algo en mi interior me decía que todo había acabado. Había emprendido mi viaje con la esperanza de encontrar al hombre al que amaba. Y ahora buscaba su tumba.

20

Hacía un mes del armisticio, pero a la entrada de Buchenwald seguía habiendo dos hombres vestidos con el uniforme alemán.

El conductor del camión me dejó cerca de la puerta del campo, a la que se llegaba después de atravesar un camino serpenteante flanqueado por árboles. Se despidió con un gesto de la mano y una sonrisa, y siguió adelante a entregar las verduras.

Miré con recelo a los guardias alemanes, que tenían los ojos clavados en mí. Me acordé de Dachau.

¿Por qué seguía habiendo alemanes allí? Sin dejar de mirarme, se pusieron a hablar, e inmediatamente me llamó la atención que no hablaban en alemán. De hecho, hablaban esloveno. Ellos también eran yugoslavos. Aunque yo hablaba croata, entendía bastante bien el esloveno y me acerqué a saludarles.

Les sorprendió mucho ver a un compatriota, más aún siendo una mujer. A esas alturas ya no quedaban mujeres en el campo. Cuando atravesé el umbral de la entrada, me convertí en la única mujer en Buchenwald.

Me dieron la bienvenida con una avalancha de preguntas:

—¿Quién eres? ¿Por qué estás aquí? ¿Vas de camino a algún sitio?

Antes de darme la oportunidad de contestar, el mayor de los dos se presentó con una voz imponente y profunda como Ivo, actor de teatro de Ljubljana. Su compañero era Stanko, y era médico en Maribor.

—¿Quedan prisioneros croatas en el campo? —pregunté.

—Sí, hay algunos, hacia el final —contestó Ivo señalando unos barracones a lo lejos.

—¿Y húngaros?

—Huy, sí. Muchos húngaros —dijo—. Pero ¿te apetece comer algo antes? Debes tener hambre si has estado viajando.

Aparte de un mendrugo de pan a la hora del desayuno, no había comido nada, y ya era mediodía.

—¿Por qué saliste tan pronto? —preguntó Stanko.

Era evidente que no habían viajado por Alemania durante tanto tiempo como yo.

—Casi siempre tengo que ir a pie, y quiero avanzar todo lo posible antes de que haga demasiado calor —les dije—. Nunca se sabe si alguien se ofrecerá a llevarte. Hoy he tenido suerte.

Querían saber qué me traía a Buchenwald, pero me habían prometido algo de comer y me escoltaron a través de la entrada hacia su barracón. Pasé bajo una puerta de hierro presidida por un eslogan que rezaba *Jedem das Seine*, que literalmente significa «a cada uno lo suyo», una expresión coloquial que más o menos quiere decir «cada uno recibe lo que merece».

Buchenwald era más grande que Dachau y parecía más limpio, más luminoso y más verde —lo cual no es de sorprender considerando que estaba en el borde del bosque de Turingia—. Al igual que

Dachau, no era un campo de exterminio, sino de trabajo, pero eso no impidió que hubiera muertes con una frecuencia espantosa.

Desde su creación en 1937 hasta la liberación definitiva en 1945, unos 240.000 prisioneros atravesaron la puerta de entrada, incluidos prisioneros de guerra aliados, lo cual era bastante inusual en un campo de concentración. Más de 56.000 personas murieron en Buchenwald, entre ellos más de 1.000 prisioneros soviéticos enviados al campo entre 1941 y 1942, y ejecutados uno a uno de un disparo en la nuca. Estábamos rodeados del espantoso legado de todo aquello. Muchos de los reclusos seguían moviéndose por el campo con el uniforme-pijama de rayas azules y blancas, y algunos con aspecto de esqueletos andantes y con un futuro tan incierto como el que habían tenido bajo el dominio nazi.

Otros se habían esforzado por conseguir algo de ropa del tipo que fuera, pero con su extraño atuendo, sin lavar y sin afeitar, parecían vagabundos.

Pero más chocante que la apariencia de los reclusos eran alguno de los recuerdos que el brutal régimen había dejado tras de sí. Las SS coleccionaban piel de sus víctimas y la utilizaban para hacer pantallas de lámpara y cubiertas de libros. Un día entré en una sala y al acercarme al escritorio vi que tenían de pisapapeles cráneos comprimidos de prisioneros de guerra soviéticos.

Y a tan sólo 10 kilómetros de este núcleo de barbarie e inhumanidad estaba la ciudad de Weimar, cuna de autores de la talla de Goethe, Schiller, Liszt o Bach.

Al llegar al edificio barracón de los eslovenos me presentaron a otro de sus compañeros, un médico judío de Zagreb llamado Bela Cohn, alto y de cabello rizado y oscuro. La verdad es que formábamos un grupo curioso: refugiados, presos políticos, judíos, estudiantes, médicos, actores, éramos un corte transversal de la

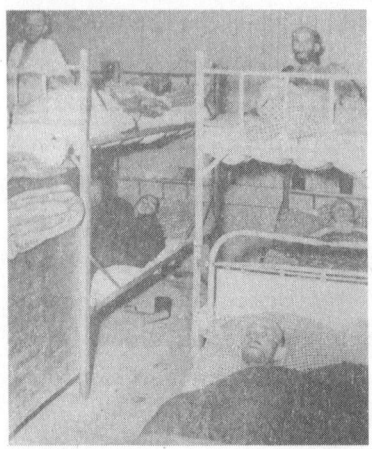

Barracón de enfermería de reclusos de Buchenwald en el momento de la liberación.

sociedad desarraigada y desperdigada por Europa, y reunida en el lugar más espantoso.

El campo tenía su propio funcionamiento, y cuando Ivo dijo que era la hora de comer no tenía ni idea de qué esperar. La sorpresa fue bastante agradable.

—Has llegado en buen momento —dijo Ivo—. Cazamos un cerdo en el bosque anoche y lo hemos asado al fuego. Hay muchas sobras.

Nos pusimos a comer, y el sabor de aquel cerdo asado me pareció delicioso. Un joven alto y atractivo se nos unió y me lo presentaron como Stevan, el cazador de había conseguido capturar al cerdo. Era alegre y bastante gracioso, el típico yugoslavo, con debilidad por las chicas guapas.

Stevan llevaba un jubón abierto por arriba y cuando me pasaron otro plato, con una rebanada grande de pan y una porción de cerdo bastante más pequeña, noté que algo se movía debajo de su chaqueta.

De repente apareció una cabecita peluda y yo grité, pensando que aquel tipo excéntrico tenía una rata de mascota. Stevan se echó a reír ante mi reacción, mostrando su sonrisa pícara y una dentadura perfecta y blanca.

—Permítame que le presente a mi novia, *Vera* —dijo mientras sacaba cuidadosamente una pequeña ardilla cuyos ojos parpadeaban al examinar a todos los comensales.

Yo también me eché a reír.

—Pero ¡bueno! Me dijeron que era la única señorita en el campo, pero ahora veo que somos dos.

—Es que *Vera* era la única señorita que conocíamos, hasta que llegó usted —contestó Stevan.

A pesar de lo alegre de la conversación, había un tono triste en el grupo. Se conocían bien, habían sobrevivido las más terribles penurias juntos, pero todos parecían mayores de lo que eran (igual que yo, estoy segura) y habían perdido tanto que no era de sorprender que incluso disfrutando de comida tan buena se siguiera sintiendo su melancolía.

De vez en cuando, sorprendía a alguno mirándome, no de forma hostil pero sí algo inquisitiva como diciendo: «Ya conocemos nuestras historias, pero ¿cuál es la tuya?».

Al fin y al cabo, ¿por qué dejaría Yugoslavia una mujer en medio del derrumbe del Tercer Reich para venir a Buchenwald, uno de los campos de concentración más famosos?

Acabada la comida, tomamos un vaso de zumo de manzana cada uno (no tenía ni idea de dónde habrían sacado aquella delicia) y todos se quedaron en silencio mirándome con aire de expectación.

Así pues, les conté mi historia. Les hablé de mi tía Alice, de mi madrastra judía, de los muchos conocidos que perdí en el campo de Jasenovac y del miedo que atenazaba las calles de Zagreb. Les hablé del diplomático húngaro que me acompañó a visitar a una familia judía en Vrapce con documentos falsos, y que llevó dinero y cartas a la familia judía de mi madrastra en Budapest. Les hablé de todo eso, y de nuestro amor.

Stevan me miró con gravedad:

—Pero ¿qué es lo que te ha traído aquí?

Les explique que Julius había sido detenido en Budapest probablemente después de que alguien lo delatara y que en ese momento yo decidí salir en su busca.

—Oí que estaba en Dachau y acepté un empleo en las oficinas del campo, pero entonces me enteré de que en enero le habían trasladado a Ohrdruf. Llegué ayer y me dijeron que habían traído a todos los prisioneros a Buchenwald antes de que llegaran los americanos. Y aquí estoy...

Mis palabras se quedaron en suspenso mientras sentía la mirada de todos ellos, algunos con gesto de asombro, otros de incredulidad. Quienes me creían, sin duda pensaban que Julius estaría muerto, y quienes no me creían debían estar preguntándose cuál sería mi verdadera historia.

Bela Cohn rompió el silencio:

—¿Cómo se llama? La mayoría de los registros alemanes siguen intactos y deberíamos poder encontrarle, si es que está aquí.

—Koreny, Julius Koreny —contesté.

—Bueno, pues mañana por la mañana miraremos en los registros a ver qué ha sido de él —dijo Bela, con tono poco esperanzado.

Aquella noche, mi popularidad en el campo tocó a su fin. Llegaron tres mujeres serbias, una de Belgrado y dos de Novi Sad. Habían estado en un campo de trabajo en Alemania e iban de camino a casa.

Aunque Buchenwald estaba bajo control americano, la gente iba y venía a voluntad. Al fin y al cabo, todos éramos refugiados, todos almas perdidas de una forma u otra.

Las recién llegadas fueron acogidas cálidamente y prepararon un pequeño almacén en los barracones para las cuatro. Yo estaba exhausta, así que ellas se encargaron de limpiar y ordenar el espacio, y luego fabricamos cuatro camas improvisadas. No eran nada cómodas, pero al menos nos ofrecieron un lugar en el que echarnos. Las cuatro dormimos con lo que llevábamos puesto porque aunque yo tenía dos camisones que me había dado la Sra. Buchler, no me parecía la ocasión adecuada para lucirlos y preferí guardarlos para otro momento, cuando estuviera lejos de Buchenwald.

Necesitaba dormir, pero después de una jornada tan frenética me costaba descansar. Ahora ya sabía que había llegado al final de mi viaje: o Julius estaba en el campo, o estaba muerto.

Si Bela tenía razón y los registros seguían más o menos intactos, serían parecidos a los que vi en Dachau con el destino de todos los prisioneros. El nombre de Julius estaría en una de las tarjetas —y me diría lo que necesitaba saber.

Entonces pensé que al menos había encontrado gente que estaba de mi lado, personas con quienes podía compartir la carga de mi búsqueda. Y con esa sensación reconfortante me quedé dormida.

Desperté temprano, pero no por el ruido de fuertes pisadas o de voces alemanas gritando, sino con los murmullos y los pasos de los reclusos de Buchenwald deambulando por el campo.

Las otras tres chicas seguían durmiendo y respiraban tranquilamente a la luz del amanecer. Me quedé tumbada pensando en la generosidad de los prisioneros que había conocido. Yo no era una reclusa liberada del campo, y los americanos no tenían ninguna obligación hacia mí ni tenían por qué incluirme entre el contingente yugoslavo al calcular las raciones de comida.

Entonces me inundó la certeza de que volvería a quedarme sola, y el optimismo de la noche anterior se evaporó. Cuanto antes averiguara qué había sido de Julius, mejor. Después, podría hacer mis propios planes.

Con cuidado de no despertar a las otras chicas, me levanté y salí a buscar a Bela. Si él sabía dónde guardaban los registros de prisioneros, tendría la llave para encontrar a Julius.

Estaba a la entrada del edificio barracón reservado para los yugoslavos, orgullosos de tener su propio alojamiento mientras otras nacionalidades vivían mezcladas en otros barracones. Mis compatriotas mantenían la distancia con el resto de prisioneros y tampoco tenían mucha relación con los americanos, probablemente por no saber una lengua común.

Bela me saludó sonriendo y sugirió que fuéramos directamente a la oficina de registro, supongo que pensando en acabar lo antes posible con mi inútil búsqueda. Los alemanes le habían permitido ejercer de médico entre los prisioneros y mientras caminábamos hacia las oficinas de administración, me volvió a preguntar cuál era el apellido de Julius.

—¿Koreny? Me suena. Es posible que le haya tratado, pero puede que me equivoque.

Llegamos a las oficinas a cuya entrada había un soldado americano sentado detrás de un escritorio. Bela intentó explicarle el motivo de nuestra visita pero ni uno ni el otro lograban entenderse, así que volví a recurrir a la nota de la Sra. Buchler. El guardia la leyó con atención, se encogió de hombros y nos dejó pasar a la oficina de registro.

Tal y como imaginaba, eran bastante parecidas a las tarjetas de Dachau. Cogimos la caja marcada con una *K*, nos repartimos su contenido y empezamos a buscar.

Al poco rato, Bela exclamó:

—Olga, creo que le he encontrado.

Sacó la tarjeta de la caja y allí estaba el nombre de Julius en la parte superior, junto a la fecha en la que llegó al campo. En la parte inferior estaba la última información registrada sobre él: 10 DE ABRIL, 1945. TIFUS.

Nos quedamos mirando aquella palabra: tifus. Los americanos llegaron al campo el 11 de abril; muchos prisioneros murieron en los días que siguieron a la liberación por enfermedad o desnutrición. Me volví a Bela con los ojos llenos de lágrimas:

—Si Julius tenía tifus el día antes de llegar los americanos entonces tiene que estar muerto.

—No seas tan pesimista —dijo Bela—. No sabemos qué le ha pasado. Esto es lo último que escribieron los alemanes; es posible que los americanos tengan otro registro y que lo guarden en un barracón distinto. Miles de prisioneros cogieron el tifus, yo traté a muchos. Es posible que le tratara a él, pero no lo recuerdo.

A pesar de las palabras de Bela, me inundaba una sensación de desesperanza. Todavía había decenas de miles de prisioneros en el campo y la tarjeta de Julius decía que había enfermado, nada más. No había avanzado nada.

Pasamos el resto del día buscando en otros barracones sin demasiado entusiasmo, repitiendo el nombre de Julius sin parar, con la esperanza de que alguien recordara algo. Pero no tuvimos ningún éxito.

Aquella noche me derrumbé sobre la cama del almacén, exhausta y más desdichada de lo que me había sentido en mucho tiempo.

Después de una noche en duermevela, fui a buscar otra vez a Bela. Me sentía tan deprimida que al sentarnos en las escaleras a la entrada del barracón yugoslavo, le abrí mi corazón. Volví a contarle cada paso de mi viaje, hasta los detalles que no había admitido antes, como que había trabajado en la fábrica Horniphon y la temporada que pasé en Dachau.

—Y después de todo esto, ¿qué es lo que me queda? Sólo un recuerdo —le dije.

Bela me miraba con toda su ternura, pero yo ya hablaba conmigo misma, como si todo lo que hasta entonces no me atrevía a pensar saliera a borbotones.

—¿Qué es lo que sé acerca de Julius? Sólo lo que él me contó. Nuestros encuentros eran casi siempre cuando visitábamos a amigos o parientes judíos y un par de veces que fuimos a la ópera. En realidad, nunca fuimos una pareja «normal». Ni siquiera era mi tipo —dije sonriendo—. Me enamoré de él más tarde. Pero ¿era eso amor? ¿O simplemente me sentía responsable por todo lo que había hecho por mi familia? Yo vengo de buena familia, tengo una buena educación y ahora podía tener un buen trabajo en Zagreb. Y sí: mi padre y mi madrastra nunca me quisieron, pero podía haber tenido una buena vida. ¿Qué futuro me espera ahora? Tengo sólo 22 años y ya he desperdiciado parte de mi vida.

Hubo un largo silencio, y Bela dijo:

—Creo que Julius ha sido la única persona aparte de tu madre y tu tía Alice que te ha querido. Cuando le detuvieron, sentiste que había hecho todo lo que no debía hacer por tu madrastra sólo para complacerte, porque estaba enamorado de ti. Claro que te sentiste responsable de lo que le había pasado, pero eso no significa que no os améis de verdad.

El lento deambular de prisioneros seguía a nuestro alrededor como recordatorio vivo de un mundo lleno de odio.

—No hay sentido de responsabilidad capaz de hacer que una joven haga todo lo que tú has hecho y que corra todos esos riesgos para encontrarle —continuó Bela—. Sólo hay una cosa que te puede llevar a hacerlo: el amor.

21

Los barracones de Buchenwald eran de madera y se extendían colina abajo en línea desde las puertas del campo hasta los árboles del bosque de Turingia.

Observaba el enorme páramo caótico que era el campo desde la entrada del bloque de barracones yugoslavos. En una esquina, a la altura de la entrada, estaba el crematorio del campo, y a lo lejos se podía divisar un paisaje de colinas onduladas.

Entre el bosque y yo había más de 30 barracones y decenas de miles de reclusos. En las semanas antes de la liberación, llegó a haber 110.000 prisioneros hacinados en el campo, pero desde entonces las cifras no dejaban de caer. Y alguno de ellos debía saber algo de Julius.

Era una preciosa mañana de junio, y el radiante cielo azul calentaba lentamente el campo polvoriento. A mi alrededor, los prisioneros yacían sentados al sol, tratando de recuperar fuerzas, charlando con sus compatriotas, esperando... siempre esperando.

Emprendí mi solitario paseo por el campo, deteniéndome en cada bloque de barracones y entre cada corro de prisioneros, para hacerles la misma pregunta y recibir la misma respuesta:

—No, ni me suena Julius; no, ni idea de dónde puede estar.

Los días se convirtieron en una desalentadora ronda de preguntas sin respuesta y expresiones de perplejidad. Había tantas nacionalidades en el campo que el mero hecho de comunicarme era toda una lucha y mi búsqueda empezó a parecer cada vez más desesperada.

Mis nuevos amigos en los barracones yugoslavos hacían todo cuanto podían para animarme, compartían su comida conmigo y me incluían en sus reuniones nocturnas, donde intercambiábamos historias y entonábamos canciones.

Pero con cada día que amanecía mi ánimo se hundía un poco más, sabiendo que las horas de luz sólo me traerían una búsqueda deprimente e inútil entre una población en la que encontrar a una persona concreta parecía un asunto insignificante. ¿Quién iba a culparles?

También me fijaba en los presos que seguían demasiado débiles como para abandonar su barracón, siempre con la esperanza de ver los penetrantes ojos azules y el cabello rubio de Julius. Pero no estaba. Después de dos semanas, había recorrido el campo palmo a palmo y no había dado con un solo rastro de él.

Me acercaba a la fase final de mi odisea. Entre las ruinas polvorientas de aquel famoso campo de concentración se encontraba la confirmación de mi fracaso, y lo único que me quedaba eran el desconsuelo y un largo y solitario viaje de vuelta a Zagreb. Por fin, un precioso domingo de verano fui franca conmigo misma, y decidí que había llegado el momento de volver a casa.

Eso sí, volví a recorrer la larga fila de barracones por última vez, aún reacia a abandonar la búsqueda. Me había convertido en una figura familiar, y algunos prisioneros me saludaban con la cabeza al ver pasar a la extraña joven perdida de Croacia. El paseo me llevó hasta un arroyo que había fuera del campo, donde encontré a un grupo de húngaros sentados refrescando los pies en el agua fría. Me quedé escuchando su alegre conversación, y uno de ellos, que aún lucía la estrella de David sobre su uniforme desgastado me sonrió.

—¿De dónde sois?

—De Budapest —contestó—. Ven, siéntate con nosotros.

Algunos se quedaron con los pies en el agua, mientras que otros se acercaron, hablando y haciéndome preguntas.

Les dije que no era húngara, pero que buscaba a un compatriota suyo. Me volví al hombre que llevaba la estrella de David:

—Se apellida Koreny, ¿os dice algo?

Me miró pensativo.

—¿Su nombre de pila es Gyula? —me preguntó. El corazón me dio un vuelco; Gyula es Julius en húngaro.

—Sí, así se llama.

—Le conozco —continuó, emocionado—. Nos conocimos cuando ambos estábamos encarcelados en Budapest y me dijo que había trabajado en la embajada húngara de Zagreb y que estaba prometido a una chica croata.

Entonces me miró tímidamente y negó con la cabeza.

—Lo siento —dijo.

—¿Qué? —pregunté yo, con el corazón en la boca—. ¿Qué quieres decir?

—Me contó que cuando terminara la guerra iba a volver a Zagreb para casarse con una croata que se llamaba Olgi. Si eres su mujer, lo siento mucho, pero has venido para nada. Julius dijo que estaba divorciado.

Le sonreí.

—No, no. No soy su mujer —dije—. ¡Soy Olgi!

Me miró asombrado.

—¿Y has venido hasta aquí desde Zagreb?

Por enésima vez conté mi historia y les expliqué cómo había llegado hasta Buchenwald.

—Ahora tengo que encontrar a Julius —dije—. ¿Lo visteis aquí en el campo? ¿Le trasladaron con vosotros a Dachau y luego aquí?

Para entonces todos los presentes se habían acercado a escuchar mi historia, pero lo fueron negando uno por uno.

—No es muy alto, y tiene ojos azules... —añadí, intentando azuzar su memoria desesperadamente—. Por favor, pensad. ¿Lo visteis después de que llegaran los americanos?

La triste respuesta de todos era la misma:

—No.

Con las lágrimas empapándome el rostro les rogué que hicieran un esfuerzo por recordar, que preguntaran a sus amigos para ver si alguien se acordaba de él. Pero bajaban la mirada y yo podía leer su gesto. Julius llevaba preso desde 1943, le habían tenido en tres campos de concentración nazi distintos, ¿qué posibilidades tenía de seguir con vida?

En los campos de concentración sobrevivir era difícil. Lo fácil era morir.

Mi encuentro con los húngaros fue la gota que colmó el vaso. Decidí marcharme de Buchenwald al día siguiente y poner rumbo hacia el sur. Antes de dejarles junto a la orilla del arroyo, me volví por última vez y dije:

—Si se os ocurre cualquier cosa, sea lo que sea, estaré en el barracón de los yugoslavos esta noche. Mañana a estas horas, me habré ido.

La velada con mis amigos en el barracón yugoslavo fue muy melancólica. Intentaron convencerme de esperar y volver con ellos, pero yo quería pasar por Dachau para ver a la familia Buchler, recoger mis cosas y agradecerles su generosidad. Sabía lo mucho que le entristecería a la Sra Buchler saber que había fracasado en mi misión.

Mis amigos intentaron alegrarme y me dieron la mejor despedida posible. Comimos bien y bebimos algo de vino antes de ponernos a cantar. En la oscuridad de la noche de Buchenwald, nuestras voces se unieron para entonar canciones de la tierra, de amor y de pérdida, con la mirada triste iluminada a la luz del candil.

Bela me dio su dirección en Zagreb:

—Tenemos que vernos cuando estemos todos de vuelta —dijo.

Stanko también escribió sus señas en un trozo de papel y me dijo sonriendo:

—Aquí tienes, me gustaría casarme cuando encuentre a la chica adecuada...

—Haríais una pareja fantástica —dijo Bela—, te enseñaría esloveno en poco tiempo.

Los tres nos echamos a reír, pero mi cabeza estaba llena de recuerdos de Julius y del amor perfecto que creíamos haber encontrado.

Era lo único que podía hacer para no echarme a llorar.

El día de mi partida amaneció luminoso y cálido. Los primeros rayos de sol ya empezaban a proyectar sombras alargadas por el campo, cuando metí lo poco que tenía en una maleta y me despedí de todos.

La entrada de Buchenwald era tremendamente artificiosa. Las puertas de hierro estaban flanqueadas por dos edificios bajos de hormigón, y encima tenían una estructura de dos pisos de madera con una hilera de ventanas en la parte inferior, una pasarela descubierta en la parte de arriba y en lo más alto, una pequeña espadaña con un reloj.

Parecía más una cabaña de caza que la garita de entrada de un campo de concentración, e imponía mucho más que la entrada de Dachau o de Ohrdruf. Me disponía a cruzarla para emprender mi regreso a casa, e iba pensando que me estaba convirtiendo en una experta en la deprimente arquitectura de los campos de concentración.

El día prometía ser caluroso pero ni eso me dio ánimos. Lo mejor que podía esperar era que el clima veraniego alentara la alegría y la generosidad de alguien para que se ofreciera a llevarme.

El resto del campo volvía a su rutina diaria. Los antiguos prisioneros desayunaban mientras los americanos seguían enfrascados en la interminable misión de identificar a cada uno de ellos y prepararles para su siguiente viaje. Habían habilitado un edificio con un corro de mesas en torno a un poste de madera para que quien lo deseara se acercara y escribiera el país al que quería viajar en un trozo de papel. Casi todos ponían su país de origen, pero yo entraba a menudo y cada día escribía un destino distinto —Estados Unidos, México, Inglaterra, Canadá— todos los lugares exóticos que ya dudaba poder llegar a conocer.

Recordando aquello, sonreí irónicamente y me pregunté qué habría sido de todos esos papelitos. Pues ahí estaba, de camino a Dachau y luego de vuelta a Zagreb, sin haber escrito nunca ninguno de los dos sitios como destinos deseados para mi futuro.

Al acercarme a la entrada miré hacia un edificio grande de dos pisos que los americanos utilizaban como oficina. En una ventana cerca de la puerta, se veía una lámpara de mesa encendida sobre un escritorio. La macabra pantalla tatuada estaba hecha de piel humana. Quizás estuviera allí para recordar a los alemanes su propia brutalidad o es posible que algún soldado americano la guardara como grotesco souvenir.

Me quedé inmóvil, mirando la lámpara. El soldado americano alto y rubio que trabajaba afanosamente en el escritorio alzó la mirada por un segundo y luego siguió escribiendo.

¿Debía preguntarle por Julius? Había entrado en todos estos barracones, seguro que en éste también, pensé. Entonces ¿para qué?

El soldado volvió a mirarme. Entré y le enseñé la nota desgastada que había escrito la Sra. Buchler hacía ya muchas semanas. Sabía que sería inútil, pero como un jugador que no puede dejar la mesa de la ruleta porque cree que la última será la buena, no podía irme de Buchenwald sin intentarlo de nuevo.

El soldado miró la nota atentamente mientras yo señalaba el nombre de Julius como si aquel gesto fuera a ayudarle a entender. Se quedó pensativo, luego cogió un enorme libro de contabilidad de la estantería que tenía detrás y empezó a hojear páginas repletas de listas de nombres.

Por fin, cogió su lápiz y escribió sobre un pedazo de papel: «Primer piso, número 23», y señaló las escaleras.

Subí corriendo los inestables escalones hasta el primer piso y di con una sola puerta. No había ninguna sala con el número 23. Abrí la puerta esperando ver otra oficina, pero me encontré una sala larga de techos bajos con una hilera de camas a cada lado, la mayoría ocupadas por hombres que yacían inmóviles. El olor a desinfectante me golpeó de inmediato. Era un pabellón de hospital.

Unos cuantos estaban sentados sobre la cama, aun vestidos con el uniforme de rayas del campo. La sala se quedó en silencio y todas las miradas se volvieron hacia mí. Un anciano se me acercó cojeando y me preguntó en polaco qué quería. Le mostré mi nota gastada con la esperanza de que supiera inglés. La miró con atención y me hizo un gesto para que le acompañara.

Caminamos despacio junto a la fila de camas, con todas las miradas aún fijas en nuestro avance por el pabellón silencioso.

El guía polaco se detuvo junto al pie de una cama donde había un pequeño letrero con el número 23, señaló al hombre que yacía en ella y masculló algo en polaco.

El paciente tenía una pierna alzada en un cabestrillo. Era menudo, estaba muy pálido y delgado, prácticamente calvo y desdentado. El único color en su rostro era el negro de las bolsas bajo sus ojos.

Aquellos ojos... Cuando estaba a punto de volverme al hombre polaco para preguntarle por qué me había llevado hasta la cama de un hombre anciano y moribundo, aquellos ojos azules se encendieron. Y los dos lo supimos.

El rostro de aquel hombre se iluminó en una sonrisa de júbilo y asombro. Yo no sabía si reír o llorar, sólo sentía una enorme fuerza empujándome hacia él. Nos abrazamos, llorando, y nos estrechamos tan fuerte que temí hacerle daño.

Me cogió como un niño abraza a su juguete favorito y dijo:

—¡Olgi, Olgi! Oh, Dios, ¿cómo me has encontrado?

Me enjugué las lágrimas, acaricié suavemente su mejilla y susurré:

—Julius, mi amor.

22

La noticia de nuestro encuentro se extendió como la pólvora en aquel hospital improvisado. Hombres que no se habían levantado de la cama en semanas de repente tenían fuerzas para acercarse desde el otro lado de la sala para ver a la extraña pareja abrazada.

—Te quiero Olga, siempre te he querido —me susurró Julius—. En cuanto me recupere, nos casamos.

Yo lloraba y reía a la vez. A nuestro alrededor, hombres escuálidos y con la cabeza rapada vestidos de uniformes de rayas nos contemplaban, sonriendo y hablando.

—¿Cómo demonios me has encontrado? —repetía Julius una y otra vez—. Estaba seguro de que estarías en Zagreb. Iba a ir a buscarte en cuanto estuviera bien.

Volví a reírme, secándome las lágrimas.

—Te he buscado por todas partes, en cada barracón del campo, y éste es el último lugar en el que iba a intentarlo. Todos creíamos que eran sólo oficinas americanas; las ventanas siempre estaban cerradas y no había señales de vida... Jamás lo imaginé.

—Trajeron a los más enfermos aquí —dijo Julius—. Somos los que creían que íbamos a morir. Ninguno estábamos en condiciones de salir, supongo que el resto de la gente del campo no se dio cuenta de que estábamos aquí.

—¡Pensé que estabas muerto! —le dije abrazándome a él y sintiendo la dolorosa delgadez de su cuerpo. Parecía tan ligero que podía levantarlo y llevármelo.

Aunque no verbalicé mis pensamientos, me dije: «Dios mío, es un desecho de hombre, está en un estado lamentable». Y en lo más hondo de mi mente creí que aún podía morir.

Los otros pacientes empezaron a volver a sus camas para darnos algo de intimidad. Julius me contó que en febrero se había desmayado por la fiebre del tifus mientras trabajaba en las vías del campo y los guardias de las SS le dieron tal paliza que sufrió una trombosis en la pierna y le dejaron las manos destrozadas al intentar protegerse de los golpes. Ahora tenía que mantener la pierna en alto para evitar que la trombosis se extendiera al corazón. Mientras tanto, los americanos estaban tratándole de tifus, que se había llevado por delante miles de vidas en el campo durante los últimos meses de la guerra.

En ese momento mi lucha por encontrar a Julius se convirtió en una lucha por mantenerlo con vida.

La sorpresa de mi llegada unida a la enfermedad dejaron a Julius exhausto. Teníamos mucho que hablar y mucho que decir, pero nos quedamos en silencio con las manos entrelazadas. Finalmente le dije:

—Tengo que contarle a mi amigo Bela que te he encontrado. Es médico y puede ayudarnos.

Julius sonrió débilmente al sentir que le besaba en la mejilla. Me dirigí hacia la puerta y cuando me volví a mirar ya estaba dormido.

Bela se sorprendió al verme aparecer corriendo hacia el barracón yugoslavo, y más aún de verme sonriendo.

—Creí que te ibas hoy —dijo—. ¿Por qué estás tan contenta?

—¡Bela, Bela! —exclamé sin aliento—. ¡Lo he encontrado!

—¿Cómo? ¡No seas ridícula! Si hemos buscado por todas partes...

—¡Ven, ven conmigo! —le dije, agarrándole de la mano y arrastrándole hacia el edificio donde había encontrado a Julius.

En cuanto le expliqué que Bela era médico, el soldado americano no puso ninguna objeción a que entráramos en el hospital y subimos a verle a toda prisa.

Julius recordaba que Bela le atendió cuando le diagnosticaron el tifus y se saludaron cálidamente. Nos contó más detalles de su enfermedad, y que había estado a punto de morir. Después de caer enfermo, los alemanes le metieron en un camión con otros prisioneros enfermos para sacarles del campo. A pesar del delirio de la enfermedad sabía que los reclusos que se llevaban del campo nunca volvían a aparecer, ya fuera porque morían de camino a otro campo o porque los abandonaban en algún lugar y los dejaban morir.

A pesar de la fiebre y de su debilidad Julius saltó del camión aprovechando un momento del trayecto en el que frenaron y le recogió otro camión que llevaba prisioneros sanos de vuelta a Buchenwald. Su valentía le salvó la vida.

Al llegar de nuevo al campo estaba gravemente enfermo, pero para entonces los americanos estaban avanzando a paso tan vertiginoso que los alemanes ya no podían mandar prisioneros hacia el oeste.

A partir de entonces todo estaba confuso en su mente —largos periodos de tiempo inconsciente seguidos de breves brotes de coherencia, y luego nada—. Despertó en una cama de hospital y llevaba allí dos meses, con la pierna en alto y la fiebre oscilando peligrosamente. Se le había caído todo el pelo y ahora empezaba a crecerle de nuevo, a pesar del tratamiento de los americanos, decía que no se sentía mejor.

La sala en la que estaba era una mezcla de nacionalidades y de tipos de prisioneros: judíos, gitanos, homosexuales, políticos y criminales. Y sólo dos médicos húngaros para tratarlos a todos.

—Hablaré con los médicos —dijo Bela—. Quizás te dejen venir al barracón para que me encargue de ti.

Como es de imaginar los médicos estaban encantados de quitarse algo de trabajo. Bela volvió a comunicarnos la noticia y le preguntó a Julius si tenía alguna ropa que no fuera el uniforme de la prisión.

—No —contestó—. No tengo nada.

Aquella tarde vinieron dos hombres del barracón yugoslavo para trasladar a Julius, y una vez allí le dieron un uniforme de verano del ejército alemán que se debía haber dejado un guardia del campo.

Bela le dio algunos medicamentos y Julius no tardó en quedarse dormido, vestido con su nuevo uniforme.

Después de varios días en manos de Bela y otros prisioneros yugoslavos, Julius empezaba a dar señales de mejora. Poco a poco recuperaba la fuerza y decían que pronto le quitarían la pierna del cabestrillo.

Le volvió el apetito, empezó a ganar peso y el pelo volvía a crecerle sano. Ya no se sentía tan cansado y una mañana cuando fui a hacerle mi visita diaria me recibió con una enorme sonrisa y dijo que se sentía fuerte y que quería intentar andar, algo que no había hecho en dos meses al menos. Bela encontró unas botas de cordones de su talla y se las calzamos.

Con mucho cuidado, posó un pie junto a la cama, y después el otro. Bela le cogió de un brazo y yo del otro, y entre los dos le pusimos en pie. Al principio osciló un poco, pero con nuestro apoyo a ambos lados dio un par de pasos temblorosos por el suelo de madera del barracón, luego dio media vuelta algo indeciso y regresó abalanzándose sobre la cama.

Todos reímos y aplaudimos. Julius estaba encantado. Encantado y exhausto.

Aquellos primeros pasos nos llenaron a todos de esperanza de que se recuperaría del todo. Durante los días siguientes le ayudé a volver a andar. Se apoyaba sobre mí y caminábamos lentamente hasta el otro extremo del barracón. Por fin llegó el día de salir al exterior, y bajo el primer sol del verano Julius dio su primer paseo por el campo desde febrero.

Otros prisioneros miraban y sonreían, algunos incluso lanzaban exclamaciones de ánimo. Nos habíamos convertido en la comidilla del campo: el prisionero que volvió de entre los muertos y la joven loca de Zagreb que había venido a buscarle.

Al poco tiempo nuestros paseos se empezaron a hacer cada día más largos. Exploramos todo el campo y hasta nos aventurábamos en el bosque y los campos de alrededor, y algunas veces nos llevábamos comida para hacer un picnic.

En todas aquellas excursiones hablábamos del pasado y de lo que nos aguardaba en el futuro.

—¿Por qué te detuvieron? —le pregunté.

—La verdad, no tengo ni idea —contestó—. Me dijeron que era un preso político, pero nadie me explicó qué era lo que había hecho supuestamente. Al principio me interrogaron, pero luego parecieron desistir y me convertí en un preso más.

—¿Crees que fue por ayudar a la familia de mi madrastra?

Se quedó pensativo.

—No lo sé. No creo que lo sepamos nunca, pero no cambiaría nada. Lo hice por ti...

Le hablé de mis viajes, de los amigos que había hecho en el camino y de los peligros que viví. Él se emocionaba.

—Jamás creí que nadie pudiera hacer algo así.

Julius me contó lo mal que lo había pasado en los campos y me habló de los días y noches interminables en los trenes de ganado. A veces les ponían en vagones de carga abiertos, completamente expuestos a las inclemencias del tiempo, y en aquellos viajes morían cantidades escalofriantes de personas.

—Cuando me desmayé, en febrero, creí que había llegado el final —dijo—. Había tan pocos supervivientes que a esas alturas ya estaba dispuesto a abandonar. Lo único que me mantenía con vida era pensar en ti. Soñaba con volver a buscarte a Zagreb y en la felicidad que tendríamos cuando eso ocurriera. Y de repente, un día desperté y ahí estabas, al pie de mi cama. No podía creerlo. Aún no lo creo.

Nos reíamos con todas estas historias, y también hablamos del comienzo de nuestra relación, de las fiestas en el club húngaro, las noches en la ópera, los ratos en el café de Vrapce y de todo lo que teníamos por delante.

Los días se hacían cada vez más largos y el sol más cálido, pero los recuerdos de la guerra seguían inmóviles a nuestro alrededor. Las cifras de muerte por enfermedad en el campo aún eran altas y no dejaban de llegar refugiados. Había un aire de expectación y ansiedad entre nosotros. El mundo había cambiado, todos nosotros habíamos cambiado, pero ¿qué sería de nosotros ahora?

Poco a poco los americanos consiguieron organizar la repatriación de las distintas comunidades nacionales que había en el campo. Cada día llenaban camiones y los embarcaban en un nuevo viaje aparentemente interminable que todos esperábamos tuviera un final feliz.

Julius miraba a los convoyes como si estuviera perdido en sus pensamientos hasta que un día me dijo:

—Olga, estamos comprometidos desde noviembre de 1943 cuando llamé a tu padre en Zagreb y los dos hemos pasado mucho...

Hizo una pausa, y en ese momento el corazón se me puso en la garganta, mientras esperaba a oír lo que quería decirme.

—Quiero casarme contigo aquí, ahora. No podemos esperar. De lo contrario me mandarán a Hungría y a ti a Yugoslavia, y Dios sabe si podremos casarnos. Te amo, Olga. Casémonos aquí.

¿Aquí? Miré a nuestro alrededor, aquel páramo inmenso lleno de barracones y rodeado de alambrada de espino, con miles de almas escuálidas deambulando sin rumbo. Las torres de vigilancia seguían acechándonos desde lo alto, y la chimenea del crematorio aún se alzaba como una aguja con el azul del cielo de fondo.

Si acaso hay un lugar menos romántico para pedir en matrimonio, yo no he oído hablar de él.

Me encantaba que Julius sintiera lo mismo por mí, que estuviéramos tan enamorados, pero la idea de casarnos en un sitio como aquel me horrorizaba. Por otro lado, Julius tenía razón: una vez casados, podríamos viajar juntos hasta Budapest, pero si no lo hacíamos, nos mandarían a destinos distintos. Pensé entonces en los lugares que había escrito en papelitos en aquel barracón y en todos los exóticos destinos que había elegido, para nada.

Pero tampoco había llegado hasta ahí corriendo tantos riesgos para perder al hombre al que amaba, así que hablé con Bela y le pregunté si sería posible casarnos. Él fue a averiguarlo a Weimar y nos dijo que aunque la ciudad había quedado muy dañada por los bombardeos, aún había una oficina de registro.

Bela nos miró y dijo:

—Viendo que aquello es un caos, creí mejor adelantarme y hacer los preparativos...

Le miramos, luego nos miramos el uno al otro. ¿Preparativos? Nos íbamos a casar. Nos echamos a reír y nos abrazamos.

—¿Cuándo? —pregunté.

—De aquí a tres días, a las doce del mediodía.

Después de 19 meses, más de 3.000 kilómetros, cárceles, bombardeos, campos de concentración, enfermedades y traiciones, Julius y yo nos íbamos a casar en Weimar, centro de la cultura alemana y escenario de un sinfín de desfiles nazis.

Nuestro amor iba a ser consagrado finalmente del mismo modo que había comenzado: a la sombra de la *swastika*.

23

Cuando era pequeña en Sisak, me encantaban las bodas.

Solían celebrar una a la semana en la iglesia ortodoxa serbia que había cerca de casa. Siguiendo la tradición, después de la ceremonia el padrino arrojaba monedas al aire para que las cogieran los niños del barrio. Todos gritábamos *kume izgore ti kesa*, que más o menos significa «quemar el bolsillo», nos lanzábamos en una melé a por las monedas, normalmente de medio dinar, algo más pequeño que un céntimo.

Salía del barullo de niños llena de arañazos y moratones, sucia y con el vestido hecho jirones, a veces con un dinar bien ganado, otras con las manos vacías.

A mi madre le horrorizaba que me peleara por dinero, pero yo era una pequeña y no hay crío al que no le tiente una moneda.

Ahora bien, la iglesia no me atraía sólo por el dinero. También iba a ver a la novia, radiante con su vestido de boda, y centro de todas las miradas con su tímida belleza. «Algún día», pensaba, «me tocará a mí».

Sabía exactamente cómo sería mi gran día: llevaría un vestido blanco largo y con cola, y mis cuatro damas de honor irían de rosa y azul. El organista tocaría el *Ave María* y todas las miradas estarían puestas en mí.

El convite sería en un salón de baile cubierto de flores, y mi familia y amigos estarían allí para vernos salir rumbo a nuestra idílica luna de miel en Niza o Montecarlo.

Nadie sabe cuántos sueños se nos hacen realidad. Había encontrado a Julius y nos íbamos a casar... pero quizás se me había agotado la suerte en lo referente a sueños, porque nuestra boda no tendría nada que ver con lo que había soñado. Eso sí, las tres chicas yugoslavas con las que compartía un almacén en el campo estaban entusiasmadas. ¿Una boda? ¿En Buchenwald? ¡Qué emoción!

¿Qué me pondría? Entre las cuatro no reuníamos casi nada de ropa y lo único que se nos ocurrió fue que llevara uno de los camisones de algodón que me había dado la Sra. Buchler en Dachau. Parecía ridículo, pero hacía calor y el vestido tenía bastante encaje, así que no quedaba otra.

El otro problema eran los zapatos. Todas teníamos tallas distintas y, de todas formas, ninguna guardaba calzado elegante. Lo único que me quedaba eran unas botas pesadas y los calcetines blancos que traje de Dachau, ya bastante agujereados. Así pues, me tendría que casar con un vestido de noche y botas de caminar.

A continuación las chicas se pusieron a pensar en el peinado. Cogieron cordones y trozos de papel como rulos y me hicieron dormir toda la noche con ellos puestos para que tuviera el mejor aspecto posible el día de la boda.

Julius tuvo más suerte. Una vez quitadas las insignias alemanas, el uniforme le quedaba bien, y las botas negras que le consiguió Bela estaban bastante nuevas e iban perfectamente con el uniforme.

Verlos a Bela y él eligiendo la ropa era como contemplar una escena en el taller de un sastre.

—No sé, Bela, no estoy seguro de esta chaqueta. Déjame probarme ésa —decía Julius señalando a un montón interminable de viejos uniformes alemanes. Bela la cogía y metiéndose en el papel, le decía:

—Quizás vaya mejor ésta con el gusto del señor...

Al poco rato dejaron a Julius de lo más elegante. Además, le había crecido el pelo, aunque lamentablemente los dientes los había perdido para siempre.

—No te preocupes —dijo Bela—. No te rías y mantén la boca cerrada cuando sonrías.

Menuda estampa: un desdentado con el uniforme del ejército alemán y su radiante novia con un camisón y botas de caminar. No era precisamente el típico sueño de amor de cualquier jovencita.

Bela se quedó mirándonos y dijo:

—Miradlo por el lado positivo: al menos no habrá fotógrafos.

Hacía una mañana oscura y gris cuando salimos hacia la estación del pueblo de Buchenwald para coger el tren a Weimar. Éramos seis: Julius y yo, Bela y las tres chicas del campo, mis damas de honor.

El cielo estaba cargado pero no rompía a llover y el tren de las once a Weimar pasó a su hora. Bela nos condujo a través de las calles destrozadas por las bombas hasta un edificio bajo y en mal estado en una plaza. Era la oficina de registro temporal de Weimar. El ayuntamiento de Marktplatz, enfrente del hotel Elephant donde siempre se alojaba Hitler, había quedado muy dañado durante los bombardeos, que destruyeron toda la parte norte de la histórica plaza.

A la entrada del registro había una montaña de escombros más alta que el propio edificio. El camino hasta el interior era como una carrera de obstáculos entre muros derruidos y cráteres de bomba. Mis sueños de boda cada vez me parecían más lejanos.

Bela nos urgió a que aceleráramos el paso.

—¡Vamos! Si no os casáis ahora, no lo haréis nunca.

Llamó a la puerta, pero no acudía nadie. Empecé a desesperarme, creyendo que todo aquello acabaría en desastre.

Cuando Bela se disponía a llamar de nuevo, la puerta se abrió y salió una mujer diciendo *Guten tag*. Entramos uno por uno en un diminuto despacho donde nos mostraron los documentos a Julius y a mí. Bela se había equivocado con mi lugar de nacimiento, que creía era Gombos. Me permití el lujo de sonreír con ironía. Después de tantos viajes con una identidad falsa y sin documentos, no parecía demasiado importante.

No había ninguna otra boda prevista para aquel día, lo cual no era de extrañar, y nos quedamos esperando en silencio. Julius parecía nervioso y yo le cogí de la mano y apreté suavemente.

A las doce en punto se abrió la puerta de otro despacho y el funcionario nos llamó.

Julius y yo nos quedamos de pie delante de él mientras empezaba a leer rápidamente el protocolo de matrimonio en alemán. Dirigiéndose a Julius, le preguntó si me tomaba como esposa.

—Ja —contestó con firmeza.

Luego se volvió a mí. ¿Tomaba a Julius como esposo?

—Ja —contesté.

Hizo una pausa para que intercambiáramos anillos y viendo que no teníamos, prosiguió anunciando solemnemente *Somit seid ihr Mann und Frau, bis dass der Tod euch scheidet* («Sois ahora marido y mujer hasta que la muerte os separe»).

Y así acabó todo. La ceremonia entera duró tres minutos. Me sentía feliz por habernos casado por fin y por estar juntos, pero por otra parte me daba pena no tener a nadie de la familia con nosotros. Sólo los amigos del campo estaban presentes en nuestro gran día. ¿Qué diría mi padre?

Deseaba tanto que mi madre hubiera estado. Le habría encantado ver casada a su pequeña «demasiado feúcha para encontrar un hombre».

Salimos sonrientes del edificio del registro y nos dirigimos al bar que había en el otro extremo de la plaza para celebrarlo. En ese momento, rompió a llover y nos cogió una tormenta torrencial.

Cuando logramos alcanzar la puerta del bar y nos reunimos en torno al barril que hacía de mesa, estábamos empapados. Yo había sufrido la lluvia más que el resto, pues mi fino camisón de algodón no iba bien con la lluvia y se me quedó pegado al cuerpo, y el peinado rizado, que tan cuidadosamente me habían hecho las chicas, estaba empapado y aplastado. Bela estaba en lo cierto: menos mal que no había fotógrafos presentes.

Pedimos algo de beber, pero nos dijeron que sólo había zumo de manzana, así que cogimos nuestros vasos de zumo y Bela propuso un brindis por «la feliz pareja». Parecía muy adecuado que una ceremonia tan chapucera culminara con un brindis con zumo en lugar de champán.

Me volví a Julius y juntando mi vaso con el suyo dije:

—Por nosotros, Sr. Koreny.

—Por nosotros, Sra. Koreny —contestó él.

El tren de las cuatro de vuelta de Weimar salió con retraso y cuando llegamos al campo ya casi había anochecido. Al llegar descubrimos que nuestros amigos yugoslavos nos habían preparado un convite de boda. Los cazadores habían apresado a otro cerdo en el bosque de Turingia y lo estaban asando al fuego, mientras que otros preparaban macarrones y espaguetis en grandes ollas de agua hirviendo.

Nos sentamos en bancos improvisados y aquella comida me supo mejor que las delicias del restaurante más caro. Incluso encontraron algo de vino, y todos alzaron su copa para brindar por nosotros mientras nos besábamos, iluminados por las lámparas y los fuegos del campo.

Después de cenar empezó la música, y Julius y yo abrimos el baile, dando vueltas por el patio atestado de gente al son de palmas y canciones. A lo lejos, aún se podía vislumbrar a prisioneros con el pijama de rayas deambulando a la luz del anochecer.

Fue una celebración extraña, casi surrealista.

Todos bromeaban sobre nuestro destino para la luna de miel: ¿sería la Riviera francesa o un crucero por todo el mundo? Julius y yo reíamos y les decíamos que era un secreto.

—Ningún novio revela a su mujer dónde irán de luna de miel —dijo él—, pero os garantizo que en el lugar que tengo pensado no nos encontraremos con ninguna otra pareja de recién casados. —Su comentario despertó un rugido de carcajadas y más aplausos, pero justo en ese momento oímos gritos de alarma de los cocineros. Se había levantado un fuerte viento en el campo y estaba arrastrando las llamas de las hogueras hacia nuestros barracones.

El incendio alcanzó rápidamente el edificio y prendió un extremo de la estructura de madera en apenas unos instantes. Entre nosotros y los soldados americanos formamos una cadena humana para llevar cubos de agua hasta que logramos controlar el fuego.

No hubo flores ni vestido de novia ni siquiera anillo, pero me resulta difícil imaginar una boda más inolvidable.

Buchenwald lo tenía todo: celdas, barracones, camas de hospital, alambradas electrificadas, comedores, torres de vigilancia, duchas, cámaras de ejecución, fosas comunes, oficinas, crematorio, una plaza de armas...

Lo único que no tenía era una suite nupcial, y bromeábamos comentando lo descuidados que habían sido los nazis.

La fiesta siguió hasta bien entrada la madrugada, pero nosotros nos retiramos entre la algarabía de los invitados a un viejo almacén donde habían apartado todos los trastos y preparado una cama improvisada en el suelo.

Allí pasamos nuestra primera noche de casados. En medio del estruendo del campo, miré a Julius y nos besamos con suavidad, apenas iluminados por las llamas que consumían lentamente un barracón de Buchenwald.

24

Nos despertó la suave luz del sol entre los bordes de las mantas que nuestros amigos habían colgado en las ventanas. Nos vestimos y salimos con algo de timidez hacia los barracones para agradecerles la maravillosa fiesta que nos habían preparado.

Todos tenían un aspecto algo demacrado excepto Bela que dijo sonriendo:

—¡Ah, la feliz pareja!

Nos sentamos a desayunar y todos se acercaron a darnos la enhorabuena de nuevo, para luego dejarnos solos con Bela.

Ahora su gesto era serio.

—Tengo que enseñaros algo —dijo—. Julius, tú has estado demasiado enfermo para comprender lo que ha estado pasando aquí, y tú, Olga, parecías tan infeliz y perdida mientras buscabas a Julius que tampoco quería preocuparte más. Ahora que ambos estáis bien y felices es importante que sepáis toda la verdad sobre este campo. Para que se lo contéis a los vuestros y nadie olvide lo que pasó aquí.

Nos quedamos atenazados en un profundo silencio, hasta que Bela dibujó una leve sonrisa y dijo:

—Será vuestra luna de miel en el infierno.

En ese momento se puso en pie y continuó:

—Venid. —Julius y yo nos miramos sin saber qué pensar de esa vis seria y desconocida de nuestro amigo. Nos llevó a través del laberinto de barracones hasta el bloque 46—. Aquí —dijo— es donde realizaban experimentos médicos. Infectaban a propósito a los prisioneros de tifus, viruela, fiebre amarilla, difteria y otras cosas para seguir el desarrollo de cada enfermedad. En el caso de sobrevivir, normalmente les mataban al acabar el experimento. Aquí también hacían quemaduras a los prisioneros, para probar distintos métodos de tratamiento.

El edificio estaba vacío, pero su espantoso legado seguía presente. El aire era pesado y letárgico casi asfixiante.

Me recorrió un escalofrío. Bela tenía razón: los horrores de este lugar, y los de otros como Dachau, iban en contra de todo razonamiento humano.

Sin embargo, aquel día de 1945 ni siquiera vislumbramos la verdadera magnitud de lo ocurrido en Buchenwald, por no hablar de los campos de exterminio en Polonia. Sólo conocíamos una ínfima parte de ello, y ya era bastante aterrador.

Volvimos a remontar la colina hacia la imponente entrada, y al llegar al patio donde se pasaba lista giramos a la izquierda hacia un edificio de ladrillos con una chimenea alta. Tras la experiencia en Dachau, en donde creí que la chimenea debía pertenecer a las cocinas, sabía que aquello sólo podía ser el crematorio.

Una vez dentro Bela nos enseñó los hornos y las largas palas que utilizaban para levantar los cadáveres y echarlos a las llamas.

Al lado había una sala lúgubre, con las paredes completamente cubiertas de azulejos blancos y una mesa grande de cemento en el centro, también cubierta de azulejos blancos. En un extremo de la mesa había una pila. Todo estaba impoluto.

—¿Qué es este lugar? —pregunté.

—Es la sala de autopsias —dijo Bela—. Aquí traían los cadáveres de los experimentos médicos para extraerles los órganos. A veces también se quedaban con órganos de otros prisioneros muertos para realizar experimentos con ellos.

En las estanterías todavía había tarros con órganos humanos conservados en alcohol, y al lado de cada uno, unas etiquetas escritas con perfecta caligrafía alemana explicando su origen.

Al salir de vuelta al exterior, me sentí aliviada. «Ya está, menos mal», pensé. Pero me equivocaba.

Bela nos llevó hacia un tramo de escaleras que bajaba vertiginosamente junto al lado de un edificio hasta el sótano. Allí entramos en una sala baja y claustrofóbica con un solo ventanuco en el otro extremo. A nuestra izquierda había una rampa de madera y en una esquina un extraño artilugio de metal. En lo alto de la pared, una hilera de ganchos negros con medio metro de separación entre uno y otro.

—Ésta es la sala de cadáveres —anunció Bela—. Lanzaban los cadáveres por este vertedor —dijo señalando la rampa de madera—. Luego —continuó mientras se acercaba a la esquina—, los arrastraban hasta este elevador y los subían a los hornos. Había veces que la sala estaba tan llena que tenían que dejar los cadáveres amontonados en la parte trasera del edificio hasta que había espacio para meterlos.

Nos quedamos mirando aquella máquina rudimentaria, un elevador de objetos en el que metían cadáveres sin ceremonia, sin cuidado ni respeto alguno. Para muchos, el breve trayecto hasta el piso de arriba fue su último viaje en la tierra.

—¿Y los ganchos, para qué son? —pregunté, señalando a las paredes.

Bela hizo una pausa.

—También colgaban a la gente —dijo—. Algunos prisioneros eran ejecutados en horcas móviles que sacaban al campo para que todos los viéramos morir. Pero a otros los traían aquí, les colgaban de estos ganchos y les dejaban morir mientras seguían arrastrando cadáveres por el suelo delante de ellos. En Buchenwald no era necesario estar muerto para que te trajeran al crematorio...

En las paredes a la altura de los ganchos aún se podía ver las marcas y los arañazos de prisioneros que intentaron aferrarse desesperadamente a la vida. El sufrimiento de aquella sala debió ser algo inimaginable; incluso después de la liberación, el ambiente era sofocante.

Jamás me pareció respirar un aire tan limpio y fresco como cuando subimos las escaleras de la sala de cadáveres para volver al exterior. Bela nos miró y dijo:

—Lo siento, pero teníais que saberlo.

Seguimos caminando por el perímetro del campo hasta los barracones anejos de las SS. Allí todo era distinto: alojamientos cuidados, comedores decorados de manera extravagante y cómodas camas. Un mundo completamente distinto del horror que se vivía al otro lado de la alambrada de espino.

En aquel momento comprendí desconsolada que Dachau era muy parecido. Las chicas y yo en el complejo de las SS, con buena comida, comedores arreglados y una vida normal —mientras al otro lado de la alambrada se desarrollaba el mismo juego macabro de muerte indiscriminada.

En los dieciocho meses de penurias y peligros a mis espaldas, había rezado muy pocas veces. Pero aquella noche lo hice, di gracias a Dios por salvarnos a Julius y a mí, y recé por las almas de quienes habían muerto tras la alambrada del campo.

25

Todos sufrimos solos. No podemos comprender enteramente el sufrimiento del otro, del mismo modo que ellos nunca serán capaces de comprender nuestro dolor. Una pareja puede estar muy unida y muy enamorada, pero siempre hay una parte de cada uno que permanece separada y es de cada uno.

Eso es lo que Julius y yo tuvimos que aprender después de casarnos. Había momentos en los que era todo alegría y buen humor, pero de repente su estado de ánimo cambiaba y desaparecía en sus pensamientos, como si estuviera lejos, muy lejos de mí.

Había vivido muchas cosas en los campamentos de trabajo y nadie que no hubiera estado allí podría entenderlo.

Por mi parte yo había sufrido el hambre y el frío, el horror de los bombardeos, había vivido de mi ingenio sin permitirme parar nunca, por miedo a que me descubrieran en cualquier momento y me detuvieran.

Son experiencias que uno nunca olvida. Se quedan grabadas en el carácter, como una cicatriz imborrable sobre tu personalidad.

En cierto modo Julius y yo seguíamos siendo las mismas personas que cuando nos conocimos y nos enamoramos en Zagreb, pero algunas cosas habían cambiado totalmente en nuestro interior desde aquellos días aparentemente despreocupados.

Todavía hoy soy incapaz de tirar comida, y siempre comparto lo que tengo, como otras muchas personas de mi generación. Son lecciones que fui aprendiendo en el camino de los refugiados a través de Europa, donde encontré gente de lo mejor que he conocido, pero también de lo peor.

Inevitablemente me sobrevino una sensación de anticlímax. Había encontrado a Julius, la guerra había acabado y los prisioneros del campo estaban siendo repatriados. No paraban de llegar nuevos refugiados, muchos de los cuales venían del este con la cabeza afeitada y números tatuados en los brazos. Dos hermanas yugoslavas me dijeron que venían de un campo cerca de un lugar llamado Auschwitz en Polonia, y estaban emocionadas ante la idea de volver a casa. No me hablaron del campo, pero parecían nerviosas, obsesionadas y desesperadas por salir de Alemania. Lamentablemente, más tarde supimos que una de ellas murió en el viaje de regreso a su país.

Mis amigos croatas en el campo esperaban ansiosos el viaje de vuelta a casa y se reunían cada noche a entonar canciones patrióticas croatas, lo cual me removía el corazón. Yo me debatía entre Croacia y Hungría, la tierra de mi marido. Amaba a Julius y queríamos estar juntos, pero ¿qué nos depararía el futuro? ¿Volvería alguna vez a Zagreb?

El mundo también estaba cambiando. Las viejas certezas habían sido sustituidas por otras nuevas, y ya había nuevas divisiones. Tras el fin de la guerra, Hungría y la recién reunificada Yugoslavia quedaron bajo el control de Moscú. Y después de tanto tiempo huyendo del Ejército Rojo me veía abocada a volver a su regazo.

Bela ironizaba con mi situación:

—¡Viniste a buscar a Julius e ibas huyendo de los rusos y ahora vas a encontrarte con ellos y dar un buen abrazo a tus hermanos eslavos! —Yo no le veía ninguna gracia.

Buchenwald se había convertido en un inmenso lugar de paso para refugiados de distintos campos que eran trasladados allí antes de volver a su país.

Y por fin llegó nuestro turno. Nos dijeron que quienes viajaran a Budapest tenían que prepararse para salir en una semana.

Pero tampoco había mucho que preparar. Bela encontró algo de material de lana del ejército alemán y se lo dio a Julius, que ya no vestía tan mal porque además del uniforme alemán había conseguido varias camisas, un par de botas buenas y un abrigo largo de invierno.

La ropa de mujer escaseaba más pero tenía la esperanza de que al llegar a Budapest podría volver a vestir bien. Me preguntaba qué llevarían las chicas de mi edad y cómo sería la moda. Hacía mucho que no veía ningún periódico, por no hablar de revistas. Si lo que se llevaba era ponerse camisones durante el día con botas de caminar, yo estaría a la vanguardia de la moda...

Aquel julio hizo mucho calor y en los días antes de emprender el viaje de regreso, Julius y yo salíamos a pasear por el bosque alrededor del campo.

—Me recuerda a Tuskanac en Zagreb —dijo—, el bosque y los paseos tranquilos.

Estaba mucho más fuerte, caminaba bien y había ganado peso. Lo peor había pasado.

Un día, unos americanos nos acercaron en su jeep hasta Leipzig, una preciosa ciudad que había quedado completamente en ruinas. A la vuelta nos detuvimos en Jenna a ver lo que quedaba de la fábrica Zeiss, una de las mejores del mundo en lentes fotográficas. Julius era un apasionado de la fotografía, y todavía se preguntaba qué habría sido de la cámara Leica que le llevé con tanto cuidado desde Zagreb cuando le detuvieron. Recorrió cuidadosamente lo que quedaba de la fábrica recogiendo prismas y lentes ópticos entre montones de escombros.

—Puede que nos sean útiles cuando lleguemos a Budapest —me dijo aunque no me explicó cómo.

Julius había estudiado ingeniería pero no le esperaba ningún trabajo en Budapest y tampoco sabía dónde viviríamos. Nos enfrentábamos a un nuevo viaje hacia lo desconocido.

Empezó cuando diez camiones se detuvieron en fila a la entrada del campo y llamaron a todos los reclusos húngaros. Nos llevarían hasta una línea fronteriza con los rusos en Checoslovaquia y allí nos dejarían en sus manos.

Me volví a mirar el campo por última vez y empecé a llorar. Aquel lugar que para tantos fue un escenario de horror y crueldad, para mí guardaba recuerdos muy felices: el reencuentro con Julius, nuestra boda y nuestra extraña luna de miel.

Pensé que arrasarían el campo, construirían nuevos edificios y todos mis recuerdos desaparecerían.

Al verme llorar Bela dijo bromeando:

—Nunca creí que una joven lloraría por mí...

No podía decirle la verdad. Buchenwald formaba parte de mí y al dejarlo perdía algo que ya nunca recuperaría.

Subimos a los camiones llevando dos viejas maletas raídas —la suma de todo lo que nos quedaba en el mundo—. Julius había insistido en que metiéramos los prismas que encontró entre las ruinas de Jenna porque decía que cuando llegáramos a casa quería fabricar prismáticos y nos haríamos millonarios.

Los americanos nos entregaron dos paquetes grandes de comida envueltos en papel de estraza, y entre los gritos de los soldados y el tímido canturreo de algunos pasajeros, el largo convoy de camiones se puso en marcha.

El ruido del motor era demasiado fuerte como para poder mantener una conversación, pero al menos avanzábamos bastante rápido por las carreteras desiertas. El paisaje pasaba a una velocidad vertiginosa ante mis ojos, como nunca lo hizo cuando trataba de llegar a Dachau y Buchenwald. Apenas había 160 kilómetros entre Buchenwald y la frontera checa, y al poco de empezar el viaje el convoy se detuvo para cruzar la frontera y volvimos a coger velocidad hasta llegar a nuestra primera parada en Checoslovaquia, la preciosa ciudad balneario de Karlovy Vary.

Nos dejaron bajar de los camiones para estirar las piernas. Miré alrededor y pensé en lo maravilloso que sería pasar un par de semanas allí, disfrutando del sol del final del verano, paseando por aquellas colinas y tomando las aguas. Sería como una luna de miel.

Evidentemente no caería esa breva. A los pocos minutos dieron orden de subir a los camiones y nos pusimos nuevamente en marcha hacia el sur, en dirección a Plzen, más conocida internacionalmente como Pislner. Volvimos a parar y nos ofrecieron un paseo por la fábrica de cerveza local, donde se hacía la rubia Pilsner. La visita incluía una cerveza gratis.

Cuando nos disponíamos a volver a subir a los camiones miré alrededor y no vi a Julius.

—Mi marido —dije a uno de los americanos—. No está aquí... no podemos irnos sin él.

Los americanos se miraron sorprendidos y contaron a los pasajeros. Faltaba uno. Dos de ellos regresaron a la fábrica de cerveza gritando su nombre. A los pocos minutos volvieron con la menuda figura de mi marido entre los dos, con la cabeza gacha.

—Lo siento —dijo al volver a subirse al camión—. Quería ver unas máquinas y me perdí.

Todos el mundo se echó a reír y algunas voces sugirieron que la cerveza gratis era lo que le había retenido, y no las extrañas máquinas de la fábrica. Para muchos de nosotros, aquélla fue la primera risa que echábamos desde que salimos de Buchenwald.

Pero la alegría no nos duró mucho, pues según avanzábamos hacia el sur empezamos a ver soldados del Ejército Rojo a ambos lados de la carretera, con las armas en ristre.

En algún lugar del campo checo llegamos al punto de entrega y nos bajamos de los camiones con nuestras pertenencias. No había ningún vehículo esperándonos para seguir viaje. Sólo un tren de ganado en una vía, muy parecido a los que veía llegar a Dachau o los que transportaban a Julius entre un campo y otro.

Un silencio sepulcral se hizo entre todos nosotros. La mayoría eran veteranos del campo, y para ellos los vagones de ganado significaban una sola cosa. Los rusos empezaron a gritar órdenes para que nos metiéramos en los vagones, mientras abrían las puertas y nos hacían gestos para que subiéramos. Cuando se cerraron las puertas esperé a escuchar el ruido de los cerrojos, pero no se oyó nada, y respiré aliviada.

Sin embargo, la atmósfera entre las cuarenta personas más o menos que llenábamos el vagón era tensa, y algunos se preguntaban en voz alta si no nos estarían llevando a otro campo de concentración, esta vez ruso.

El miedo se propagó y nos alcanzó a todos, y empecé a preguntarme si volvería a ver a mis amigos y si volvería a Zagreb alguna vez.

El tren empezó a avanzar a paso muy lento, y la conversación en el vagón derivó inevitablemente hacia la vida en los campos de concentración. Cada pasajero parecía haber vivido en un campo distinto, presenciando crueldades diferentes, cada cual más espantosa. Las historias de los campos del este parecían demasiado grotescas para ser verdad. Era el doloroso recuerdo humano de todo lo que había pasado a lo largo de los últimos seis años en Europa.

Por fin, le llegó el turno a Julius y contó la historia de su detención en Budapest, de cómo le enviaron a Dachau, luego a Ohrdruf y finalmente a Buchenwald.

—Y claro —concluyó—. Acabé casándome en Buchenwald.

Se hizo un silencio de asombro. ¿Estaba bromeando sobre los campos aquel húngaro? Julius sonrió y se explicó. Al poco tiempo todos estaban riendo y felicitándonos por la boda. Después de aquella letanía de miseria humana, nuestra historia alivió la tensión y la gente empezó a sonreír de nuevo.

Sin embargo, el viaje empezaba a recordarme a todos los que había hecho durante la guerra, parando y arrancando continuamente, avanzando a trompicones y a paso de tortuga.

Íbamos tremendamente lento, pero al menos no había ataques aéreos. Cuando ya empezaba a anochecer en nuestro primer día de viaje, pararon la locomotora y el tren se detuvo para descansar durante el resto de la noche.

Así pasaban los días: lento progreso durante las horas de luz y parada para descansar por la noche. Julius y yo dormíamos junto a una puerta y la abríamos ligeramente para que entrara algo de aire fresco. Una noche en la que no lograba conciliar el sueño, me quedé mirando la luna llena y recordando mi infancia en Sisak, cuando de repente aparecieron dos soldados rusos y se pusieron a gritar.

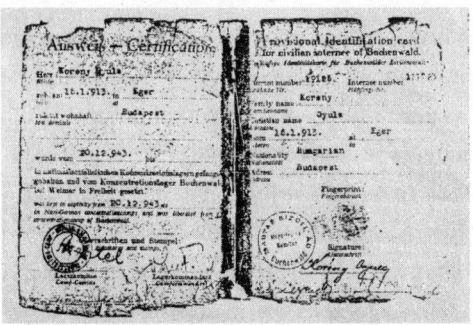

Tarjeta de identificación emitida en Buchenwald después de la liberación que refleja que Julius estuvo preso allí.

La gente detrás de nosotros en el vagón empezó a agitarse mientras los rusos decían que les diéramos nuestros relojes. Ese era el Ejército Rojo del que habíamos oído hablar durante la guerra, el que saqueaba, robaba y violaba. Me entró un sudor frío, y pensé que volvíamos a lo peor de la guerra.

Una señora alta y gorda que tenía detrás (la primera persona obesa que veía en años) exclamó en húngaro:

—¡Oh, no!¡Otra vez no!

Uno de los rusos le ordenó que tradujera lo que había dicho. Subió al vagón y se empezó a abrir paso a empujones hacia ella. Cuando estaba a mi altura dije «¡Hola!» en ruso. Se paró y me miró.

—¿Cómo es que hablas mi idioma? —dijo con recelo.

—Somos hermanos, vengo de Yugoslavia —contesté.

Me sonrió y se disipó un poco la tensión. El soldado bajó del vagón y dijo que volverían. Y volvieron, pero no como temía la mayoría de mis compañeros de vagón. Trajeron un acordeón y se pusieron a tocar. Al rato la gente se puso a cantar y empezamos a bailar en el vagón y en el terreno a nuestro alrededor, animados por la comida y el vino que nos ofrecieron los soldados rusos.

Al día siguiente seguimos el viaje rumbo al sur y volvieron a aparecer nuestros amigos rusos, esta vez con papel y lápiz.

—¿Y ahora qué? —dijo Julius—. ¿Nos van a apuntar la letra de una canción rusa?

Lo que querían era invitarnos a visitarles —uno de ellos vivía en Vladivostock y el otro en Moscú—. Les di las gracias amablemente, prometiéndoles que iríamos a verles, aunque dudaba mucho que jamás tuviéramos la oportunidad de hacerlo.

El día siguió avanzando lentamente, hasta que por fin llegamos a las afueras de Kosice, una ciudad al este de Checoslovaquia que marcaba la puerta a la frontera. Un par de horas después pasamos varios puestos fronterizos y al entrar en territorio húngaro, los gritos de júbilo se extendieron rápidamente de un vagón a otro.

Por fin, nos detuvimos junto a otro tren, un tren de pasajeros en toda regla, bajamos de los vagones de ganado y nos subimos a bordo. Iba lleno de refugiados cargados con sus pertenencias, pero nuestros nuevos amigos rusos nos hicieron hueco y nos instalamos en el compartimento.

Hacía un día precioso y cálido, pero yo estaba exhausta y algo inquieta. El viaje había sido duro y me preocupaba nuestro futuro. ¿Dónde viviríamos? ¿Encontraríamos trabajo?

Julius miraba fijamente por la ventana. Nos acercábamos a Budapest, pero lo único que se veía era montones de escombros, tejados derruidos y casas destrozadas. Nada más que ruinas, y gente abriéndose paso entre la devastación.

Miré a mi marido, y le vi desencajado observando cómo había quedado su ciudad.

«Al menos», pensé, «esta vez estamos juntos».

El tren empezó a frenar hasta detenerse. Los mozos de la estación gritaron:

—¡Budapest, Budapest! —Nos bajamos con las maletas y empezamos a caminar por el andén.

Estábamos en casa.

26

A la entrada de la estación, grupos de refugiados buscaban con la mirada el rostro conocido de algún familiar o amigo entre tanta destrucción, alguien que les diera cobijo.

Oímos una voz que gritaba:

—¡Todos aquellos que no tengan adonde ir ni familiares, síganme!

Miré a Julius, y encogiéndonos de hombros, nos unimos a aquel pequeño grupo y nos llevaron en una camioneta a un edificio donde tenían una enorme sala habilitada con colchones. El sitio estaba limpio y era bastante luminoso, pero lo primero que pensé fue: «¡Oh, Dios!¡A dormir otra vez en el suelo!».

De repente, tras el largo viaje y todas las penurias que habíamos vivido, la idea de volver a vernos abocados a este nivel de supervivencia resultaba terriblemente deprimente. Empecé a llorar, Julius me rodeó con el brazo y me abrazó fuerte.

—¿Qué ha sido de las camas? —dije entre sollozos—. ¿Es que han bombardeado todas las fábricas de camas?

Nos echamos a reír, y a continuación elegimos dos colchones contiguos para pasar la noche. Después de una buena comida, Julius insistió en salir a echar un vistazo, pero yo no me encontraba bien, así que se fue solo.

A la mañana siguiente la señora que se ocupaba del centro de refugiados se puso a hablar con nosotros. Le dijo a Julius:

—Está claro que no es usted judío, ¿verdad?

—No —contestó con toda ingenuidad— ni tampoco mi esposa.

—Vaya —dijo ella—, en tal caso me temo que tendrán que marcharse, este edificio es sólo para personas judías.

Nos quedamos helados. Miramos a los refugiados que había a nuestro alrededor y nos preguntamos por qué merecíamos un trato distinto. Pero así eran las cosas, así que cogimos nuestras pertenencias y nos mandaron a un centro de la Cruz Roja, donde nos esperaba más miseria.

El alojamiento era mucho peor. Nos pusieron en una sala llena de literas de madera sin colchones ni mantas. La cara de Julius era la pura estampa del horror.

—Dachau —murmuró—, es igual que Dachau. Me recuerda a cuando teníamos que tumbarnos boca abajo por la mañana mientras los guardias hacían el recuento. Si alguno había muerto durante la noche, había que ocultárselo a los guardias y dejar su cuerpo allí para que nos siguieran trayendo sus raciones de comida.

Volvió a contemplar las literas.

—Otra vez no, por favor.

Esta vez me tocó a mí abrazarle.

—Cariño, no es lo mismo, de veras. Ahora eres libre; simplemente tenemos que aguantarlo un par de días, hasta que encontremos algo mejor —dije sin tener ninguna idea de cómo lo conseguiríamos.

Empezamos a buscar aquella misma tarde. Azuzados por la dantesca imagen de las literas en el centro de la Cruz Roja, recorríamos la ciudad día tras día. Julius recurrió a todas las personas que conocía, pero la gente se había ido, y sus casas estaban destruidas.

Por fin, después de casi dos semanas de esfuerzos infructuosos, se encontró con la ex mujer de un viejo amigo que había sido capturado y trasladado a Rusia. Nos sugirió que fuéramos a una casa abandonada que había sido dañada durante los bombardeos y que pensaba estaría aún habitable.

Sin albergar demasiadas esperanzas, fuimos a ver y encontramos una casa que era poco más que escombros. Sobre las tres paredes que seguían en pie había un cartel de las autoridades que decía: PELIGRO, NO PASAR, y todas las ventanas selladas con tablas, excepto una en la parte delantera. Nos abrimos paso entre los escombros y encontramos una pequeña habitación, aún amueblada, con las tablas del suelo rotas. El aire de la casa era rancio y olía a humedad, pero la habitación estaba seca, tenía un techo, cuatro paredes y una pequeña ventana (que por supuesto estaba rota).

Sabíamos que era peligroso y que estábamos ocupando la casa de otra persona, pero era mejor que el deprimente centro de la Cruz Roja. Así pues cogimos nuestras cosas y nos trasladamos a la casa en ruinas.

Me había casado con un vestido de noche y botas de caminar, habíamos pasado la luna de miel en Buchenwald, y ahora nuestro primer hogar como matrimonio sería una habitación entre las ruinas de una casa destruida por las bombas.

¡Qué lejos quedaban los sueños románticos de mi infancia!

Todo empeoró antes de mejorar. Poco después de trasladarnos a la casa, cogí una infección del oído medio. En el hospital no me pudieron atender porque estaba lleno de soldados rusos heridos y no les quedaban medicamentos.

Tuvieron que operarme sin anestesia en una clínica privada. Tardé dos meses en recuperarme, dos meses de intensos dolores viviendo entre ruinas en medio de una ciudad destrozada y con una enfermedad que me daba constantes mareos y náuseas y me sumía cada vez más en la depresión. Lloraba de día y de noche mientras Julius hacía todo lo que podía para animarme.

Hasta que por fin vimos un atisbo de esperanza. Un día Julius volvió a casa diciendo que había encontrado trabajo en una fábrica de electrónica.

—Ahora podremos buscar un lugar decente para vivir —dijo sonriendo.

Para empezar nos trasladamos a una habitación en el piso de un amigo de la universidad de Julius, y después encontramos un pequeño apartamento con cocina en un barrio pobre de Buda.

Una vez recuperada de mi enfermedad, encontré un trabajo en la cadena de producción de una fábrica que hacía altavoces de radio y empecé a hacer pequeños trabajos de traducción cuando los rusos necesitaban alguna reparación.

Me pagaban parte del sueldo en dinero y parte en especies: aceite, soja, judías, mantequilla, huevos y verdura. Hoy puede sonar raro, pero con la inflación descontrolada como estaba, cobrar en comida era una gran ayuda.

Poco a poco empecé disfrutar de la vida en Budapest, todavía hoy mi ciudad favorita, de camino al trabajo y al volver a casa. Aunque me impresionaba la cantidad de edificios hermosos que se había perdido. Los puentes, que un día fueron el orgullo de la ciudad, habían desaparecido y en su lugar sólo quedaban pontones militares.

Y no sólo la ciudad había quedado destrozada; la vida de muchísimas personas ya nunca sería igual. Julius me contó que se había enterado de que uno de sus amigos de la embajada húngara en Zagreb, Gabor, estaba ingresado en un hospital de la ciudad.

—Deberíamos ir a verle, Olga —dijo en un tono grave.

—Claro que iremos a verle. Cuando quieras. Podemos charlar sobre la vida en Zagreb y recordar los buenos tiempos

—Sí, pero antes, hay algo que debes saber —me explicó Julius—. Gabor era piloto y le mandaron al frente ruso en 1941. Cuando le derribaron en 1944 su avión se incendió y sufrió quemaduras muy graves. Al parecer, las heridas son muy graves...

No terminó la frase. No sabíamos qué esperar, pero nada nos habría preparado para ver al hombre que encontramos en el hospital al día siguiente.

El rostro de Gabor era una cicatriz, su nariz un bulto de tejido quemado. La impresión nos dejó mudos, ¿cómo podía haber sobrevivido a tales quemaduras? Y ¿qué aspecto tendría con el paso del tiempo?

Gabor había perdido el rostro, pero no su carácter y su extraordinario coraje. Hasta bromeaba sobre su aspecto:

—Debe ser la primera vez que estás más guapo que yo, Julius —dijo.

Parecía encantado de conocerme:

—¿Por qué perder el tiempo con éste cuando podrías tener a un tipo apuesto como yo, Olga?

Nos sentamos junto a su cama y nos pidió que le contáramos nuestra historia. Cuando terminamos me miró y dijo:

—Estás loca. ¿Todo eso por Julius? Debe de ser amor.

Nos reímos y seguimos charlando un rato, pero su imagen se me quedó grabada. Durante su larga estancia en el hospital, una joven húngara llamada Illy se enamoró de él y más tarde se hizo una operación estética. Jamás recuperó su viejo aspecto, pero al menos Illy le dio felicidad y amor. Emigraron a Canadá en 1956 después de la revolución húngara. Si alguien merecía una nueva vida, ése era Gabor.

Poco a poco, nuestra nueva vida iba tomando cuerpo. Julius trabajaba mucho aunque seguía pensando en trabajar de fotógrafo por su cuenta, mientras que yo encontré un puesto en una empresa que hacía medidores de luz para fotografía. Vivíamos en el mismo apartamento, pero ambos albergábamos esperanzas de encontrar algo mejor a no mucho tardar.

Se acercaba la Navidad y empecé a pensar en qué haríamos para celebrarla. Apenas teníamos nada para festejar, pero aquel año las pasaríamos juntos por primera vez, y para nosotros ya era bastante celebración.

Entonces llegó Julius anunciando la sorpresa:

—A mis padres les gustaría conocerte y nos han invitado a pasar la Navidad con ellos en Eger.

Nunca había visto a los padres de Julius y él siempre tuvo la impresión de estar desarraigado de su familia. Su madre especialmente no aprobaba su divorcio y desde que conocí a Shary hacía unos años en Budapest sabía que la familia se avergonzaba del encarcelamiento de Julius.

Aun así, la noticia me llenó de ilusión. Julius me había dicho que sus padres tenían una casa preciosa, nada que ver con nuestro pequeño estudio, y además me parecía un gesto de aceptación de la familia hacia mí.

—¡Me encantaría pasar las Navidades con ellos! —dije. Julius salió muy contento a comprar los billetes de tren para el trayecto de 130 kilómetros hasta Eger.

Metí toda la ropa elegante que tenía en la maleta y al día siguiente cogimos un tren en la estación Keleti, mucho más felices que cuando llegamos unos meses antes.

Teníamos la ilusión de dos niños que vuelven a casa por Navidad. En poco más de tres horas, vimos aparecer a través de la ventana la ciudad de Eger, famosa por sus balnearios y el alminar que dejaron los invasores turcos.

La casa de la familia de Julius fue lo primero que me encandiló. Era una mansión de diez dormitorios, exquisitamente amueblada y sin un solo rasguño de los bombardeos ni de la ocupación rusa. El suelo estaba cubierto de alfombras hechas a mano y las paredes decoradas con cuadros pintados por el padre de Julius, Joseph. Su especialidad era la pintura religiosa y gran parte de su obra estaba en la catedral de Eger. Su hija Shary posaba como modelo para las figuras de los ángeles en los cuadros.

Joseph y yo nos llevamos de maravilla desde el primer momento. Era amable, encantador y parecía entusiasmado de conocer a su nuera. La madre de Julius, Iren, me resultó bastante más fría y distante. Quizás pensaba que era demasiado joven para su hijo o todavía le dolía el divorcio de Julius. No obstante, era perfectamente correcta conmigo.

—Espero que te guste Eger —dijo cuando llegamos, y luego añadió—: Gracias por salvar la vida de mi hijo. Me ha contado todo lo que hiciste por él.

Joseph era mucho menos formal, no paraba de reír y bromear, y me preguntaba constantemente acerca de mis aventuras buscando a Julius.

—Es un tipo afortunado —dijo.

Paseamos por las calles de la ciudad, yo agarrada a su brazo, mientras él me presentaba a todos sus amigos y les explicaba que era la chica que había salvado la vida a su hijo en Buchenwald. Paseamos por Kossuth Lajos Utca donde me enseñó obras de arquitectura barroca y rococó, y después fuimos a la iglesia minorita en la plaza Dobo Istvan.

Una vez de vuelta en su maravillosa casa, Julius descubrió que sus padres habían dejado una botella de brandy húngaro en la habitación de los invitados. Nos sentamos en la cama hablando y bebiendo brandy, y antes de darnos cuenta la botella se había acabado.

—No te preocupes —dijo Julius— iré a la habitación de al lado y cogeré la que hay allí. —Rellenó nuestra botella de agua, la llevó a la habitación de al lado, y volvió con más brandy. En cuanto nos la terminamos, repitió la jugada y volvió a aparecer con otra botella. Y así pasamos la noche, riéndonos como niños mientras nos bebíamos las botellas de todas las habitaciones...

La mañana de Navidad nos despertamos tarde.

El año anterior había almorzado con las SS. Y éste lo hice con una familia —mi familia— sentada frente a mi marido en una mesa y brindando por la Navidad. Nos deseamos suerte para el año que entraba.

Pasé la comida disfrutando del rumor de la conversación y contemplando al hombre por el que tanto me había sacrificado. De vez en cuando Julius me sorprendía mirándole y me sonreía con dulzura.

Fue la mejor de las Navidades.

Decidimos volver a Budapest el día de Nochevieja para empezar el nuevo año en casa. En agradecimiento por nuestra visita y para desearnos buena suerte, Joseph compró un cerdo entero en el mercado negro, lo hizo matar y curar y nos dio gran parte del animal para que nos los lleváramos a Budapest.

Lo metieron todo en una mochila grande: dos jamones grandes, dos piezas más pequeñas, costillas y salchichas húngaras caseras. Me hizo recordar nuestro convite de boda y el incendio que se provocó en los barracones cuando asamos el cerdo.

Sin embargo, las cosas en aquellos años de posguerra no eran tan fáciles. Debido a la escasez de alimentos y para combatir el mercado negro, se necesitaba un permiso de las autoridades para transportar tanta comida de un lugar a otro.

Joseph dijo que no habría problema.

—Olga, tú solo sonríe dulcemente a los rusos y te dejarán pasar.

Yo no estaba tan segura. De hecho, me inclinaba a pensar que dado a elegir, el ruso se quedaría antes con el jamón que con mi sonrisa, pero después de discutirlo, Julius y yo decidimos seguir adelante con el viaje.

Con las palabras de su padre aún en mente, pensamos que sería mejor que Julius llevara las maletas y yo cargara con la mochila. Olía que parecía una carnicería andante.

Nos despedimos de los padres de Julius. La madre, como siempre, actuaba contenida y muy tranquila, al contrario del padre, que nos pidió emocionado que volviéramos pronto.

Una vez en la estación Julius nos llevó expresamente hacia una ventanilla cuyo vendedor conocía y se saludaron como de costumbre.

—Queríamos dos billetes para Budapest —dijo Julius sin poder evitar cierto nerviosismo. Pensé entonces que jamás habría sido capaz de cruzar las fronteras durante la guerra como yo lo había hecho.

El vendedor me miró y dijo:

—¿Qué lleva en esa mochila?

Dado que era húngaro y amigo de la familia de Julius, le dije la verdad.

—No conseguirán llegar a Budapest. Los rusos están registrando todo el equipaje en cada estación.

Julius parecía derrotado, pero yo contesté:

—Tengo que intentarlo. La comida es demasiado buena como para tirarla. —El vendedor nos miró por un instante—. ¿Están seguros de que quieren correr el riesgo?

Los dos asentimos.

—Pues sí —dije yo—. Ya estoy acostumbrada a correr riesgos.

—Esta noche —contestó el vendedor—, llevarán un ataúd en el tren a Budapest. La familia no viaja con el fallecido y tenemos permiso para meter el ataúd en un compartimento bajo llave en la parte delantera del tren. Los rusos lo saben y lo han autorizado. Alguien lo irá a recoger en Budapest, pero si no les importa viajar en el compartimento con un ataúd, no les molestarán...

La cara de Julius era un poema, pensé que iba a decirle al vendedor que no podíamos hacer tal cosa, así que me adelanté y dije:

—De acuerdo, lo haremos.

Mi marido me miró como si estuviera loca, pero no dijo nada. Nos quedamos esperando junto a la ventanilla, y poco antes de salir el tren, un empleado de la estación nos acompañó hasta el compartimento del ataúd. Si preguntaba qué llevábamos en la mochila, le diría que eran los objetos personales del fallecido.

Podía sentir la mirada atenta del resto de los pasajeros sobre nosotros, a medida que avanzábamos por el andén hasta el compartimento que tenía las persianas bajadas y un cartel que decía No PASAR. ATAÚD. Nos miraban con lástima, probablemente pensando en lo triste que sería pasar el Año Nuevo viajando de regreso a casa en compañía del cuerpo de un ser querido en un ataúd.

El vagón estaba oscuro y no tenía asientos, de modo que nos sentamos en el suelo uno al lado del otro. Al principio estuvimos en silencio, pero luego me entró la risa. La situación era de lo más ridícula. Allí estábamos, sentados con una mochila llena de carne y un ataúd. Julius también empezó a reírse y para cuando el tren se puso en marcha rumbo a la capital los dos estábamos a carcajada limpia.

Nos sentamos hombro con hombro en la oscuridad del vagón, y hablamos de nuestro reencuentro en Buchenwald y todo lo que habíamos vivido juntos. El olor a carne me daba hambre, así que abrimos una botella de vino y compartimos unas cuantas salchichas.

Al poco rato el tren llegó a Budapest. En cuanto sentimos que se detenía, nos apresuramos a bajar del vagón antes de que apareciera la persona que debía recoger el ataúd y se preguntara qué hacía allí aquella extraña pareja que no dejaba de reírse.

—Qué manera más curiosa de celebrar el Año Nuevo —dijo Julius sonriendo mientras salíamos de la estación.

—No te olvides que nos casamos en un campo de concentración —contesté yo—. Esto no es nada para nosotros. No pretenderás que hagamos nada de manera normal, ¿no?

Aquel comentario profético volvería a buscarme despiadadamente.

27

El 7 de septiembre de 1947 volví a casarme con Julius, esta vez en Budapest. Las autoridades nos dijeron que no me darían la nacionalidad húngara a menos que nos casáramos de nuevo en el país. Para ello tenía que volver a Zagreb a buscar mi certificado de nacimiento y varios documentos más. Yugoslavia no tenía embajada en Budapest en aquel momento, sólo una delegación, y allí me dijeron que no necesitaría documentación para cruzar la frontera.

Al final su consejo fue erróneo y al ver que no tenía documentos me detuvieron en la ciudad fronteriza de Subotica mientras comprobaban que no era un «enemigo del estado». El proceso se prolongó tanto que tuve que escribir a mi padre, pero no recibí ninguna respuesta. Por suerte, un tío mío que vivía en Subotica intervino y escribió a Ilona, que vino en tren desde Zagreb a los pocos días. Apareció elegantemente vestida como siempre y prácticamente con la misma confianza que destilaba antes de la guerra, y nos saludamos con cierta cautela.

En el viaje a Zagreb me avisó de que mi padre todavía no me había perdonado por mis proezas durante la guerra y por casarme contra su deseo. Aun así, cuando el tren se adentró en la periferia de Zagreb, sentí una descarga de emoción por volver a una ciudad a la que pensé que nunca regresaría.

Comparada con otras ciudades europeas, Zagreb no salió demasiado mal parada de los bombardeos aliados y gran parte seguía tal y como la recordaba cuando me fui en 1944 a bordo del tren de trabajadores rumbo a Viena. Aunque venía con el objetivo de recoger mi certificado de nacimiento y otros documentos, tenía muchas ganas de ver a Marta y otros amigos y compartir nuestras experiencias.

Mi padre no parecía demasiado contento de verme, y accedió a regañadientes a que me quedara con Ilona y con él hasta que todo se arreglara. Tanto él como yo esperábamos que esto no tardara en solucionarse, pero los trámites se prolongaron lo indecible. Finalmente conseguí mis documentos, pero mis archivos se habían mezclado con los de otra persona y el gobierno se negó a darme un pasaporte para volver a Hungría.

Julius estaba desesperado —llevaba no ya semanas, sino meses fuera de Budapest y ni él ni yo veíamos ninguna salida al problema—. Me encontraba con Marta a menudo y ella intentaba ayudarme pero los amigos sólo pueden ayudar hasta cierto punto. Por su parte, mi padre no tenía ningún interés en ayudar.

—¿Por qué voy a ayudarte? —dijo—. Ahora que estás casada, ya no eres responsabilidad mía.

Al final, llegué a tal extremo de cansancio y extenuación por la burocracia que me impedía volver a Budapest y a Julius, que escribí al mismísimo mariscal Tito para pedirle ayuda.

Mi pasaporte llegó, por fin, autorizado personalmente por Tito, y el viaje de regreso se hizo sorprendentemente fácil. Sentada en el vagón rumbo a Budapest, me quedé mirando el billete y mi pasaporte, y pensé que por primera vez viajaba legalmente, y no tenía que preocuparme por la frontera.

Julius y yo nos casamos otra vez en una oficina de registro, pero al menos en la segunda boda pude lucir un precioso vestido azul marino, zapatos de tacón grises y blancos y un nuevo peinado. La ropa fue regalo de la tía Alice desde la Habana, con quien me puse en contacto por carta. Contestó cariñosamente, me envió dinero y sugirió que Julius y yo nos fuéramos a vivir con ella. Poco después, le detectaron un cáncer y murió antes de que acabara el año. Me dio mucha pena no volver a verla después de aquel día en que dejó el apartamento de Zagreb junto a un oficial de la Ustasha, muchos años antes.

Para nuestra segunda boda Julius lució un elegante traje y me compró un anillo de plata. Así pues, en presencia de un grupo de amigos repetimos nuestros votos, Julius me desposó con una alianza y lo celebramos como es debido, comiendo cordero asado con vino de Tokay en un restaurante.

Fue bastante extraño, como un trámite que teníamos que cumplir pero sin la emoción y el sentimiento de nuestra primera y muy peculiar boda en Alemania. Cuando alguien me pregunta dónde nos casamos Julius y yo siempre contesto «Buchenwald», y ya casi nunca recuerdo que también nos casamos en Budapest.

Poco a poco nuestra suerte fue cambiando hacia mejor. Julius empezó a trabajar por su cuenta como fotógrafo junto a su amigo Laci y pasaban días fuera de casa buscando clientela nueva. Teníamos un piso en una casa compartida en Buda, cerca de la estación de tren de Kelenford. Transformamos una de las habitaciones en un estudio de fotografía y me acostumbré a ver a Julius trabajando con las copias y colgándolas de los cordeles suspendidos por el cuarto.

(Arriba a la izquierda) Julius y yo
fotografiados el 7 de septiembre de 1947,
fecha en la que nos casamos por segunda vez,
en Budapest. (Abajo) Nuestro certificado
de matrimonio.

Házassági anyakönyvi kivonat.

Los muebles de la casa eran todo un orgullo para mí. Los compramos cuando nos tocó un boleto de lotería que compré con el número 2023 —mi fecha de nacimiento, 20 de marzo de 1923.

Además, gracias a mi «amigo», el mariscal Tito, conseguí un empleo. Le escribí para agradecer su ayuda con el pasaporte sin pensar que fuera a contestar, pero recibí una carta del embajador yugoslavo Karlo Mrazovic invitándome a la embajada en Andrassy Utca.

De camino a la cita me di cuenta de que era la misma calle en la que me encarcelaron cuando vine a Budapest en busca de Julius. El recuerdo despertó viejas ansiedades dentro de mí. ¿Por qué querían que fuera a la embajada?

Afortunadamente eran buenas noticias. La embajada necesitaba yugoslavos que hablaran húngaro y después de recibir mi carta de agradecimiento el despacho de Tito les había sugerido que me llamaran. Yo estaba encantada. Tanto Julius como yo teníamos trabajo, una casa decente y por fin podíamos mirar hacia el futuro con esperanza, incluso podíamos pensar en formar una familia.

Creo que es comprensible que ambos pensáramos que lo peor había pasado, que las penurias que habíamos vivido los dos habían sido suficiente. Que aquél era el punto de inflexión hacia una vida mejor.

Sin embargo, lejos de Budapest y de nuestro conocimiento, en Moscú empezaban a soplar vientos que no nos dejarían disfrutar de la vida que nos habíamos ganado a pulso, y acabarían destrozándonos por completo.

El telegrama llegó en mayo de 1948. Era de mi madrastra, y decía que mi padre, que había sufrido una angina durante muchos años antes, estaba muy grave y esperaban lo peor. Si quería volver a verle con vida, debía regresar a Zagreb, quizás no tuviera otra oportunidad.

Yo me sentía en un dilema. Mi padre no me había brindado cariño ni apoyo alguno cuando más lo necesitaba. Mis cartas a casa nunca obtuvieron respuesta y cuando volví a Zagreb de Osijek durante la guerra me rechazaron. Aun así, el sentido de responsabilidad tampoco me permitía ignorar el mensaje. ¿Quién puede volver la espalda a un padre a punto de morir?

Preparé una maleta pequeña y fui a que me sellaran el pasaporte para el viaje. Era el 18 de mayo y como Julius estaba de viaje de trabajo, le dejé una nota diciendo que volvería en un par de semanas y me fui con Margitka, nuestra amiga y vecina.

El viaje a Zagreb transcurrió sin problemas y cuando llegué a casa de mi padre le encontré en estado crítico. Al verme dibujó una leve sonrisa, pero estaba demasiado débil como para hablar. Aquel hombre fuerte y corpulento que recordaba se había reducido a un ser frágil y encogido bajo la colcha.

Mi madastra no había exagerado su estado y lo estaba pasando muy mal. Parecía verdaderamente contenta de verme y su cálida bienvenida fue toda una sorpresa para mí.

Me puse a cuidar a mi padre, con la idea de pasar un par de semanas allí. Julius y yo nos escribíamos. Siempre empezaba con «Mi querida Olga» y luego pasaba a relatarme emocionantes detalles del negocio de la fotografía y todo tipo de noticias de nuestros amigos de Budapest.

Cuando empezaba a planear el viaje de regreso, mi madastra me llevó aparte y me dijo:

—Olga, ¿podías quedarte un poco más? Necesito ayuda para cuidar a tu padre, y has sido tan amable...

Lo decía de corazón, pero yo quería volver a Budapest. Mi vida estaba allí, no en Zagreb.

—Por favor, Olga... —volvió a insistir.

Accedí a quedarme un poco más de tiempo y escribí a Julius para decirle que había pospuesto mi regreso. Contestó que entendía mi decisión, pero que volviera en cuanto fuera posible.

Fue una decisión funesta. Si hubiera vuelto cuando lo tenía planeado nos habríamos evitado el disgusto que siguió. En el momento en que accedí a ayudar a Ilona, tiré por la borda todo lo que había conseguido con tanto sacrificio.

28

A menudo nuestra vida sigue el dictado de acontecimientos que están fuera de nuestro control. En 1948 tenía 25 años y en muchos sentidos, era muy madura para mi edad y aunque era una dura superviviente, no era política.

Puede que algunos supieran lo que estaba a punto de ocurrir en Yugoslavia, pero yo no.

Nuestro líder el mariscal Tito y el líder soviético Josef Stalin, estaban perdiendo la paciencia el uno con el otro a paso vertiginoso. Ambos se consideraban héroes de la Segunda Guerra Mundial, y Tito que, a diferencia de Stalin, luchó en la contienda, no estaba dispuesto a hincar la rodilla ante el dictador de Moscú. Yugoslavia era su país, un país independiente y fuerte. Habíamos plantado cara a los nazis y si era necesario plantaríamos cara a Moscú.

Stalin estaba furioso ante la insubordinación de un país que consideraba poco más que uno de sus estados satélite. Las relaciones se deterioraron rápidamente y el 28 de junio de 1948, mientras yo estaba aún en Zagreb, el frágil vínculo que les unía se rompió.

Moscú expulsó a Yugoslavia de la organización internacional de partidos comunistas, el Cominform, desatando inmediatamente el temor de que nos volverían a invadir. Las fronteras se cerraron y las fuerzas armadas quedaron en alerta.

De la noche a la mañana nos vimos completamente aislados del resto del mundo. No había manera de entrar ni de salir.

En cuanto lo supe, solicité un visado para regresar a Hungría pero sólo recibí una negativa tajante. No importaba que estuviera casada con un húngaro ni que mi hogar estuviera en Budapest. ¿Qué importaba la suerte de una joven a los hombres de Belgrado y Moscú?

Julius y yo intentamos ponernos en contacto desesperadamente, pero las cartas llegaban censuradas, o simplemente no llegaban. Recibir correspondencia del «enemigo» estaba mal visto de modo que nadie se molestaba por ofrecer un servicio postal de calidad. Las líneas telefónicas entre Yugoslavia y el resto del bloque del Este estaban cortadas. Y nosotros, condenados al silencio.

Sentada en mi cuarto de la casa junto a los muros de la fábrica Res donde había crecido, con mi padre luchando por su vida en la habitación de al lado, podía escuchar los movimientos de mi madrastra ayudándole y llevándole lo que necesitaba.

Estaba en el mismo lugar donde había empezado mi viaje de amor. Aquí fue donde Julius nos conquistó a mi familia y a mí y donde me enteré de su proposición de matrimonio. Zagreb era la ciudad que me había formado, el lugar donde puse a prueba mi valor y mi determinación al ayudar a la tía Alice a escapar de la Gestapo y el lugar desde el cual viajé junto Julius con un pase diplomático falso a visitar a una anciana judía recluida en un psiquiátrico.

Nos habíamos enamorado en esta ciudad, aquí nos besamos por primera vez durante uno de nuestros viajes a Vrapce y aquí vivimos nuestras veladas en la ópera.

Todo había empezado en Zagreb: mi viaje a Osijek, la traición de Budapest, nuestro encuentro en la cárcel de Komarom, los horrores de Dachau, nuestra boda y la luna de miel en Buchenwald. Tantas cosas vividas, tanto conseguido... ¿y para qué? Para que al final un giro del destino nos lo arrebatara todo.

En aquella pequeña y oscura habitación de mi infancia, escuchaba a diario el boletín de noticias que emitían por la radio informando sobre los progresos en las relaciones entre el gobierno y los soviéticos. Iban de mal en peor. El telón de acero se había cerrado alrededor de nuestro país. Y yo estaba atrapada.

Reuní todas las cartas que había recibido de Julius a lo largo de los años y las volví a leer, una por una: palabras de amor, palabras de devoción, palabras cargadas de nuestras esperanzas para el futuro. Cuando terminé de leerlas las hojas estaban empapadas de lágrimas.

Las noticias eran cada día más desalentadoras. Stalin estaba decidido a cortar de raíz la Yugoslavia independiente de Tito. Las fronteras se llenaron de minas y torres de vigilancia con guardias armados. Yugoslavia y sus vecinos de Europa del Este se disponían a enfrentarse en un territorio de nadie plagado de defensas antitanque, trincheras y ametralladoras.

La misma escena se haría bastante familiar muy pronto en Berlín, cuando la ciudad quedó dividida en dos por un muro y empezaron a derribar a cualquiera que intentara cruzar ilegalmente.

Observaba los mapas, los mismos que había estudiado antes de emprender mi viaje, y pensé en lo mucho que había cambiado el mundo desde aquellos días, mientras yo seguía atrapada en la misma trampa cruel.

Julius y yo en Zagreb en 1943.

Las noticias dejaron clara la situación: si cruzar la frontera sin papeles durante la guerra ya era difícil, con los soviéticos sería imposible. Mis constantes peticiones a las autoridades para que me permitieran volver a Hungría caían en saco roto, y Julius y yo nos vimos condenados a una separación aún más rigurosa que cuando le detuvieron y encarcelaron por primera vez.

Nuestras cartas estaban en manos del antojo de dos servicios postales ineficientes y dos gobiernos beligerantes. Y aunque había teléfono en casa de mi padre, no teníamos en nuestro piso de Budapest, de modo que era imposible llamarnos por teléfono.

Las vías de comunicación entre nosotros se fueron esfumando lenta pero inexorablemente, hasta que se hizo un silencio inquebrantable.

Pasado un tiempo, las autoridades yugoslavas empezaron a mostrar irritación por el hecho de que estuviera casada con un ciudadano de Hungría, un estado enemigo que nos había invadido antes y que podía volver a hacerlo. Nadie estaba dispuesto a contratarme, era arriesgarse demasiado.

La salud de mi padre estaba cada día mejor, lo contrario que su carácter, que empeoró hasta tal punto que decidí marcharme de su casa. Como para eso necesitaba un trabajo, acudí a un abogado en busca de consejo.

Fue bastante tajante:

—Tendrá que divorciarse.

—Pero amo a Julius —le interrumpí—. Y después de todo lo que pasamos durante la guerra, tiene que haber alguna posibilidad de que volvamos a estar juntos. ¿No podría venir a vivir a Zagreb?

El abogado sonrió y dijo:

—No, no. Por ahora no puede ser, pero quién sabe si en un futuro... Estoy seguro de que podrán volver a estar juntos, pero mientras tanto, si quiere trabajar, su única opción pasa por el divorcio.

Salí del despacho del abogado hundida. La increíble injusticia de nuestra situación me golpeó con una fuerza brutal. Quería soltar toda mi rabia contra las fuerzas que se habían alineado contra nosotros, desde los nazis hasta Stalin, pasando por los sonrientes burócratas. Los odiaba a todos.

Al pisar la calle comprendí que mi gran viaje de amor había llegado a su fin. Después de sobrevivir a las cárceles de Hungría, a los campos de concentración de la Alemania nazi, a los letales bombardeos aliados y al derrumbamiento del Tercer Reich, ahora nos separaba un telón de acero tan impenetrable como su propio nombre.

Quienquiera que dijera que el amor lo puede todo se equivocaba. Es capaz de mucho más de lo que podamos imaginar. Puede darnos una fuerza, una decisión y un coraje extraordinarios. Nos llena de una esperanza y alegría excitantes. Pero aun así, hay fuerzas que no pueden ser vencidas. A veces el enemigo es simplemente demasiado fuerte.

En 1950 me divorcié «por poderes» de Julius en el Juzgado de Divorcios de Zagreb. Mi último e inútil gesto de amor fue insistir en mantener mi apellido de casada. Aun así el abogado me aconsejó que quitara la *y* porque sonaba demasiado húngaro. Finalmente salí del tribunal como Olga Koren.

Al volver a la calle me encontré un cielo gris que empezaba a deshacerse en lluvia y reflejaba perfectamente mi estado de ánimo. Había perdido a mi gran amor, mi marido. No tenía trabajo, y por lo que parecía, tampoco futuro.

Zagreb era mi pasado. Allí había empezado mi gran aventura, y allí acabó.

Tenía que marcharme y encontrar mi camino en el mundo. Una vez más, estaba sola.

29

VIENA, SEPTIEMBRE DE 1985

Viajamos en tren desde Londres y reservamos una habitación en un pequeño y cómodo hotel de Viena, cerca de la catedral de San Esteban.

En cuanto llegamos dejamos las maletas y salimos a la calle para ver algunos de los lugares que recordaba de mi pasado. Primero fuimos a la catedral, que había recuperado su esplendor original después de los daños sufridos durante la guerra, luego recorrimos las tiendas de Kärntner Strasse y finalmente nos subimos a la noria del Prater.

Por la noche estábamos paseando por Mariahilferstrasse y viendo sus tiendas me giré a mi marido y le dije:

—Recuerdo cuando las bombas destruyeron estos edificios; los que quedaron en pie destacaban como dientes rotos entre los escombros.

El paso de los tranvías volvía a resonar y los escaparates de las tiendas estaban llenos otra vez. Nos detuvimos en uno de los muchos kioscos de comida y nos compramos un *frankfurter* antes de seguir caminando.

Al día siguiente fuimos a visitar otras grandes atracciones turísticas de la ciudad y volvimos a comer al hotel. Al doblar la esquina de nuestra calle, vimos que había un anciano de pelo gris que estaba esperando a la entrada del hotel.

Mi marido me tocó el brazo y dijo:

—Olga mira, ahí está. Estoy seguro de que es él. Es el mismo de las fotografías.

Me fijé en su figura y en ese mismo instante se volvió y me miró. Al principio no pareció reconocerme, pero tras unos segundos lo hizo.

Así fue cómo en una calle anónima de Viena después de 37 años Julius y yo nos reencontramos.

Había sido un largo viaje desde aquel día en que todo acabó en Zagreb.

Primero trabajé en una compañía de importación y exportación y luego en el Banco Central de Croacia. Por aquella época un farmacéutico me pidió en matrimonio, pero yo no estaba bien, me sentía incómoda y alejada de mi propia ciudad.

Marta estaba casada, y aunque todavía conservaba a mis viejos amigos, los años de la posguerra en Yugoslavia fueron muy inestables. Después de la ruptura con Moscú el país quedó aislado, rechazado por Europa del Este y objeto de sospecha para Occidente.

Al dejar la casa de mi padre, alquilé una habitación a la familia de un médico en un precioso piso en el corazón de la ciudad, justo enfrente de la academia de música.

En 1954 era una mujer divorciada de 31 años que vivía en una habitación alquilada con sus sueños rotos como única compañía. ¿Eso era todo? ¿Pasaría el resto de mi vida preguntándome qué había sido de Julius y viviendo de lo que podría haber sido?

Nunca me asustó el lanzarme en pos de una oportunidad, mover una ficha y descubrir lo que el destino me guardaba en la manga, de modo que cuando unos amigos me mostraron un anuncio en el que buscaban a una mujer joven para trabajar de niñera para una familia en Inglaterra me dije: «¿Por qué no?». Podía pasar un año allí aprendiendo inglés y luego volver.

Así pues, un día de septiembre de 1954 llegué a Londres, una ciudad inmensa y llena de gente con prisas que hablaba un idioma incomprensible para mí. Trabajé una temporada de niñera, pero luego me metí en el negocio de la costura para ganarme la vida y por fin amorticé las lecciones de mi madre en Sisak.

Fue duro. Me costaba llegar a fin de mes y acabé buscando trabajo en una casa para no tener que pagar alojamiento. Tenía poco contacto con Croacia: Marta y yo seguíamos siendo amigas, pero la única carta que recibí de mi padre fue para comunicarme que Ilona había muerto como consecuencia de una operación. Se volvió a casar al poco de morir ella.

La noticia me entristeció, pues aunque Ilona y yo nunca fuimos íntimas, de no ser por ella nunca habría conocido a la tía Alice y jamás hubiera viajado con Julius a Vrapce. Con Ilona desaparecía otro vínculo con aquella época. Mi pasado se me escapaba.

En 1958 empecé a trabajar como cocinera y ama de llaves en la residencia del mariscal de campo Sir Gerald Templar, jefe del Estado Mayor Imperial, y su esposa. Eran una pareja amable y educada que me trataba bien y me hizo sentir cómoda en Londres por primera vez.

Sin embargo, en 1963 empecé a pensar en Zagreb. Hacía casi nueve años de mi marcha y me había ido con la intención de pasar solamente doce meses fuera. Era hora de volver.

Compré un billete e hice todos los preparativos. Quedé con amigos, salí a bailar y me propuse disfrutar de mis dos últimas semanas en Inglaterra.

Entonces, una noche en la que fui con mis amigos al Empire Ballroom en Leciester Square, un irlandés de maneras suaves me preguntó si quería bailar. En menos de un año nos casamos.

Aquel funcionario llamado Gerry Watkins resultó ser el hombre que hizo realidad mis sueños de infancia. Organizó la boda en la iglesia del Sagrado Corazón de Quex Road, en Kilburn, y el convite en un elegante hotel. Tal y como siempre había querido, la iglesia estaba llena de flores y recorrí el pasillo central al son del *Ave María* de Schubert.

De pie ante el altar de aquella iglesia londinense el 9 de enero de 1964 me sentí en un mundo completamente distinto al día de mi boda con Julius en la oficina temporal de registro entre las ruinas de Weimar en 1945.

Por una vez todo se desarrolló a la manera convencional. Y puede que lo convencional funcione, porque Gerry y yo seguimos felizmente casados.

Nos hicimos una casa en Londres, que ya era mi ciudad adoptiva. Pasaron los años y mi vida de antes de la guerra quedó aún más atrás relegada en el pasado. Jamás olvidé a Julius, pero después de la revolución húngara de 1956 perdimos el contacto del todo pues las comunicaciones desde y hacia el país se hicieron todavía más difíciles.

Compartí mis vivencias con muchas personas y todos nos preguntábamos qué habría sido de Julius y pensábamos en lo diferente que podría haber sido mi vida.

Pero yo no era infeliz. Muy al contrario, Gerry me hacía feliz, y aún lo hace. Teníamos un círculo de amigos, muchos de ellos miembros de la comunidad irlandesa y exiliados yugoslavos en Londres. Mi conocimiento de varios idiomas me permitió trabajar de vez en cuando como traductora no oficial entre mis amigos de Europa del Este.

Con el paso de los años mi pasado se convirtió en una parte emocionante de una historia que quedaba muy atrás. Hasta que un día conocimos a una pareja joven que se mudó al vecindario y mi vínculo con Hungría renació. Fue un giro inesperado del destino. El marido era húngaro, y su madre, que venía a visitarles a menudo, no hablaba inglés, de modo que yo charlaba con ella en su idioma mientras su hijo estaba trabajando.

Hablábamos mucho de Budapest, y acabé contándole la historia de Julius.

—¿Qué fue de él? —me preguntó.

—Perdimos el contacto hace mucho tiempo, durante los años en los que era casi imposible comunicarse con Europa del Este...

—¿Cómo se apellida?

—Koreny

—Oh, hay una familia con ese apellido en mi misma calle —dijo—. Les preguntaré cuando vuelva a ver si le conocen.

Se lo agradecí y me olvidé por completo del asunto.

Pasados unos meses, cuando ya casi no recordaba la conversación, me sorprendió recibir una carta en nuestra casa del norte de Londres. Tenía sello de Budapest.

«¿Quién me escribirá desde Hungría?», pensé mientras abría el sobre.

Era de Julius.

Empezaba «Querida Olgi». Después de 30 años volvía a perderme en la letra puntiaguda que un día fue capaz de elevarme hasta alturas insospechadas y arrojarme a las profundidades del desconsuelo.

Todo me volvió de golpe, la que más me marcó fue la breve carta que me escribió desde Dachau y que me hizo emprender el viaje a través de una Alemania destrozada por la guerra.

Ahora Julius me contaba que una mujer se había presentado en su casa un día preguntando si era el mismo Julius Koreny que estuvo casado con Olga Czepf. Desconcertado la invitó a entrar y le pidió mi dirección.

La carta hablaba de Gabor y de sus padres, de su desconsuelo cuando nos separamos, y me explicaba que se había vuelto a casar en 1955. Preguntaba si yo también me había casado.

Me sobrecogió una mezcla de conmoción, júbilo y duda. Después de tanto tiempo me hacía mucha ilusión saber de él, pero habían pasado tantas cosas desde entonces que no sabía si quería regresar a aquella época.

Lo hablé con Gerry y él me animó a contestar. Así fue cómo empecé a escribirme con el hombre por quien tanto arriesgué de joven. Hablábamos de todo lo que había pasado desde nuestra repentina separación y de lo diferentes que eran los caminos que habíamos seguido.

Como era de esperar llegó el momento de plantearnos volver a vernos.

Y así fue cómo nos encontramos en Viena en septiembre de 1985 y volvimos a estar cara a cara por primera vez en casi cuarenta años.

Julius estaba muy delgado y el aire aniñado de su juventud había desaparecido. Sin embargo, aquellos alegres ojos azules, que siempre fueron su rasgo más distintivo, tenían el mismo brillo. Durante un instante ambos nos quedamos sin palabras. Los transeúntes pasaban sin prestarnos atención mientras Gerry y los coches se quedaron a un lado.

Le saludé en húngaro y él respondió «Hola» antes de darme un beso en la mejilla.

Nos sentimos tan incómodos como dos desconocidos que se encuentran por primera vez.

—Julius, éste es mi marido, Gerry —dije yo.

Se saludaron con un apretón de manos, cortés y cálido por parte de Gerry, frío y reservado por parte de Julius.

No sé qué era lo que esperaba de aquel momento, pero desde luego no era aquello. Quizás pensaba que Julius aparecería con un ramo de rosas. Al final, acabé traduciendo la conversación entre mis dos maridos mientras mi mente se inundaba de recuerdos.

Fuimos a un pequeño café donde Julius me preguntó por el viaje y nuestra vida en Londres. No mencionamos nuestro pasado en común, parecía demasiado pronto. Aunque era 7 de septiembre de 1985, exactamente treinta y ocho años después de nuestra segunda boda en Budapest.

Dimos un paseo antes de cenar y Julius me preguntó si podía cogerme de la mano, pero por alguna razón yo no era capaz. Sentí que sería una deslealtad a mi marido, que venía con nosotros.

—Me alegro tanto de verte, Olgi... —dijo Julius—. Siempre fuiste mi mejor amiga y siempre lo serás. Eres muy especial para mí.

Sus palabras me llevaron de vuelta a los años que vivimos juntos, trabajando sobre nuestro futuro, antes de que nos lo arrebataran todo.

Yo le hice una pregunta que aún no había podido contestar, por qué le detuvieron durante la guerra, pero 40 años después no tenía un solo indicio de la verdad.

—Tengo mis sospechas de una mujer que trabajaba de traductora en la embajada de Zagreb —me dijo—. Habíamos sido amigos y se enteró de tu existencia, Olgi. Quizás fueran celos. No lo sé. Quizás se enterara de nuestras visitas a aquella familiar judía...

Cuando Julius mencionó su nombre recordé haberla conocido en Zagreb después de la guerra, y que huyó de mí desde el momento en que me vio. ¿Sería ella quien nos traicionó?

Una vez en los campos de concentración a Julius le adjudicaron una estrella roja, indicativo de que era prisionero político, y según los archivos en el campo estaba en la categoría de *Schutzhaflting*, lo cual significaba que había sido detenido por orden de la Gestapo.

Después de la guerra, el nuevo gobierno comunista de Hungría le ofreció un trabajo en una de las embajadas, aunque con un puesto bastante inferior al que ocupaba antes de la guerra. No lo aceptó.

Todo apuntaba a que en algún momento alguien identificó a Julius como un elemento poco partidario del partido nazi, quizás hasta como un activista subversivo.

Pero ya nunca lo sabríamos, porque hacía demasiado tiempo de todo aquello.

Nos sentamos a cenar en la capital austríaca, y Julius me habló de Illy, la mujer con la que se casó en 1955, y que había fallecido en 1980. Me sentí aliviada al saber que él también se había casado.

—Era una buena mujer y fuimos felices juntos —dijo—. Pero no hubiera hecho todo lo que tú hiciste por mí. Si tú y yo siguiéramos juntos, Olgi, viviríamos en Viena o en otra ciudad occidental. Eres demasiado aventurera como para haberte quedado en Budapest. Illy no quería arriesgarse de ninguna manera, ni siquiera en 1956 cuando muchos húngaros dejaron el país y se fueron a Occidente después de la revolución.

Evidentemente tenía razón. Jamás me hubiera quedado a sufrir la severidad del gobierno de Europa del Este. Mis aventuras durante la guerra marcaron el cauce de mi vida, y cuando miro atrás ahora, comprendo que muy pocas cosas de mi vida podrían describirse como «comunes».

En lo que se refiere a mis sentimientos hacia Julius, nuestro reencuentro me hizo recordar el amor que me llevó a embarcarme en aquel peligroso viaje, y todavía podía ver muchos rasgos del hombre del que me enamoré en 1943. Pero el paso del tiempo nos había cambiado a los dos. Mi vida y mi futuro estaban con Gerry en Londres y Julius pertenecía a mi pasado.

Las vivencias de la guerra y nuestro matrimonio habían sucedido hacía casi 40 años, y todo el peligro y las adversidades que afrontamos juntos no hicieron sino unirnos. Pero el tiempo nos había separado.

Nunca fui persona de hacer planes minuciosos, de llevar una vida gobernada por la prudencia. Había sido impetuosa, siempre convencida de que el destino decidiría mi camino y que todo se desarrollaría para bien. Aquellos días con Gerry y Julius en Viena volví a pensar en el pasado y comprendí que no cambiaría nada en mi vida.

Haces lo que haces guiándote por razones de peso en ese momento. Eliges, escoges un rumbo y sigues tu camino. Pero al final el propio sino decide tu destino.

Yo alcancé el mío con Gerry en nuestra casa de Londres.

Nuestro último encuentro se produjo unos días después, cuando fuimos a cenar con Julius y su hijo Gabor a un restaurante yugos-

Juntos de nuevo... Julius (izquierda) fotografiado junto a mi marido Gerry (derecha) y junto a mí (centro) en Viena en 1985. Era la primera vez que Julius y yo nos veíamos después de 37 años.

lavo de Viena. Charlamos relajadamente, como un grupo de amigos, contando viejas historias y hablando del futuro.

Al terminar la cena Julius se ofreció a venir a la estación para despedirnos a Gerry y a mí al día siguiente. Yo dije que no. Por alguna razón no quería otra despedida dolorosa en una triste estación de ferrocarril.

Así pues, nos dijimos adiós en aquel restaurante a la luz de las velas. Los cuatro alzamos nuestra copa de brandy, y Julius me dijo:

—Olgi, no creo que siguiera vivo de no ser por ti. Me salvaste la vida y es una lástima que todo resultara tan distinto de lo que habíamos planeado.

Juntamos las copas y brindamos por el amor perdido y los sueños rotos.

E pílogo

(Arriba) Yo a los 20 años y (abajo) en la actualidad.

Olga tiene 88 años y vive en el norte de Londres con Gerry, ocho años menor que ella. Llevan 47 años felizmente casados y no tienen hijos.

Julius Koreny murió de cáncer el 6 de junio de 1994 en Budapest. Su hijo Gabor sigue en contacto con Olga.

El padre de Olga, Josip, murió en 1960, pocos años después de que falleciera su madrastra, Ilona.

Istvan, el húsar húngaro que tanto ayudó a Olga en su viaje por Alemania, fue capturado por los rusos al término de la guerra. En 1946 le pusieron en libertad y regresó a Budapest para reunirse con su familia.

Herta sobrevivió a la guerra y emigró a Israel.

Bela Cohn logró salir de Buchenwald, volvió a Zagreb y abrió su propia consulta médica.

Olga se encontró con Lenka en Budapest después de la guerra. Se había casado y estaba esperando su primer hijo.

¿Y qué fue del pequeñín abandonado? Su madre adoptiva se lo llevó de vuelta a Yugoslavia y lo crio como uno más de la familia. Lo último que supo Olga era que estaba bien y que no había sufrido ninguna secuela después de aquellos terribles primeros días de vida.

Cuando Olga y Gerry se casaron fueron de luna de miel a París, Italia y Croacia. Buchenwald no estaba en la lista.

«Para viajar lejos no hay mejor nave que un libro».

EMILY DICKINSON

Gracias por tu lectura de este libro.

En **penguinlibros.club** encontrarás las mejores
recomendaciones de lectura.

Únete a nuestra comunidad y viaja con nosotros.

penguinlibros.club

Penguin
Random House
Grupo Editorial

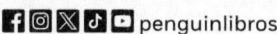 penguinlibros